たのしく学べる乳幼児のこころと発達

櫻井茂男
大内晶子
編著

福村出版

はじめに

　本書は，櫻井茂男・岩立京子の編集による『たのしく学べる乳幼児の心理』（1997年刊行）およびその改訂版である『たのしく学べる乳幼児の心理　改訂版』（2010年刊行）の後継書として企画されたものです。初版ならびに改訂版は，20年以上の長きにわたり多くの方々にご愛読いただきましたが，改訂版から数えても10年の歳月が流れました。心理学の研究は日進月歩で，とくに乳幼児心理学の研究はその最たるものであり，この10年ほどの間には多くの貴重な研究成果が蓄積されました。

　さらにこのたびは「幼稚園教育要領」の改訂ならびに「保育所保育指針」の改定があり，2018年の4月に施行されました。新たな要領や指針においては，乳幼児心理学の知見の重要性が確認されています。さらに，心理職のはじめての国家資格「公認心理師」の制度が誕生し，2018年の9月に最初の試験が実施されました。この資格においても乳幼児心理学は発達心理学の一分野として必須の科目となっております。

　本書はこうした研究知見の蓄積や社会的な要請にもとづき，ベーシックな知識とともに最新の知見も活かした乳幼児心理学のテキストとして，新たな執筆陣によって企画・刊行されました。もちろん，大学・短大・専門学校などでの乳幼児心理学のテキストとして最適なものを目指しました。

　本書の特徴は以下の通りです。ご確認ください。

　①乳幼児心理学のテキスト（入門書）として，最新の知見を活かしながらも，基礎・基本を大事にした初心者にわかりやすい本であること。初心者のみなさんに，構えることなくスムーズに乳幼児心理学を学んでもらうため，章扉に日常的な乳幼児のお話である「エピソード」を設けました。このエピソードを読み「こんなこともあるのか！」と乳幼児の日常に思いを巡らしながら関連する心理学の学習に進んでください。

　②幼稚園教諭や保育士，公認心理師，臨床心理士等の資格を目指す方，子育

て関連の専門職についておられる方，そして保護者にとっても有益な情報が得られる本であること。基礎・基本はもちろんのこと，専門的な内容から実践的な内容まで多彩な内容が盛り込まれていますので，資格を目指す方，専門職についておられる方，さらに保護者にも有益な本であると思います。

③図表やイラスト，写真を活かして，見やすくたのしい本であること。乳幼児心理学を学ぶことはそもそも楽しいことなのですが，さらに図表を工夫したり，イラストや写真を効果的に利用したりしてよりたのしく学べるように配慮しています。

④「コラム」を設けて，最近のトピックや最新の研究成果を紹介していること。コラムに掲載されているトピックや研究成果から，乳幼児心理学に対するさらなる興味・関心が喚起されると思います。

⑤「読書案内」を設けて，より深い学びが実現できるようにしていること。現在入手可能な3冊程度の参考図書を挙げ，乳幼児心理学の学びがより深化するように工夫されています。

⑥「演習問題」を設けて，学びの確認ができるようにしていること。各章を学習したのちに，その章の理解の程度が確認できるように10問の選択問題で構成される演習問題を設けました。とくにオンライン授業で本書を使用した際には，確認テストとして使用することができます。

最後になりましたが，各章の執筆にご尽力いただきました若手の先生方に心より感謝申し上げます。さらに本書の出版を快くお引き受けいただきました福村出版ならびに編集の労をお取りいただきました編集部の方々に感謝申し上げます。

2020 年 12 月

編者　櫻井茂男

大内晶子

目　次

コラム

カバー・本文（3章，10章）イラスト　佐藤　芳

1章 乳幼児の心理

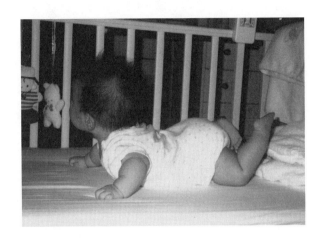

episode

エピソード

　アメリカへ留学したおり，国際結婚をした女友だちの家を訪ねた。夫は生粋のアメリカ人で，ご夫妻は2人のお子さんとサンフランシスコの郊外に住んでいた。2人のお子さんは4歳の長女マリアと2歳の長男トムで，いずれもかわいいさかりであった。

　わが国では子どもが幼いころは親といっしょに寝ることが多いが，アメリカでは幼いころより自室に1人で寝るのがふつうとされる。マリアもトムもそのようにしつけられたらしい。しかし，そのしつけには裏話があった。奥さんである女友だちに聞いたところによると，子どもたちが1人で寝るのは夫がいるときだけで，彼がいないときは2人とも彼女のベッドにもぐりこんできて寝るというのである。私は「やっぱり！」と思った。マリアもトムも，日本の子どもとそう変わらない行動をしているのである。

　私は以前から母親に対する「愛着（こころの絆）」は，母親といっしょに寝る（添い寝をする）ことによって形成される面が大きいと考えてきた。両国における子どもの就寝スタイルの違いは常識のように考えられてきたが，それほど大きな違いではないらしい。いわゆる「文化差」といわれるものもよく調べてみないとわからないと思う次第である。

　エピソードで紹介したように，子どもの心理や行動については常識と思っているようなことでも，実際によく調べてみると常識とはいえないようなこともあります。特に，乳幼児心理学は，近年の科学技術の進歩にともない新しい知見を急速に蓄積している最中であり，そのようなことがよくあてはまる分野といえます。

　本章では，これから乳幼児心理学を学ぼうとしている人のために，乳幼児心理学の基礎的な知識を提供します。1節では乳幼児とはどういった時期の子どもなのか，乳幼児心理学はどのような学問なのか，乳幼児の心理や行動はどのように研究されてきたのかを簡単に説明し，2節では乳幼児の心理の特徴を概観し，3節では発達とはどういう現象なのか，発達の原理とは何か，乳幼児の発達課題とは何か，などについて述べていきます。

1節　乳幼児と乳幼児心理学

▶ 1　乳幼児とはどのような子どもか

　私たちはふつう，生まれたばかりの子どもを「赤ちゃん」と呼びますが，心理学の世界では「新生児」という専門の用語を使います。「新生児」とは誕生から生後1か月くらいまでの子どものことです。赤ちゃんということばは生後2年くらいまで使われますが，新生児という専門用語はごく初期の短い期間の子どもに使われます。新生児の特徴はあとで詳しく述べますが，ひと言でいえば「原始反射（新生児反射）」といわれる生得的な反応によって，外の世界に適応している点にあります。心理学では子どもの成長発達にみられるこうした特徴によって子どもの呼び名を変えるのです。新生児に続いて「乳児」「幼児」「児童」という用語が使われますが，これらの用語が使われる時期はおおむね以下のとおりです。

　(1) 新生児　誕生から生後1か月くらいまで。

　(2) 乳児　　誕生から生後1年半くらいまで。

(3) 幼児　　生後1年半から小学校入学前まで。

(4) 児童　　主に小学校のころ。

　新生児はすでに説明したように，乳児の最初期の呼び名です。したがって，大きく区分すると，誕生して1年半くらいまでを「乳児」，その後小学校入学前までを「幼児」，小学校時代を「児童」とするのが適当でしょう。本書でもこのような使い方をします。したがって，本書で用いる「乳幼児」という用語は「誕生後6年間くらいまでの子ども」をさします。

　なお，乳幼児の前の段階の子どもは「胎児」と呼ばれます。胎児はお母さんのお腹のなかにいる子どもです。近年は科学技術の急速な進歩によって，胎児の行動さえも心理学の研究対象となっています。

▶ 2　乳幼児心理学とはどんな学問か

　乳幼児とは小学校入学前までの子どものことです。それゆえ，「乳幼児心理学」というのは小学校入学前までの子どもを対象にした心理学です。具体的にいえば，「乳幼児のこころのはたらきやそのあらわれとしての行動を研究し，彼らの健全な発達に貢献するための心理学の一分野」が乳幼児心理学となるでしょう。

　乳幼児心理学は，より大きな枠組みである「発達心理学」のなかでは，最初期の部分として位置づけられています。発達心理学というのは，生まれてから死ぬまでの人間の発達過程を研究する心理学です。先に述べたように，すでに胎児も研究対象となっている現在，「生まれてから」というよりも「胎児のときから」としたほうが適切かもしれません。

　発達心理学のなかには，乳幼児心理学（胎児期を含むことがある）のほかに，児童心理学，青年心理学，成人心理学，老年心理学などがあります。こういった心理学は各時期の人間のからだやこころの構造・はたらきを探究する心理学ですが，近年はこのように人生を輪切りにしたような発達心理学ではなく，知性や社会性といった個々の心理的機能を取り上げて，それが生涯をとおしてどのように発達するのかを研究する「生涯発達心理学」が台頭してきています。

このような心理学は発達のダイナミックスを捉えるためにとくに重要です。

　乳幼児心理学の内容については，本書の2章～14章をお読みいただければだいたい理解できるでしょう。胎生期の発達，乳幼児のからだと運動，知覚（ものの見え方や感じ方），認知と思考（知ることや考えること），感情と欲求，ことばとコミュニケーション，人間関係，遊び，自己，向社会性（おもいやり）と道徳性，父親と母親，現代社会とメディア，発達のつまずきについて，ていねいに紹介されています。なお，胎生期（胎内にいる時期）とは乳幼児期の前の段階ですが，この時期の発達を知ることは乳幼児の発達を理解するためにとても有益です。

▶ 3　乳幼児心理学の歴史

　科学をめざした心理学は，1879年ドイツのヴント（1832～1920）がライプチヒ大学に世界で最初の心理学実験室を開設したときにはじまるとされます。自然科学の方法論を取り入れた心理学のスタートです。このときから数えると心理学の歴史は140年ほど。しかし，大昔から人間はこころの問題に関心がなかったわけではありません。ただ，19世紀後半まではこころの問題はおおむね思弁的に論じられてきたので，ヴントの実験室の開設を契機に実証的なデータにもとづく科学的な実験心理学が生まれたといえます。

　乳幼児心理学でも，19世紀後半より科学的な研究が登場します。1877年，『種の起源』（1858）で知られるイギリスの進化論者ダーウィンは，自分の子どもの観察記録をまとめて『ある乳児の伝記的スケッチ』を出版しました。5年後の1882年には，ドイツのプライアーが，同じように観察法にもとづく子どもの成長記録をまとめ，世界最初の体系的な乳幼児心理学書といわれる『子どもの精神』を出版しました。また，同時代にアメリカでは，ヴントの弟子であるホールが質問紙法を用いた子どもの研究を発表し，乳幼児心理学に大きな影響を与えました。

　20世紀に入ると，フロイトによる精神分析学，ワトソンによる学習研究，ピアジェによる発生的認識論（ひとつの科学として体系化された認識論）の登場

などによって，現代乳幼児心理学の基礎ができます。1905年にはフロイトが『性愛理論への3つの貢献』を著し，幼児期体験の重要性を指摘しました。1920年にはワトソンが乳児に対する恐れの条件づけ実験を発表し，1923年にはピアジェが『児童における言語と思考』を出版して自己中心性（5章参照）の問題を論じました。さらに，20世紀前半，乳幼児心理学に大きな貢献をしたのは「乳幼児心理学の父」といわれるゲゼルです。彼は0歳児から6歳児までの成長記録を綿密に分析し，現在でも利用価値が高いとされる発達診断尺度を作成しました（1934年）。

　その後，科学技術の急速な進展に支えられて，多くの心理学者が精力的に研究を進めています。現在，乳幼児心理学はもっともホットな研究分野といえるでしょう。

2節　乳幼児期の特徴

▶ 1　乳児期

　乳児期とは出生から1年半までの時期のことです。もちろん，生後1か月までの新生児期を含みます。スイスの動物学者ポルトマン（1951）は，人間の子どもはほかの高等哺乳類の子どもに比べると1年くらい早く「生理的早産」の状態で生まれると表現しました。たとえば，ウマやウシは出生後すぐに立って歩くことができますが，人間は1人で歩けるまでに1年くらいかかります。人間の子どもは母親のお腹のなかにいるはずの1年を外界で過ごすことにより，お腹のなかにいるときよりもずっと豊かな刺激にふれ，めざましい発達を遂げることができる（可塑性が高い）のです。その意味では，人間の場合この時期に，豊かな環境を用意することが大事といえます。

　ところで，新生児期は先にも紹介したとおり，「原始反射（新生児反射）」などの生得的な反応によって外界に適応する時期です。生命活動を維持するために新生児はお乳を飲む必要がありますが，これは口唇探索反射（口元を軽くつ

つくと，ふれた方向に頭を向ける反射）や吸啜反射（口のなかにものを入れると吸う反射）によって可能となります。しかし，原始反射は長くても2か月くらいで消失するため，その後はお乳を〈意識して〉飲む行動が必要になります。人間のからだはうまくできていて，それまでの脳神経系の発達と原始反射によるお乳を飲む行動の繰り返しによってこれが可能になるのです。

乳児が順調に成長するためには，養育者（母親が多いので，以後は「母親」とします）による養育が必要不可欠です。母親の養育行動をとおして，乳児と母親のあいだに温かい人間関係が形成されます。母親が微笑みながらミルクを与えたり，やさしく抱っこしながらあやしたりする，そうした養育行動が温かい人間関係をつくるのです。ボウルビィ（1969）は母子間に形成される温かい絆のことを「愛着（アタッチメント）」と呼びました。母親への愛着は，その後の子どもの認知・社会面の発達に大きな影響をおよぼします。

通常の発達であれば，生後6, 7か月の乳児には「人見知り」という現象があらわれます。母親以外の人に抱かれると不満の顔をしたり，泣き出したりする現象です。これは母親への愛着がきちんと形成されている証です。母親への愛着がきちんとできているからこそ，母親以外の人を区別し嫌がるのです。母親への愛着は人間一般への信頼感の基礎でもあります。時間が経つと母親のまわりにいる父親，祖母，祖父なども愛着の対象となります。人間に対する信頼の輪が広がったのです。こうなると人見知りは軽減します。これが健全な発達です。また，母親への愛着によって，母親の行動をまねることも頻繁に起きるようになります。ことばの獲得はまさにこうしてなされるのです。そして，ことばの獲得は知的な発達に大きな影響をおよぼすことになります。

▶ 2　幼児期

幼児期は乳児期が終わる生後1年半から小学校入学前までの時期です。したがって，おおかたは幼稚園児や保育園児の時期といってよいでしょう。この時期の特徴は，好奇心が旺盛なこと，基本的生活習慣が獲得されること，自分というものが意識されるようになること（第一反抗期の出現），言語能力や思考能

力が急速に伸びること，です。

　幼児が好奇心旺盛であることは，幼児の行動を観察したことのある人ならばすぐにわかるでしょう。めずらしいもの，おもしろいもの，不思議なものなどをさかんに探求し，わからないことがあれば母親に聞いたり保育者に尋ねたりします。こうした好奇心を伸ばしていくには豊かな環境と，子どもの質問に即座に答えてあげられる「応答する環境」が重要です。

　精神分析学者のエリクソン（1959）は，幼児期に重要な課題は「自発的にものごとを成し遂げること」であると指摘しました。その基礎になるのが「基本的生活習慣の自立」です。表1-1に示されているように，乳幼児期をとおして子どもは自分の身のまわりのことを自分で処理できるようになります。たとえば，食事を1人でこぼさないように食べる，小便や大便が1人でできる，衣服の着脱が1人でできる，といったようなことです。これらの基本的な行為が1人でできれば，日常的には親から独立した生活が可能になります。そして，やりたいことは自分でやれるようになるのです。これらがほぼ達成されるのは3歳の後半から4歳にかけてであり，おおむね幼稚園に入園できる時期と重なります。

　基本的生活習慣が身についてくると，「自分にもこれだけのことができるんだ!」といった自信（有能感ともいう）が生まれます。この自信が大きな背景となって，この時期には自分を意識し（自意識が芽生え）自分を主張するようになります。いわゆる「第一反抗期」を迎えるのです。親の指示に対して「いやだ」「自分でする」といって逆らうことが多くなりますが，これは反抗というよりも「自己主張」です。親にとっては扱いづらい時期ですが，子どもは自分を意識し自己主張をしていると捉え，

好奇心を伸ばしていくには，子どもの質問に即座に答えてあげられる「応答する環境」が必要です。

表 1-1 基本的生活習慣の自立の基準 (藤崎, 1993)

	食事	睡眠	排泄	着脱衣	清潔
6か月〜1歳3か月	離乳食〜幼児食へ移行させ，喜んで食べる。	生活リズムにそって，眠い時は安心して十分眠る。	徐々に便器での排泄になれる。		おむつの交換などにより，清潔の心地よさを知る。
1歳3か月〜2歳未満	スプーン，フォークを使って1人で食べようとする気持ちをもつ。		便器での排泄になれる。	衣服の着脱に興味をもつ。	
2歳	こぼしたり，ひっくりかえしても自分で食事しようとする。 嫌いな物も少しずつ食べる。食後，うがいをする。	落ち着いた雰囲気で十分眠る。	自分から，また促されて便所に行く。 見守られて自分で排泄する。	簡単な衣服は1人で脱げる。 手伝ってもらいながら1人で着る。	手伝ってもらいながら顔をふく，手を洗う，鼻をふく。
3歳	こぼさずに1人で食べる。		失敗することはあっても，適宜1人で排尿，排便できる。	ほとんどの衣服を自分で着脱し，調整しようとする。	食事の前後，汚したときに，自分で洗い，ふくなどし，清潔を保つ。 自分用のハンカチ・タオルを使う。
4歳	食事の前には自分から手を洗い，食後は歯を磨く。	落ち着いた雰囲気で十分眠る。 言われて休息，昼寝ができる。	排泄やその後始末は，ほとんど1人でできる。	言われると帽子を被る。 順序よく衣服の着脱をする。衣服の調節をする。	鼻をかんだり，顔や手を洗い，体の清潔を保つ。
5歳	食事の仕方が身につき，楽しんで食べる。 食後は進んで歯を磨く。		排泄の後始末を上手にする。	ほとんど1人で衣服を着脱し，必要に応じて衣服を調節する。	うがい，手洗いの意味がわかる。 体や身のまわりを清潔にする。
6歳	食べ物と体の関係について関心をもって食事をする。	休息するわけがわかり，運動や食事の後は静かに休む。	便所を上手に使う。	衣服の着脱が1人ででき，衣服を適当に調節する。	清潔にしておくことが病気の予防と関連することがわかる。 体，衣服，持ち物などを清潔にする仕方を身につける。

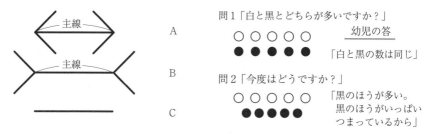

(a) A=C, B=C であることを認めても
やはり A<B であると主張する。

(b) 数の保存概念の欠如の例

図 1-1　直観的思考の例（杉原, 1986）

やさしく見守ってあげることが重要です。そうしないと，親の指示したことしかできない「指示待ち人間」になってしまう可能性が高くなります。

　幼児期には話す力も考える力も急速に発達します。4歳になれば，日常的な会話能力はほぼ完成します。語彙数も急速に増え，6歳で使用語彙は 3,000 語，理解語彙は 5,000 語といわれます。思考の面ではピアジェのいう「直感的思考」の段階に達します。乳児期に比べると大きな変化です。図 1-1 に示されているように，幼児の思考は論理的というよりも，ものの見え方（直観）に左右されがちです。図の（a）の例では，主線が A=B であることを何度確かめても矢羽による錯視（A<B）に左右され，A<B と答えます。また，数の多少判断でも（b）の例のように，見え方に左右されてしまうのです。これはまだ数の保存ができていないことを示しています。小学生になると数の保存がほぼ完成します。

3節　発達の原理

▶ 1　発達とは何か

　「発達」とは，人間のからだやこころの構造・はたらきに生じる連続的な変化であり，心理学ではもちろん，こころの構造やはたらきに重点をおいて発達

を捉えます。例をあげてみましょう。幼児期の「直観的思考」から児童期の「具体的な操作にもとづく思考」への変化は，まさに知的なこころの構造やはたらきが変化したことを意味します。直観（ものの見え方）に左右されていた思考（図1-1）が，具体的なもので示されれば論理的に考えることができるように変わるのです。しかも，その変化は突然起きるのではなく，少しずつ連続的に起きます。このような現象を心理学では発達と呼びます。

　発達は一般に「成熟」と「学習」によって生じると考えられています。成熟とは，環境の良し悪しとはほとんど関係なく，遺伝的に親から受け継がれたものが時間の経過とともに外にあらわれることをいいます。たとえば，背の高さというのは遺伝（成熟）に強く規定されています。親の身長が高ければ子どもの身長も高い。栄養条件などの環境要因は世代間の違いをもたらすことはありますが，同じ世代のなかでの相対的な位置はあまり変わりません。子どもの身長が栄養条件の違いにより親の身長よりも高くなったとしても，子ども世代のなかでは親の身長が低ければ子どもの身長も相対的に低いのです。

　これに対して学習とは，経験の結果生じる比較的永続的な変化のことです。たとえば母親が子どもと話をしなかったり，絵本やテレビを見せなかったりして言語的な環境が悪い場合には，言語習得のための良い経験が得られないため，言語の習得が遅れるというような例で捉えることができます。学習の背景にある環境は変えることができるため，子どもの発達を促すような環境の整備が重要です。

　成熟は「遺伝」の問題であり，学習は「環境」の問題といえます。昔から発達がどのような要因に規定されているかがさかんに議論されてきました。遺伝が重要と考える「遺伝説」，環境が重要と考える「環境説」，双方がともに重要と考える「輻輳説」や「相互作用説」が提唱されています。輻輳説は遺伝と環境の影響を加算的に捉え，相互作用説はそれらの影響を相乗的に捉えるという違いがあります。遺伝の影響が30％で環境の影響が70％というような捉え方は輻輳説であり，遺伝要因は環境要因によって刺激されて外にあらわれ，そのあらわれによって周囲の環境が変化し，さらに遺伝要因が外にあらわれやすく

なるといった捉え方が相互作用説です。相互作用説によれば，作曲家モーツァルトの偉業は，音楽に関する優れた才能（遺伝要因）が父親による訓練等（環境要因）で外にあらわれ（優れた演奏や作品），それらが世の人たちに認められ，さらに才能が開花する機会（演奏会や作曲の依頼）を与えられた結果，よりすばらしい演奏や作品が生まれた，と捉えることができます。

　行動遺伝学の進歩によって，人間の心理や行動におよぼす遺伝要因と環境要因の影響を統計的に数値として算出できるようになっています（安藤，2018）。現在のところ，輻輳説と相互作用説のいずれも支持するような知見が示されています。

▶ 2　発達の原理と発達課題

　発達の基本的な法則をまとめたものが「発達の原理」です。次に示すように8つくらいの原理が知られています。

(1) 個体と環境の相互交渉

　発達は個体と環境との相互交渉によって進みます。人間の発達は個体である人間が環境に働きかけ，その結果がフィードバックされるといった相互交渉によって進むのです。環境からの働きかけを一方的に受ける状況ですと，発達はうまく進みません。たとえば，幼児にテレビの視聴だけをさせるような状況に長く置くと，幼児の好奇心はしぼみ，学ぶ意欲は発達しません。意欲を発達させるためには，視聴内容を話したり質問したりする相手が必要です。

(2) 分化と統合

　発達とは未分化な状態から分化した状態になり，さらにいくつかの分化した状態が統合される過程です。たとえば，ものをつかむ動作の発達は指全体でつかむ未分化な状態から親指と人さし指でつかむ分化した状態に発達します。しばらくすると，その行動は指を使うさまざまな行動のなかの1つとして統合されます。

(3) 連続性

　発達は連続的な過程です。ピアジェの思考の発達ですでに説明しました。

(4) 順序性

　発達には一定の順序があります。たとえば，歩行の発達はわが国ではおおむねハイハイ→つかまり立ち（伝い歩き）→ひとり歩きの順で獲得されます。ただし，歩行の順序性は異なることもあります（コラム1参照）。

(5) 方向性

　発達には一定の方向があります。身体の発達は「頭部から脚部へ」という方向があります。身体の割合の変化でみると，生まれた当初は頭部が大きくて4頭身くらいですが，徐々に脚部が発達し，成人では7～8頭身になるといえます。

　私は以前から，この身体の割合について疑問をもってきました。私を含め従来の日本人は7～8等身になんかならない，と思って過ごしてきたのです。そこで大学生を対象にデータを集め分析したところ，いまの大学生の平均は7等身ほどとなり，とても驚いた次第です。いまどきの大学生は小顔で背が高く，とくにスポーツをしている学生は高身長でどうも8等身くらいはあるようです。

(6) 異なる速度

　発達はいつも同じような速度で進むとはかぎりません。たとえば，スキャモンの発育曲線（身体各部の重量の変化）をみると，扁桃腺やリンパ腺などの分泌組織は10歳くらいまでは急激に重くなりますが，それ以後は徐々に軽くなり，20歳くらいでは10歳のときの半分くらいの重さになります。一方，睾丸，卵巣，子宮などの生殖器官は10歳くらいまではあまり変化しませんが，10歳を過ぎるころから急速に重くなります。

(7) 個人差

　発達の速度や発達の程度には個人差があります。たとえば，二次性徴は個人差が大きく，女性では初潮の時期がかなり異なります。

(8) 敏感期

　課題によっては発達初期の特定の時期にしかうまく習得できないものがあります。たとえば，言語の習得は早い時期が望ましいといわれます。

　ところで，発達の各時期には，健全な発達をするために達成されることが期待される課題があります。これを「発達課題」といいます。発達心理学者のハ

ヴィガースト（1953）は，乳幼児期の発達課題を以下のように 9 つあげています。

(1) 歩行を開始すること。

(2) 固形食を食べるようになること。

(3) 話すこと。

(4) からだを清潔にしておくこと。

(5) 性の違いを知り，性に対する慎みを学ぶこと。

(6) 生理的安定を得ること。

(7) ものや社会についての簡単な概念を形成すること。

(8) 両親，きょうだい，そのほかの人と情緒的な結びつきを形成すること。

(9) 善悪の判断と良心を身につけること。

こういった課題を達成することによって，幼児は次の児童期へとスムーズに進むことができます。

「ハイハイ」は本当に必要なのか？

　人間は生後１年から１年半のころ，いわゆる乳児期の終わりごろに「ひとり歩き」ができるようになります。生まれたばかりの赤ちゃんは横たわった状態で生活しています。一般にこの状態からすぐに二足歩行ができるようにはなりません。発達には順序があり，うつ伏せ寝の状態から，うつ伏せで首が上げられる状態になり，やがてお座りができる状態へと発達していきます。徐々にではありますが，確実に二足歩行ができるように発達していくのです。祖母は私が生まれたとき人間は「ハイハイ→つかまり立ち（伝い歩き）→ひとり歩き」という順序で歩けるようになると母に教えたといいます。わが子もご多分にもれず，たしかにそのような順序で歩けるようになりました。

　しかし，衝撃的な報告もあります。正高（1995）によると，世界にはハイハイもつかまり立ち（伝い歩き）もせずに，突然，横たわった状態から二足歩行をする赤ちゃんがいるというのです。南米，ボリビアの話です。ボリビアのいなかでは，赤ちゃんを包帯のような長い布で固い板の上にグルグル巻きにして（これを「スウォドリング」といいます），親が作業をする場の近くに立てておく風習が残っており，ヨーロッパでもむかしはふつうに行われていたそうです。そしてスウォドリングの状態で，１年から２年子育てをするのです。日に４〜５回は布を交換します。このような状態で育った赤ちゃんがスウォドリングから解放されると，ハイハイやつかまり立ち（伝い歩き）をほとんどせずに，ひとり歩きができるようになるというのです。

　私は「ハイハイ→つかまり立ち（伝い歩き）→ひとり歩き」を発達の順序と思っていました。しかし，どうもそうではないらしいのです。そういえば，わが国でもハイハイをせずに急につかまり立ちをして歩けるようになる赤ちゃんの話を聞いたことがあります。そのときある先生は「ハイハイができる広い空間がないからではありませんか」と説明していましたが，どうもそのような環境要因の影響だけではないことがわかってきたのです。

Book Guide

読書案内

- 遠藤利彦・佐久間路子・徳田治子・野田淳子　2011　『乳幼児のこころ——子育ち・子育ての発達心理学』（有斐閣アルマ Specialized）有斐閣
  ⇒乳幼児の発達について，子育てという視点も加えて，わかりやすく説明している。
- 松井　豊（監修）櫻井茂男・佐藤有耕（編）　2013　『スタンダード発達心理学』（ライブラリースタンダード心理学 7）サイエンス社
  ⇒発達心理学のスタンダードなテキストであり，人間の一生を胎児期，乳幼児期，児童期，思春期，青午期，成人期，老午期等に分け，各段階の発達の様相を的確に説明している。
- サトウタツヤ・高砂美樹　2003　『流れを読む心理学史——世界と日本の心理学』有斐閣
  ⇒心理学を学ぶときには必ず偉大な心理学者が登場する。心理学の流れと共にこうした偉大な心理学者の研究業績を理解すると，心理学がさらにおもしろく学べる。

Exercise

演習問題

A 群の問いに対するもっとも適切な解答を，B 群から 1 つ選びなさい。

【A 群】
1. 生後 1 歳半から小学校入学前までの子どものことを（　　）という。
2. 1879 年に，ドイツのライプチヒ大学に世界で最初の心理学実験室を開設したのは（　　）である。
3. 人間の子どもがほかの高等ほ乳類の子どもに比べて 1 年くらい早く生まれる現象を（　　）という。
4. 新生児期は，（　　）などの生得的な反応によって外界に適応する時期である。
5. 愛着（アタッチメント）の研究でとくに有名なのは（　　）である。
6. 幼児期には子どもの質問に即座に答えてあげられる（　　）が必要である。
7. 発達を規定するのは，学習と（　　）である。
8. 分化と（　　）によって発達は進む。
9. 各発達段階において達成すべき重要な課題のことを（　　）という。
10. 遺伝と環境の相乗的な影響によって発達を説明しようとする考え方は（　　）という。

【B 群】
発達課題　ヴント　輻輳説　応答する環境　原始反射　適応する環境　統合　乳児　遺伝的早産
成長課題　ワトソン　原子反射　幼児　相互作用説　ボウルビィ　成熟　フロイト　生理的早産
環境

2章 胎生期の発達

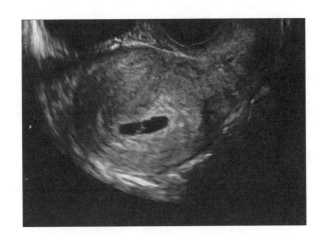

エピソード

　このエコー写真は 2019 年に妊娠した私の友人が送ってくれたものである。このなかに在胎 6 週の胎芽と呼ばれる胎児の "たまご" が写っているのがわかるだろうか。中央に見える黒く長細い部分ではない。そのなかに小さく白く見えるリングのような部分であり，大きさは約 1cm である。それでは，さらにさかのぼって受精卵の大きさを皆さんは知っているだろうか。実は受精卵の大きさは 0.1cm ほどである。その受精卵がわずか 40 週の間に 40cm，3,000g 前後まで成長し，大きさだけを見れば 400 倍にもなる。もちろん，胎芽や胎児はひとりでに成長するのではなく母体のサポートが不可欠である。たとえば胎内で胎児が浮いている羊水は母親の血液からも作られており，胎盤やへその緒を通して母体から栄養を得る。このような母親の伴走を得ながら，たった 0.1cm から始まった生命の "たまご" が私たちと同じ身体のつくりと外界で生きていける機能を備えた赤ちゃんとして生まれてくるのである。私はこれまで妊娠・出産に関する研究を通じてたくさんの妊娠の過程に関わっているが，毎回生命の不思議と神秘，そして力強さに驚かされている。

　胎生期という言葉には耳馴染みのない読者も多いかもしれません。胎生期は40週という大変短い期間ですが，誕生後の身体的および心理的発達の基礎が形づくられる重要な時期です。

　本章では，3章以降の乳幼児の発達に関するさまざまな内容を学ぶ前に，受精から誕生までの胎生期の心身の発達について学びます。1節では胎芽期という生命の芽吹きの時期における胎芽の発達およびその発達に影響を与える要因などについて概観します。2節では，胎児のはじまりの時期である在胎8週から23週における胎児のさまざまな発達とあわせて出生前診断，早産などについても取り上げます。3節では，誕生にむけた準備の時期である在胎24週から39週における胎児の発達，とりわけ感覚や脳の発達などについてみていきます。そして，1節から3節を通じて胎芽・胎児とともに発達する妊娠各期における母親の心理についても述べていきます。4節では，誕生と生まれて間もない新生児の発達，そして父親になることについて取り扱います。

1節　胎芽期——生命の芽吹き

▶ 1　胎芽とは

　胎生期とは受精から分娩までの約40週のことを指します。胎生期の区分については諸説ありますが，本章では在胎8週までを胎芽期，在胎8週から誕生までを胎児期と呼びます。なお，在胎週数と実際に胎芽や胎児が胎内にいる期間には2週のズレがあります。在胎週数は最終月経の初日を0日として数えていきますが，実際に受精するのは在胎2週目だからです。女性の性周期は28日前後ですが個人差があり，人により排卵日が異なるため，このように在胎週数を数えていくのです。ここでは胎児になる前の胎芽について詳しくみていきます。

　在胎2週目に受精しますが，卵子が待ち受ける卵管にたどり着く精子は35,000,000分の200であり，そのなかでたった1つの精子が卵子内に取り込ま

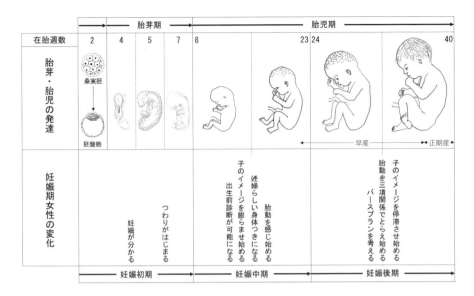

在胎週数	胎芽期				胎児期			
	2	4	5	7	8	23	24	40

図 2-1　胎芽・胎児の発達と妊娠期女性の変化

（Moore & Persaud, 2008　瀬口・小林・Glacia del Saz 訳, 2011 を参考に筆者作成）

れます。受精卵は受精後 24 時間以内に２つの細胞に分かれます。さらに細胞
分裂を繰り返し，16 細胞から 32 細胞に分かれた桑実胚（図 2-1）を形成します。
次に，桑実胚が分割し胚盤胞（図 2-1）となります。胚盤胞は内側と外側の大
きく２つの細胞のかたまりからなり，この後内側のかたまりは胎芽，外側のか
たまりは胎芽・胎児のゆりかごとなる胎盤になります。胚盤胞になるとここま
で受精卵を守っていた殻を出て着床に向かいますが，すべての受精卵が正しく
着床できるわけではありません。卵子と精子が無事に巡り合って受精できるか
はもちろんのこと女性の身体の準備などいくつもの条件が重なって着床するこ
とができます。「新しい命の誕生は奇跡である」とよくいわれますが，このよ
うなこともそうしたゆえんの１つであるといえます。なお，受精後から在胎４
週までを特に卵体期と呼ぶこともあります。

　在胎３週に着床すると急激な細胞分裂が始まり，胎芽がうまれます。胎芽期
では，私たちのからだを構成するほとんどの器官の原型がつくられます。代表

表2-1　在胎4週～7週までに発生する主な器官（筆者作成）

胎生週数	発生する主な器官
4週	神経管（脳や脊髄のもととなる），心臓，骨，肺，膵臓
5週	四肢，眼，耳
6週	水晶体，網膜，肝臓
7週	指，掌紋，肘，気道

的な器官とそれらが発生する時期は表2-1のとおりです。4週間ほどの間にこれらの器官の基本的な構造が形成されていきますが，機能は未熟です。これから発達を続け誕生までに完成するものや誕生後の新生児期や乳児期に完成するものもあります。また，在胎6週から7週には胎芽は1.4cmほどの大きさとなり（図2-1），いもむしのように全身や四肢を動かし始めますが，母体はそれを実感することはできません。さらに，この時期の胎芽は尾部があり指が分化していない手足がついていて，トカゲのような見た目をしています。

▶2　胎芽・胎児の発達に影響を与える要因

　先に述べたように胎芽期では，さまざまな器官の分化が行われます。この過程では感染症やウイルス，化学物質などの有害な影響を受けやすく，器官の奇形が生じやすいと言われています。また，先天異常が最も生じやすく，胎児死亡が起こりやすい時期でもあります。たとえば，風疹や水ぼうそう，はしか，サイトメガロウイルスなどの感染症に妊娠初期の母体が感染すると先天奇形の可能性が高まります。風疹や水ぼうそう，はしかについてはワクチン接種で予防することができるため，妊娠前に女性だけでなくそのパートナーのワクチン接種が望まれています。サイトメガロウイルスはこのウイルスに感染した子どもの尿や唾液から母体へ，母体から胎芽・胎児へと感染します。子宮内でサイトメガロウイルスに感染すると胎児にさまざまな症状が出ますが，特に先天性難聴の大きな原因になることが知られています（大石，2015）。また，子宮内でタバコやアルコールなどに晒されることは流産の可能性を高めたり，胎児に奇形を生じやすくさせたりすることが指摘されています。特に妊娠中の喫煙は，

聴覚障害のリスクを高めることも明らかになっています（Wilunda et al., 2018）。

　また，流産の80%が在胎12週までに生じます（日本産科婦人科学会，2008）。この時期の流産は胎芽や胎児の遺伝的な問題や染色体異常によって生じることが多いことが知られています。ほかにも流産の原因には母体あるいは胎芽・胎児のホルモン，免疫，感染，解剖学的異常がありますが，必ずしもすべての流産の原因を同定できるわけではありません。

▶3　妊娠した女性に起こる変化

　妊娠の発覚は女性たちにとってこれまでの生活を大きく変える契機となります。妊娠の受け止めについては，多くの女性にとってアンビバレントなものであることが知られていますが，相反する感情の間で揺れ動くという不安定さが，母親になるということに不可欠な経験の1つであると指摘されています（Cohen & Slade, 2000）。一方で，妊娠の受け止めは，その後の妊娠の継続に大きな影響を与えることが知られていますが，妊娠が計画外であることは，その受け止めやその後の適応に課題が生じます。特に19歳未満の若年妊娠では，本人とともに周囲が妊娠をどのように受け止めるかが妊娠の継続に大きな影響を及ぼします（砂川・田中，2012）。

　他方，在胎4週ごろから，女性は妊娠判定検査によって妊娠に気づき始めます。妊娠判定にはヒト絨毛性ゴナドトロピンというホルモンの反応が用いられていますが，このホルモンの分泌とつわりに関連があることがわかっています。つわりは，妊娠した女性の50%から80%が経験し，6週間ほど続きます（堤他，2008）。妊娠初期の女性にとって，つわりに伴う不快感や体調不良は妊娠期の困りごとの上位であり（行田・生方・杉原・大原・真下・星野・阿部，2001），ストレスの原因になります。

2節　在胎 8 週から 23 週——胎児のはじまり

▶ 1　在胎 8 週から 23 週の胎児の発達

　在胎 8 週以降，胎芽は胎児と呼ばれるようになります。この時期の胎児は急激に成長し，在胎 8 週には 1.8cm 程度だった体長も 23 週ごろには 36cm ほどとなります。ここでは在胎 8 週から 23 週までをおおむね 4 週ずつに分けてその発達をみていきます。

　在胎 8 週から 11 週では，鼻や口，唇，瞼が発生し，顎や首などが長くなります。胎芽期のころは水かきや尾がついているなどほかの動物の胎児と似た見た目をしていますが，少し人間らしい見た目になります。また，卵巣や精巣への分化が始まり，外性器により性別がわかるようになります。量はわずかですが排尿も認められるようになります。ところで，胎児には感覚がないと考えている人もいるかもしれません。しかし，この時期から触覚が発現することがわかっています（Hooker, 1952）。この時期の胎児はあくびや指を吸う動作を見せますが，これらと触覚の発達が関連していることが指摘されています。さらに，この時期には，身体や四肢を曲げたり丸めたり，上方に向かって跳ね上ったりする動きを見せます（Oliverio & Ferraris, 2004）。

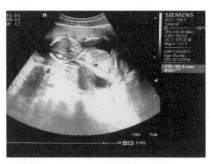

在胎 15 週の胎児のエコー写真です。どこが頭でどこがお腹かわかるでしょうか。（提供：筆者友人）

　在胎 12 週から 15 週では，汗腺や毛髪，爪が発生し，耳や神経細胞，末梢神経系，甲状腺などが最終的な位置に向けて移動します。胎児の大きさは在胎 15 週のころには体長 12cm ほど，体重 100g ほどになり，在胎 12 週ころと比較すると大きさは 2 倍になります。とりわけこの時期前後の脳の発達は目覚ましく，毎分 10 万個から 25 万

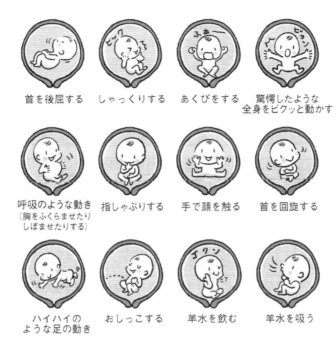

首を後屈する　しゃっくりする　あくびをする　驚愕したような
　　　　　　　　　　　　　　　　　　　　　　全身をビクッと動かす

呼吸のような動き　指しゃぶりする　手で顔を触る　首を回旋する
（胸をふくらませたり
しぼませたりする）

ハイハイの　おしっこする　羊水を飲む　羊水を吸う
ような足の動き

図2-2　妊娠期にみられるさまざまな胎動 (小西, 2013)

個ほどの速さで細胞が増殖します。胎生期の脳の形成過程や脳細胞がどのように正しい場所に移動するのかについては，自閉スペクトラム症や統合失調症などの精神疾患との関連が指摘されており，近年盛んに研究が行われています（Ohtaka-Maruyama et al., 2017）。

　在胎16週から19週では，胎児の身体のバランスが3等身になります。胎児は手足を活発に動かし，手足のまとまりのある運動が徐々にみられるようになります。この時期までには，新生児の運動にもみられる図2-2のような胎動がすべて出そろうことが示されています（de Vries, Visser, & Prechtl, 1982）。この後，胎動は特に聴覚機能の発達とともに変化していきます（小西, 2013）。ほかにも呼吸運動のように胸を上下させる運動やしゃっくりなどがこの時期に見られます。

　在胎20週から23週では，知覚の発達が活発になります。聴覚は，在胎24

週で生まれた早産児でも測定可能であることから，この時期の胎児には母親の呼吸音や心拍動，胃や腸が鳴る音などの体内の音はもちろん母親の声など日常的な音の多くが聞こえていると考えられています。また，大きな音が鳴ると驚くような反応を見せます。このように胎児にはさまざまな音が聞こえていますが，特に母親の声によく反応することが知られており，誕生後もこの音は新生児を落ち着かせる効果があります。脳においてもこの時期，視覚や聴覚に関する脳部位の機能が発達します。

▶ 2　出生前診断と早産

　出生前診断とは，妊娠中に胎児の状態や疾患を調べる検査のことをいいます。日本では通常 10 週以降にさまざまな検査が可能になります。検査は大きく胎児の状態を評価する検査と疾病の確定のための検査に分けられます。

　通常の超音波検査はすべての女性に対して行われ，そこでダウン症候群などのリスク評価も行われます。他方，2013 年から新型出生前診断と呼ばれる検査が始まりました。この診断では，母体の血液を採取することで 3 種類の染色体異常について陽性か陰性かで評価することができます。なお，すべての人がこの診断を受けられるわけではありません。母体の年齢の制限や過去の妊娠やほかの検査で染色体異常の疑いがあると評価された場合に限られます。すでに 5 万人がこの検査を受け，陽性判定の確定を受けた人のうち 93% が人工妊娠中絶を選択していることが明らかになっています（朝日新聞, 2018）。同じく母体の血液のみを用いた検査には母体血清マーカーがあります。この検査では染色体異常や脳や脊髄の元となる神経管の奇形リスクを評価することができます。これらの検査による流産の可能性はありません。一方，遺伝子あるいは染色体異常のリスクがある場合，障害や疾患のリスクを確定させる検査が行われます。絨毛採取検査では，長い針を胎盤内に刺し，絨毛と呼ばれる胎盤の組織を採取します。羊水検査では，絨毛採取検査と同様に胎盤内に針を刺し，20ml の羊水を採取します。これら 2 つの検査には，わずかながら流産の可能性があります。

　また，2018 年 12 月にはアメリカで 245g という世界最小の赤ちゃんが誕生

し，半年後に無事退院したことが報告されています（AFPBB News, 2019）。日本では在胎 22 週以上 37 週未満で誕生した児を早産児と分類します。日本における早産児の 1 歳以降の生存率は年々向上しており，2010 年では在胎 24 週で 40% 程度，在胎 32 週では 90% を超えることがわかっています（森・森, 2018）。早産児は，各器官が外界で十分に機能するまで発達しておらず，新生児集中治療室でのケアおよび管理が求められます。また，早産児は肺疾患や未熟児網膜症，脳出血などの合併症を持って生まれることが多いことも知られています。加えて，在胎週数が 26 週未満の早産児では，正期産の子どもと比較して 6 歳時点において 41% の割合で神経学的な障害を持つことが報告されています（Marlow et al., 2005）。

▶ 3　妊娠中期の女性の心理

　妊娠中期にみられる胎動は，お腹に手を当てる等の母性的行動を促し，胎児との相互作用を生じさせることから，妊娠期の心理変化の重要な契機になります。妊娠初期では，胎内の子どもを人間として認識していたのは 30% のみでしたが，妊娠中期には 63% に増加したと報告されています（Lumley, 1982）。また，妊娠した女性は胎動により「音楽に合わせてお腹を蹴るので音楽的センスが豊か」など，生まれてくる子どもについてのイメージをより豊かにいだくようになります。このようなイメージは胎動のリズムや活動サイクルからも形成され，妊娠中期の終わりごろには最も詳しく描写されます（Stern et al., 1998 北村訳 2012）。このように胎動によって生まれてくる子どもについてのイメージを膨らませることは，母親になることへの準備として重要な意味を持つことが指摘されています。特に妊娠中期には，母親になることや育児をすることへの肯定感（築, 2004）や自己成長感を持つことがわかっています（澤田, 2005）。このような肯定的な側面を持つ一方で，「子どもに対してイライラすることが多くなるだろう」，「子どものために自分の行動が制限されるだろう」という否定的な意識も有していることが指摘されています（小泉・中山・福丸・無藤, 2004）。これらのことから，胎動という自分の子どもの生命を感じる経験に

よって，女性は少しずつ母親になっていくといえるのかもしれません。

3 節　在胎24週から39週──誕生に向けた準備

▶ 1　在胎24週から39週の胎児の発達

　ここまでで，胎児の外見はヒトらしくなり，さまざまな器官が発達してきました。しかし，最後の4か月でさらに体長は10cm程度，体重は2kg程度大きくなります。ここでは誕生に向けたさまざまな準備を行う在胎24週から39週までをおおむね4週ずつに分けてその発達をみていきます。

　在胎24週から27週では，胎児は子宮のスペースを利用して，頭を下にしたり上にしたりと盛んに運動します。また，こぶしを作ったり，長時間指を吸ったりするなど，触覚を通じた認知を行います。このような運動と触覚とが相互に作用することで胎児自身の身体認知ができるようになり原始反射（3章参照）が生成されることが示されています（小西，2013）。実際，この時期にはすでに把握反射などが認められ，誕生までに歩行反射やモロー反射，バビンスキー反射などが出現します。

　在胎28週から31週では，胎児の骨格は誕生時と同じ程度まで成長します。このころ，睡眠と覚醒のパターンが規則的になります。睡眠中の眼球運動が急速に増え，レム期と呼ばれる眼球を動かす時期とノンレム期と呼ばれる眼球運動が休止する時期が混在するようになります（Koyanagi et al., 1993）。また，この時期から，意識や人格などを司る大脳皮質を構成する細胞が発達し，自我や意識，考える能力に関する神経活動が盛んになります。特に触覚を通じた「感覚がある」という意識がすでに芽生えていると考えられています。さらに，在胎30週ごろから誕生後も認められる生理的微笑（6章参照）が見られます。最近の研究では，笑顔だけでなくしかめっ面や泣き顔も見せることがわかっており（Hata et al., 2010），胎内でいくつかの基本的な表情パターンを練習していると捉えることができるかもしれません。

　在胎 32 週から 35 週では，胎動の頻度が低下し，胎動の選択が始まると考えられています（小西，2008）。図 2-2 に示した胎動の動きすべてが新生児の運動として残存するわけではないと考えられているようです。また，この時期では寝ている時間と起きている時間のリズムが確立し，起きて活動している時間が長くなります。睡眠時も眼球を動かす時期と休止する時期が交代で生じるようになります（Koyanagi et al., 1993）。さらに，胎児はこの時期の多くの時間を誕生後の生命維持に向けた呼吸の練習に費やしています。

　在胎 36 週になると胎児の成長は完了し，誕生のタイミングを待っています。しかしながら，37 週未満での誕生は早産として扱われています。正期産とされるのは在胎 37 週から 41 週での誕生です。

▶ 2　妊娠後期の女性の心理

　胎動は妊娠後期にも認められ，在胎 32 週から 33 週では，胎動を自分と胎児とパートナー等の第三者との三者関係，もしくは外界の音等との三項関係のなかで意味づけ始めます（岡本・菅野・根ヶ山，2003）。また，胎児がただ動くということよりも胎動に妊娠期の女性が応じることや，女性やパートナーの声かけや外界の音に胎児が反応するといった原初的なやりとりが母子関係構築には重要です（岡本，2016）。妊娠後期においては妊娠中期と比較して胎動から胎児をより社会的な存在として意味づけているといえるのかもしれません。

　妊娠後期においても，女性は子どもの性格や気質について具体的なイメージを持つことが指摘されていますが，そのイメージは妊娠中期ですでにピークを迎えており，後期においては徐々に停滞していくことがわかっています（本島，2007）。イメージ形成の停滞が生じる理由として，生まれてくる子どもとの生活に向けてこれまでのイメージを一度整理することで，胎児に対する期待と現実との落差からみずからを守ろうとするからであると考えられています（Stern, 1995）。特に，生まれてくる子どもが早産である場合，母親になる女性は，子どもについてのイメージを白紙に戻す時間が十分ではなく，出産後の心理適応に困難を抱えることも指摘されています（Stern et al., 1998）。

4節　誕生──うまれる

▶1　誕生

　妊娠期間が残り少なくなると胎児は下降し，エストロゲンの上昇により分娩が誘発されます。分娩方法には，自然経腟分娩および帝王切開，吸引分娩，鉗子分娩などがありますが，2017年の統計では，自然経腟分娩が57.6%，帝王切開が33.8%，吸引分娩が6.6%，鉗子分娩が1.2%となっています（日本産科婦人科学会 周産期委員会, 2019）。誕生後すぐに妊娠を支えたホルモンの分泌は急激に低下し，子宮を収縮させ，母親の身体の回復を助けます。一方で，誕生後すぐに吸啜反射や哺乳反射により新生児から乳首を吸われるとオキシトシンとプロラクチンが上昇し，乳汁の産出と分泌を促します。

▶2　新生児の発達

　新生児は胎生期の40週をかけて成人と同様の身体器官を備え，外界の生活に適応する準備をして生まれてきます。しかし，器官は完全に成熟しているわけではなく，誕生後も変化し続けます。たとえば，新生児の頭蓋骨には産道を通る際に頭を小さくできるように泉門と呼ばれる縫い目があります。成人の頭のようにすべてを骨で覆われているわけではありません。また，眼もまだよく見えておらず，生後2か月ごろまでは目線も定まりにくく，20cmから25cmの距離ぐらいまでしか見ることができません。一方で，耳は誕生後すぐでもよく聞こえていて，大きな音に驚いたり，音の方に振り向いたりします。また，新生児は泣くことにより生き残ることに必要な空腹や苦痛などの欲求を表現しています。

▶3　父親の誕生

　妊娠・出産は女性の生涯発達における心理的な転換点であり，その後の人生

に変化をもたらしますが，男性においてもパートナーの妊娠・出産は重要な心理学的移行期になることが明らかになっています。妊娠初期の女性には妊娠の受けとめやつわりなどの葛藤があると紹介しましたが，男性も家族を扶養しなければならないという責任や，子どもの世話ができるだろうかという不安を感じます（Cohen & Slade, 2000）。このような責任感や不安は胎動を聞いたり，エコー写真を見ることにより少しずつ高まり，出産に向けた具体的な準備が始まると，親になるという実感をさらに強く持つようになります。一方，医療スタッフからの扱いや自分より先に母親らしくなっていくパートナーの様子に疎外感を感じる人もいます（Barclay, Donovan, & Genovese, 1996）。また近年は，子育てに積極的に関わりたい男性，または関わることを期待されている男性が多いのですが，その知識や技術を持っておらず，どこから情報を得ればよいのかわからないため，不安や孤独を感じている人も多いと言われています（Jordan, 1990）。このような男性のために父親教室などと呼ばれる出産準備教育が行われており，一定の成果も報告されています。さらに，近年では立ち会い出産ができる医療施設が増加しており，男性の50%程度が立ち会い出産を経験しているともいわれています。立ち会い出産のメリットとして父親の自覚の獲得や子どもへの愛着形成につながることが指摘されていますが，無力感が生じたり自分の役割がわからなくなるといったデメリットも明らかにされています（Johnson, 2002；中島・牛之濱, 2007）。

母親に抱かれる生後1日目の新生児

　男性は女性と比較して親となる意識を持つのが遅いことが知られていますが（藤原・日隈・石井, 1997），特に初めて父親になる男性もパートナーの妊娠に伴ってさまざまな心理変化をしていることがわかります。このようなパートナーの妊娠中のさまざまな経験が父性の芽となり，子どもの誕生後の子育てを通じて父親（12章参照）として花開いていくといえるのかもしれません。

「私が死んだら，子どもが困るから死ねない」

　子どもを持つお母さんやお父さんから「この子のために死ねる」もしくは「私が死んだら，子どもが困るから死ねない」という発言を聞いたことのある人もおられるのではないでしょうか。私はこれまでこのような発言の背景にある心理に興味を持ち，研究を行ってきました。

　心理学やそのほかの関連分野では，ひとの持つ生や死についての考え方や感情，態度などに関する心のまとまりを死生観と呼びます。これまでの研究で死生観は死別経験や入院経験などによって影響を受けることが明らかになっていますが（朝田・日潟・齊藤，2010；倉田，2008），子どもを持つことや妊娠をして命を体内で育むことによっても影響を受けることがわかってきました。たとえば，妊娠・出産・育児の経験がある女性は出産後に死生観が変化したと自覚しています（田中，2013）。また，男女ともに子どもがいる人は子どもがいない人に比べて，死が人生にとって意味があると考える傾向が高く死を苦しみからの解放とみなす一方で，自分の死による周囲への影響を配慮し生に執着しようとすることが明らかになっています（田中，2014）。この自分の死による周囲への影響を配慮し生に執着しようとする傾向は妊娠初期に比べて中期に高くなり，胎動の有無が影響を与えることが示唆されています（田中・齊藤，2017；Tanaka, 2017）。

　自分の死による周囲への影響を配慮し生に執着しようとする傾向は関係性喪失という自分や近親者の子孫を世話することができなくなることへの恐れに関連していると考えられます。妊娠・出産は体内で新しい生命を育み，産み出すという人間の経験のなかでも特異性が高い経験であり，新生児期や乳児期では食事や排泄など生命維持に関わるすべての世話を担うことが求められます。このような経験を通じてお母さんやお父さんはこれまで持っていたよりも強く「私が死んだら，子どもが困るから死ねない」という態度を持つのかもしれません。

読書案内 — ●

Book Guide

●スターン, D. N., B- スターン, N., フリーランド, A.（著）北村婦美（訳） 2012 『母親になるということ——新しい「私」の誕生』創元社
⇒母子研究で著名な乳幼児精神科医による妊娠期から育児期についてやさしい言葉で学べる一冊。
●最相葉月・増崎英明　2019　『胎児のはなし』ミシマ社
⇒胎児，妊娠・出産，周産期医療や出生前診断などに関して最新の研究知見と産科医の経験を踏まえて解説している。妊娠・出産を経験していない科学ライターとの対談形式で読み進めやすい。

演習問題 — ●

Exercise

A 群の問いに対するもっとも適切な解答を，B 群から 1 つ選びなさい。

【A 群】
1. 在胎 8 週までを（　　），在胎 8 週から誕生までを（　　）と呼ぶ。
2. 受精後から在胎 4 週までを特に（　　）と呼ぶ。
3. 流産の多くは在胎 12 週までに生じ，流産全体の（　　）％を占める。
4. 在胎 20 週から 23 週では，（　　）の発達が盛んである。
5. （　　）とは，妊娠中に胎児の状態や疾患を調べる検査のことをいい，通常 10 週以降にさまざまな検査が可能になる。
6. 妊娠中期の母親たちは（　　）によって生まれてくる子どもについてのイメージを膨らませる。
7. 在胎 24 週から 27 週では，運動と（　　）とが相互に作用することで胎児自身の身体認知ができるようになる。
8. 在胎 37 週から在胎 41 週までの出産が（　　）とされる。
9. 誕生後すぐに母体内では妊娠を支えたホルモンは急激に（　　）し，身体の回復を助ける。

【B 群】
つわり　視覚　60　卵子期　低下　出生前診断　触覚　乳児　正規産　胎児期　聴覚　胎芽期
原始反射　80　正期産　胎動　出生前検診　卵体期　上昇

3 章 からだと運動

e p i s o d e

　私の娘が自転車の補助輪を外すことができたのは，ちょうど5歳になるころだった。私が子どものときは，小学校に上がってから父と必死に補助輪を外して練習した記憶がある。娘の友だちのなかにはもっと早く補助輪を外した子もおり，昔と比べると達成時期の低年齢化が進んでいるような気がする。また，娘は補助輪を外してからは，私の手を借りながら練習をしたものの，あっという間に独り立ちしてしまった。私は子どものころの記憶から，娘に「お父さん，離さないでよ」と言われながら，悪戦苦闘する日々を予想していたのだが，これには嬉しさを感じる反面，少し寂しさも感じた。

　さて，主観的な感覚ではあるが，このような運動発達の早期化が起こっている理由は何だろうか。これには，インターネットなどで親が練習のノウハウなどを調べ，適切な指導が行いやすくなったことと，ペダルのない二輪遊具が普及し，かなり早い時期から二輪のみでバランスをとるという，自転車の補助輪を外すための段階的な練習がなされてきていることが関係しているだろう。昔に比べ子どもの体力が低下しているといわれてはいるが，適切な時期に適切な運動刺激が与えられることで，運動能力は高まるということ，さらに段階を追った練習が効果的であることをあらためて学ぶことができた。

本章の概要

　ヒトのからだは，形態的にも機能的にも成人へと変化をしていきますが，それは「発育」や「発達」，「成長」などといった用語で表現されています。これらの用語の定義は，学問の分野で異なりますが，本章では，体格や形態などの量的な増加を「発育」とし，機能などの質的な向上を「発達」として定義し取り上げます。

　さて，エピソードで「適切な時期に適切な運動刺激を」と述べました。ではいったい，どの時期にどういった刺激が必要なのでしょうか。ヒトが生まれてから，からだや運動機能がどのように発育・発達をしていくのかを理解し，運動能力を高めるためには何をすべきか，その基礎的な知識を身につけましょう。

1節　からだの発育と発達

▶1　生理的早産

　ヒトの赤ちゃんもほかの動物の赤ちゃんも，その姿を見るとみなさんは「かわいい」と感じ，手を差し伸べたくなるでしょう。これは誰もが抱く感情です。動物行動学者のローレンツ（1943）は，ヒトは身体に比べて大きな頭，大きな額，顔の中央よりやや下にある大きな目などの身体的特徴を持つものに対して，本能的に「かわいい」と感じ，自然と守ってあげようという気持ちが働くと述べています。赤ちゃんは大人に養育してもらうために，このようなかわいらしさが備わっているといわれています。

　さて，そのかわいい赤ちゃんですが，生まれた直後の様子は動物によって大きな違いがあります。ウマやゾウなどの動物は，生まれてすぐに立って，自分から動いて母乳を飲みに行くことができますが，ウサギやネズミなどの動物は，生まれた後も自由に動くことができず，一定の期間は母乳を飲ませてもらうなど，親の保護を受けないと生きていくことができません。生物学者のポルトマン（1944）はこれらの違いについて，前者を「離巣性」（すぐに巣を離れるもの），

後者を「就巣性」（巣に留まっているもの）と分類しました。離巣性の哺乳類の特徴としては，妊娠期間が50日以上と長く，1度の出産児数が少ないこと，また，脳が大きく，感覚器官が発達していることなどが挙げられます。一方，就巣性の哺乳類の特徴としては，妊娠期間が30日以下と短く，1度の出産児数が多いこと，脳が小さく，感覚器官が未発達な状態であることが挙げられます。

　それでは，ヒトはどうでしょう。動物の進化の過程や，発達の特徴から当然ヒトも離巣性の動物であると考えられますが，ヒトは生後しばらく寝返りも打てず，母乳も自分から飲みにいくことはできません。つまり，ヒトは離巣性の動物の特徴を持ち合わせているものの，就巣性の動物のような未熟な状態で生まれてくるのです。ヒトがおよそ1歳で歩行ができるようになることを考えると，その時点でやっと巣を離れる状態になるといえます。離巣性の特徴を持ったヒトは本来生まれるべき時期より1年早く生まれているといえるでしょう。このことをポルトマンは「生理的早産」と呼び，「ヒトは生後1年を子宮外胎児のような状態で過ごす」と述べました。

　ヒトが生理的早産によって未熟なまま生まれてくる理由には，大きな脳（頭）を持っていること，そして二足歩行によって骨盤（産道）が小さくなったこと，この二つが影響していると考えられています。ヒトの胎児は離巣性の動物と同程度まで母親の胎内で育ってしまうと，出産時に産道を通り抜けられなくなってしまうのです。しかし，未熟な状態で生まれることには，母親の胎内だけでは得られない，言葉や感覚などの外界の刺激を受けることができるという利点もあります。ヒトの赤ちゃんはほかの動物と比較してさまざまなことを早期から学ぶことができる，あらゆる発達の可能性を秘めている生き物だといえます。

▶2　スキャモンの発育曲線

　ヒトの誕生時の体重は約3kgですが，およそ3か月で誕生時の2倍の6kgになり，およそ1歳で誕生時の3倍の9kgとなります（図3-1）。身長は，誕生時には約49cmですが，およそ1歳で誕生時の1.5倍の74cmとなります（図

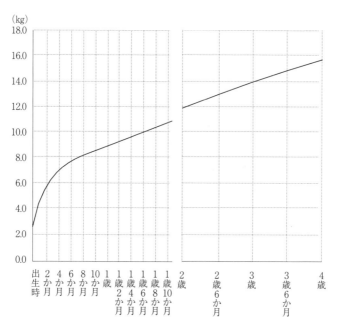

図 3-1　乳幼児（男児）の身体発育曲線（体重／中央値）
(厚生労働省, 2010 より著者作成)

3-2)。このようにヒトは生後１年の間に，急激なスピードで発育していきます。しかし，図 3-1，図 3-2 を見ると分かるように，急激な発育はいつまでも続くものではありません。発育の度合は徐々に緩やかになっていきます。

　解剖学者のスキャモン（1930）はヒトの発育スピードに着目し，子どもが成人になるまでのさまざまな部位の発育パターンは，大きく４つに分類されると提唱しました。その分類とは，身長や体重などの全身の骨格や筋肉，内臓などの「一般型」，脳・神経組織の「神経型」，主に免疫系に関与するリンパ器官の「リンパ型」，精巣や卵巣などの「生殖器型」の４つです。それぞれの発育パターンをグラフに示すと図 3-3 のようになります。このグラフは「スキャモンの発育曲線」と呼ばれ，誕生から成熟期（20 歳）になるまでの発育量を 100%とした場合に，４つの型に分類されたからだの各器官が，どの時期にどの程度発育しているかを示しています。

　このグラフを見ると，「一般型」は生後急激に発育し，４歳ごろからなだらか

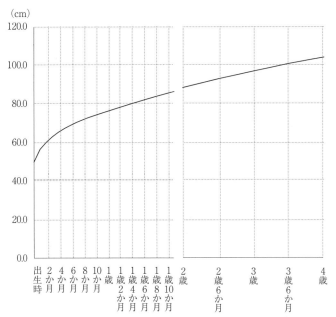

図 3-2　乳幼児（男児）の身体発育曲線（身長／中央値）
（厚生労働省，2010 より著者作成）

になり，さらに思春期となる 12 歳ごろからまた急激な発育を見せる S 字状を描く特徴があります。「神経型」もまた生後急激に発育し，4, 5 歳ごろには成人の 80％ までに達し，その後なだらかに 100％ に近づいていきます。「リンパ型」は，生後に急激な発育を示し，7 歳ごろには成熟期の値を超え，思春期である 11, 12 歳ごろに 190％ 程度でピークを迎え，その後成熟期の値まで減少していきます。「生殖器型」は，思春期となる 12 歳ごろま

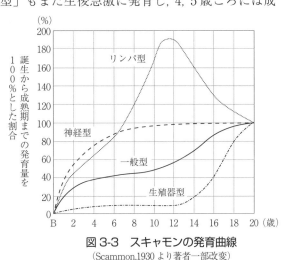

図 3-3　スキャモンの発育曲線
（Scammon,1930 より著者一部改変）

45

では10%程度の発育しか見られませんが、そこから急激な発育を示しています。このようにスキャモンの発育曲線によって、視覚的に子どものさまざまな部位の発育をとらえることができます。

▶3　神経の発育と運動発達

　子どもの運動発達についてはどうでしょうか。運動というのは単純にいうと、からだを動かすことです。まず脳が指令を出し、その指令が神経を通って筋まで届き、筋が収縮することでからだは動きます。運動発達とは、その機能が向上していくことであり、「思った通りの動きができるようになること」ともいいかえられます。そのためには脳が適切な指令を出し、それが神経を通してうまく筋まで伝わることが重要となります。

　スキャモンの発育曲線は、さまざまな器官の量的増加を示すもので、質的向上を示しているものではないので一概にはいえませんが、運動発達に大きく関わる脳・神経の発育を示す「神経型」の値が、乳幼児期の終わりにはほぼ成熟期の値に達しており、その後あまり発育がなされないことを考えると、乳幼児期は運動発達にとても大切な時期だといえるでしょう。

2節　脳・神経の発達と運動

▶1　脳・神経の発達

　運動発達に大きな影響を及ぼす脳・神経について、まずはその構造と役割から見ていきましょう。脳・神経は、中枢神経と末梢神経に分けられます（図3-4）。中枢神経とは脳や脊髄を指し、脳は感覚情報の知覚や判断、運動制御のた

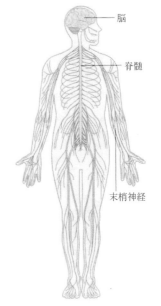

図3-4　中枢神経と末梢神経
（田中, 2006）

46

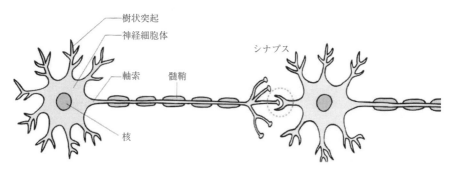

図3-5　神経細胞とシナプス（田中，2006）

めの指令を，脊髄は脳と末梢神経を中継する役割があります。一方，末梢神経はさらに運動神経と感覚神経に分けられます。運動神経は脳から脊髄を通して伝わってきた指令を筋に伝え，感覚神経には皮膚などの感覚器官からの刺激を，脊髄を通して脳に伝えるという役割があります。その指令や刺激は，主に電気信号によって「神経細胞（ニューロン）」を通して伝達されます。神経細胞は，樹状突起や数十 μ m（1 μ m: 100万分の1m）から最長1mにもおよぶ長さの軸索と呼ばれる突起状のもので，それらが別の神経細胞とつながる（シナプス，図3-5）ことで神経回路を形成し，からだのさまざまな部位まで信号を行き交わせることができるようになっています。

　では，脳・神経はどのように変化し，その機能を向上させていくのでしょうか。先述した脳・神経の構造は誕生時には遺伝子情報にもとづき（外部環境からの刺激などを必要とせずに）形成されますが，そのままでは機能としてはまだ未熟です。脳・神経は生後，外部環境のさまざまな刺激を受けたり，脳が指令を出したりするなど神経の活動が高まることで神経細胞どうしが連絡され，新たな神経回路がそこに形成されます。そして，さらに効率的で目的に合う行動ができるように，神経回路の補強や修正が常に行われます（これらのことを「可塑性」といいます）。その1つに，「シナプスの刈り込み」があります。無数にある神経回路の連絡において，それぞれが競合することで，必要な連絡だけが強められ，不要な連絡は除去されます。こうすることで神経回路はより機能

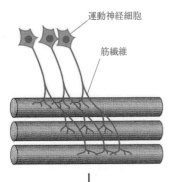

運動神経細胞

筋繊維

成熟

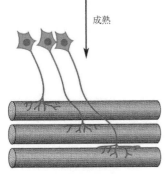

図 3-6　神経筋接合部の発達
(Bear, M. F., et al., 2007 より一部筆
者改変)

的に成熟していくのです。

　運動機能の発達においては，神経筋接合部（神経と筋の連絡部分）のシナプスの刈り込みによる構造変化も重要です。神経筋接合部では，はじめは1つの筋線維（筋細胞）に対し，複数の運動神経細胞が連絡しています。それゆえ，いずれの運動神経細胞からの指令によっても筋線維が収縮するため，自分自身を繊細にコントロールする力は乏しいといえます。しかし，神経筋接合部のシナプスが刈り込まれることによって，不要な連絡が除去され，1つの筋線維に対し1つの運動神経細胞が連絡されて，指令が細かく伝わるようになり，自分自身をコントロールする力が向上していきます（図 3-6）。

2　臨界期（感受性期）と運動発達

　さて，このように外部環境からの刺激やさまざまな経験によって脳・神経が大きな影響を受け，可塑性が一過的に高まる時期を「臨界期」または「感受性期」といいます。臨界期は生後のある時期だけに限られ，この臨界期を過ぎてしまうと，可塑性は低下してしまいます。臨界期はスキャモンの発育曲線で神経型が急激な発育を示した時期とも重なります。この時期は脳・神経が量的にも質的にも大きく変化する時期であるといえるでしょう。もちろん，その後において脳・神経がまったく変化しなくなるわけではないのですが，学習・適応の効率が良いこの時期に，脳・神経の機能を成熟させることが重要です。そのためにはこの時期の外部環境からの刺激やさまざまな経験が必要となります。したがって，運動においては，臨界期に，さまざまな運動遊び（からだを使った遊び）を経験させ，より多くの運動刺激を

与えることで，自分自身をコントロールする力が向上しやすくなります。

3節　運動機能の発達

▶1　原始反射

　特定の刺激により，特定の身体反応を示す現象を「反射」といいます。反射は，脳による認知や判断を必要とせず，ごく短時間で生じることが特徴です。からだの機能が正常であれば，反射は自分の意思とは関係なく起こります。なお，反射のうちで生後の限られた時期だけ見られるものを「原始反射」といいます。脳が未熟で，認知や判断，行動の指令がうまくできない新生児や乳児にとって，原始反射は，摂食や防衛など生きていくために必要なものとしての役割があり，さらに今後の発達のステップとしての役割もあるといわれています（表3-1参照）。

▶2　ジェネラルムーブメント

　新生児や乳児が仰向けで寝ていると，手足をバタバタと不規則に動かしている姿が観察されます。プレヒテル（1997）はこの特徴的な全身性の運動を「ジェネラルムーブメント」と呼びました。これは，外部からの刺激を受けての行動ではないため原始反射ではなく，脳からの指令による運動である「自発運動」として捉えられています。しかし，脳による意思決定や行動の選択などは伴っていないので，目的的な行動ではないと考えられています。このジェネラルムーブメントは自分のからだを認識し，動かすためのトレーニングであるといわれていますが，この運動が起こる理由は，十分に解明されてはいません。ジェネラルムーブメントは，最初は手足を動かす順序に規則性がない，それぞれの部分を動かす速度も一定ではない，もがくような動作の「ライジング」という状態ではじまります。その後，動きが小さく周期的で，あらゆる方向に円を描くような運動の「フィジティ」という状態に発達していくことがわかっています。

表 3-1　原始反射とその特徴 （森岡　周『発達を学ぶ』協同医書出版社, 2015, p.50より）

反射名	刺激	応答	出現	消失
口蓋反射 rooting reflex	新生児の口角周辺部位への軽い刺激		胎生28週	3か月
吸啜反射 sucking reflex	口のなかに乳首や指を入れると吸い始める		胎生32週	3か月
非対称性 緊張性頸反射 （ATNR） asymmetrical tonic neck Reflex	自発的，または他動的に頸部を左右に回旋させる		出生時	4～6か月
モロー反射 moro reflex	身体を斜めにし，頭部を急に背屈させる	上肢の外排 手指の開排	胎生28週	5～6か月
緊張性迷路反射 （TLR） tonic labyrinthine reflex	頭を中間位で背臥位にする。または腹臥位にする	仰臥位：伸筋の筋緊張が亢進 腹臥位：屈筋の筋緊張が亢進	出生時	6か月
対称性 緊張性頸反射 （STNR） symmetrical tonic neck reflex	頭部を屈曲・伸展する		4～6か月	18～ 24か月

▶3　随意運動の発達

　脳・神経が発達していくとともに，原始反射やジェネラルムーブメントが消失し，随意運動が発達していきます。随意運動とは，自分の意思で行動を選

0～2か月
首が据わっていない

3～4か月
首が据わる・うつ伏せに
すると顔を上げる

4～6か月
寝返り・両手両脚を広げる動作
（飛行機ブーン）

6～8か月
ずり這い・お座り

8～11か月
ハイハイ・つかまり立ち

12～18か月
1人で立つ・1人で歩く

図3-7　乳児期の運動発達

択・決定し，その指令によって生じる運動をいいます。随意運動は，「頭から
足への方向」と「中心部から末梢部（手足の先）の方向」というような方向性
を持って発達が進んでいきます。これは指令が出る脳から近い順に神経が発達
し，コントロールが利くようになるからです。図3-7に乳児期の運動発達を示
していますので，この発達の方向性を踏まえて見ていきましょう。

　まず，生後2か月ごろからうつ伏せの状態で少し頭を持ち上げたりすること
ができるようになり，3～4か月ごろに首が据わります。そして背中やお腹な
ど，体幹が動かせるようになってくると，4～6か月ごろに寝返りができるよ
うになります。さらに体幹が安定してくると，6～8か月ごろにお座りができ，
腕の力がついてくると，ずり這いができるようになります。股関節がうまく動
くようになれば8～11か月ごろにハイハイができ，脚の筋力や膝，足首周囲
の発達に伴い，つかまり立ちや一人での立位，そして歩行へと運動発達が進ん
でいきます。このように，首→体幹→股関節と，さらには股関節→膝→足へと

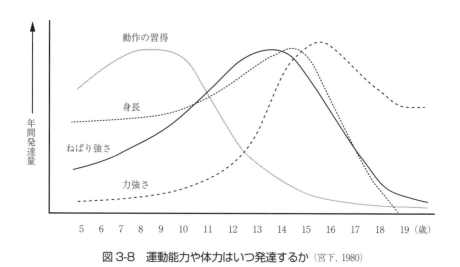

図3-8　運動能力や体力はいつ発達するか（宮下，1980）

発達が進みます。また，上肢においては，腕を動かして，手を目標の所に移動させること（リーチング）ができてはじめて，物を摑んだりすることができるようになるため，肩→手→指の方向へと，それぞれ脳から近い順に運動発達が進んでいることがわかります。

▶4　運動能力を高めるために

　運動能力は，筋力や持久力など，からだに備わっていて動きを作るための力である身体能力と，そのからだをコントロールする能力の2つから成り立ちます。これまでに述べてきたように，運動を司る脳・神経の発達という観点から，幼児期に発達が進むのは後者であり，スキャモンの発育曲線からも，臨界期という概念からも，この時期に「からだをコントロールする能力」を発達させることはとても重要であるといえます。一方，「筋力」や「持久力」などの身体能力は，筋や心臓，肺などの発育・発達に伴って向上していきます。これは，スキャモンの発育曲線における「一般型」に相当し，さらに図3-8にもあるように10歳ごろからその発達が進みます。10歳〜12歳ごろは総合的な運動能力が一番向上しやすい時期といわれており，この時期は「ゴールデンエイジ」と

呼ばれています。

　さて，からだをコントロールする能力には，手や足などをどの方向にどの程度動かすかという空間的コントロールの能力と，どのタイミングでどう動かすかという時間的コントロールの能力，そしてどのくらいの力を発揮させるのかという力量的コントロールの能力があります。投げられたボールをキャッチするという例で考えてみましょう。まずボールがどこに飛んでくるかを予測・判断し，そこに移動してキャッチする場所へ腕を伸ばします（空間的コントロール）。次にボールが収まるタイミングで，手や腕を動かしてキャッチします（時間的コントロール）。また，ボールの重さや柔らかさによってキャッチする力も調整しなければなりません（力量的コントロール）。

　このように脳は一つの目的の運動を行うだけでも複雑で多くの指令を出さなければそれを達成することができません。「ボールをキャッチする」という意思だけで，その他の指令を無意識に行えるようになるためには，失敗をフィードバックし，指令を再調整していくという学習の繰り返しが大切です。その結果，無意識に，そしてより洗練された運動が可能となり，運動能力は向上していくでしょう。そのためには，自由にからだを動かすことができ，学習を繰り返すことができる運動遊びの時間や経験が必要であるといえます。

　そして先にも述べましたが，脳・神経が発達しやすい幼児期には，適切な運動刺激を脳・神経に与えて成熟を促していくことが重要ですので，さまざまな運動遊びから，いろいろな動きが経験できるよう配慮してあげることも必要となります（コラム3参照）。

幼児期運動指針

子どもの体力・運動能力は 1985 年ごろをピークに低下していると いわれています。そこで，その対策の一つとして，2012 年に文部科 学省より「幼児期運動指針」が示されていますので，簡単に触れたい と思います。指針では幼児期に必要な体力・運動能力の基礎を培うた めの 3 点のポイントが挙げられています。

まず，「多様な動きが経験できるように様々な遊びを取り入れるこ と」です。これは，さまざまな遊びからさまざまな運動刺激を与える ことを目的としており，さまざまな遊びを提供する上で，運動の「種 類」と「変化」を考えるように提案がなされています。運動の種類と は「走る，跳ぶ，投げる，登る」といったことを指します。運動の変 化とは，たとえば「走る」という種類の運動を「真っ直ぐ走る」，「後 ろに走る」「ジグザグに走る」といった具合に変化させるということ です。このように運動の「種類」と「変化」を組み合わせることで， 運動の幅が広がり，多様な動きが経験できるようになるでしょう。

次に，「楽しく体を動かす時間を確保すること」です。外遊びなど の活動量が多い子どもほど，体力・運動能力が高い傾向にあった，と いう調査結果をもとに，「毎日，合計 60 分以上」体を動かすことが 目安として示されています。また，ある程度の時間を確保することで， 結果として多様な動きが経験されやすくなるでしょう。

そして，「発達の特性に応じた遊びを提供すること」です。幼児期 は個人差が大きいため，一人一人の発達に応じた配慮が必要となりま す。そうすることで個々人のレベルに合った運動刺激が与えられ，そ れぞれの能力を効率的に向上させることが可能となります。

子どもたちの体力・運動能力を高めるために，本文中で述べた基礎 的な知識や幼児期運動指針の 3 点のポイントを踏まえ，適切な時期 に適切な刺激が与えられるように考えてみましょう。そして，子ども たちと一緒に運動遊びを行いながら，達成感や満足感を共有していく ことで，運動遊びに意欲的な子どもを育てていって欲しいと思います。

Book Guide

読書案内

●森岡　周　2015『発達を学ぶ──人間発達学レクチャー』協同医書出版社
⇒子どもの発達について，さまざまな視点からまとめられており，知識を整理するのに良い。
●工藤佳久　2013『もっとよくわかる！　脳神経科学──やっぱり脳はスゴイのだ！』羊土社
⇒心を学ぶには，まずは脳から！人間の心理や行動を司る脳について，わかりやすくまとめられている。
●杉原　隆・河邉貴子（編著）　2014『幼児期における運動発達と運動遊びの指導──遊びのなかで子どもは育つ』ミネルヴァ書房
⇒保育者向けの本ではあるが，運動発達に関する理論と実践について詳しく書かれており，運動に関して子どもと実際に関わる際にどうすべきかが学べる。

Exercise

演習問題

A群の問いに対する解答を，B群から1つ選びなさい。

【A群】

1. 生後すぐに立ち上がって移動できる動物の特徴を（　　）といい，生後しばらく移動できない動物の特徴を（　　）という。
2. ヒトは，他の哺乳動物と比較し，発達段階でいうと約1年程度早く生まれているといえる。このことを（　　）という。
3. 神経は大きく分けると，（　　）と（　　）に分けられる。
4. 脳・神経が外部環境からの刺激の影響を受け，可塑性が一過的に高まる時期を（　　）という。
5. 特定の刺激により，特定の身体反応を示す現象を（　　）という。また，その中で生後の限られた時期だけ見られるものを（　　）という。
6. 新生児や乳児が仰向けで寝ていると，手足をバタバタと不規則に動かしている姿が見られるが，この動きを（　　）という。
7. 乳幼児期の随意運動の発達は（　　）から（　　）への方向へ，からだの中心から末梢への方向へ，方向性を持って発達が進んでいく。
8. 幼児期の子どもの運動能力を高めるためには，学習を繰り返すためにもある程度の時間が必要であり，適切な運動刺激を与えるために，（　　）運動遊びができるよう配慮すると良い。

【B 群】

原始反射　離巣性　手　中枢神経　運動　末梢神経　臨界期　頭　生理的早産　反射　就巣性
根性　特定の　ジェネラルムーブメント　交感神経　足　さまざまな　発達期

4章 知覚

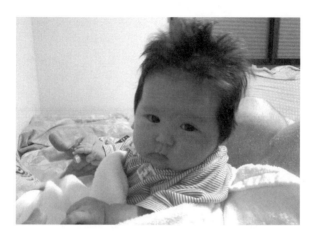

e p i s o d e

エピソード

杏ちゃんは，アンパンマンが大好きな1歳の女の子。あるとき，「いない〜いない〜ばあ」と杏ちゃんの声がした。お母さんがふと杏ちゃんをみたところ，ジョイントマットに描かれたアンパンマンの絵の上に杏ちゃんがハンカチを落とし，「いない〜いない〜ばあ」と言って，手品師のように手際よくハンカチを取っていた。赤ちゃんのころ，お母さんが「いないないばあ」をするととても喜んでいた杏ちゃんが，今度は自分で「いないいないばあ」をしている様子にお母さんはとても驚いた。

杏ちゃんが自分で「いないいないばあ」ができるようになったのは，ハンカチで隠した下には，アンパンマンがいることを知っているからである。だから，ハンカチを取ると，アンパンマンが出てくることもわかっている。つまり，見えている場所からアンパンマンが消えても，アンパンマンの存在自体がマットから消えたわけではないため，ハンカチを取ればアンパンマンが出てくることをわかっているからだ。お母さんが玄関に行って視界から消えただけで，お母さんの存在がなくなるわけではないと同じだ。私たちにとっては当たり前のことであるが，生まれたばかりの乳児にはモノが視界から消えたら，もうそこには存在しない。乳児の見ている世界は，私たち大人の世界とはかなり違っているのである。

　赤ちゃんは世界をどのように見たり感じたりしているのでしょうか。誕生時には目もみえず，耳も聞こえないと考えられていた時期もありました。しかし，1960年前後にまだ話すことのできない乳児の知覚を探ることのできるさまざまな研究手法が開発されると，乳幼児が豊かな知覚能力を持つことが次々と明らかにされてきました。本章ではまず，知覚とは何か，および乳幼児を対象として知覚を調べるための方法について説明します。そのあと，乳幼児における視覚・聴覚・触覚・味覚・嗅覚などのさまざまな感覚にもとづく知覚能力について近年までに得られている知見を概観します。

1節　知覚とは

▶1　知覚の定義

　「知覚」とは感覚器官への刺激を通して周囲の環境やことがら，あるいは自分の身体の状態を捉える働きのことです。たとえば，私たちの目には光（電磁波）を，耳には音（空気の振動）を，鼻にはニオイ（空気中の化学物質）を，舌には味（口腔内の化学物質）を捉えるための感覚器官が存在しています。しかし，これらの感覚器官が刺激情報を捉えるだけでは知覚は成立しません。感覚器官から得られるさまざまな情報を脳が適切に読み取ることで初めてさまざまな知覚が生じるのです。

　子どもが満期産で誕生を迎えるころには，ほとんどの感覚器官が刺激を捉える準備がおおよそ整った状態まで成熟していますが，誕生時の脳はまだまだ未熟な状態にあります。このため，健やかな知覚能力の発達には誕生後に子どもがさまざまな豊かな経験を積むことが不可欠となります。

▶2　知覚の測定法

　乳児や幼児を対象とする場合，どう感じたかを言葉で表現してもらったり，

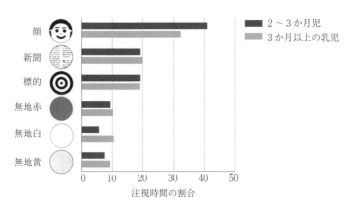

図4-1　模様のある画像への選好注視 (Fantz, 1961)

言語的な指示を通して反応を得たりすることはできません。そこで，異なる刺激に対する乳児の反応を比較することで知覚を探ることになります。対象児が幼いほど行動のレパートリーは限られますが，眼前の対象へ目を向けたり対象を見つめたりする注視行動，おしゃぶりに吸いつく吸啜行動などは，新生児期から計測できます。また，新生児期から乳児期初期にかけて観察される原始反射を利用するほかに，心拍などの生理的な指標を用いることもあります。このほかに，近年では脳波の計測や近赤外分光法を用いた脳血流反応の計測を通して刺激に関連して生じる脳活動を計測することを通じて乳児や幼児の知覚特性を探る試みもなされています。

　乳児の自発的な行動を利用する知覚計測手法のよく知られた例としては，「選好注視法」と「馴化法」が挙げられます。選好注視法はアメリカの心理学者ファンツによって広められた方法で，乳児に複数の画像を提示し，各画像への注視時間の差異が生じるかどうかを検討します（Fantz, 1961）。もし乳児が特定の画像をほかの画像よりも長く注視（選好注視）したならば，乳児が画像を識別したと解釈することができます。乳児は無地より模様のある画像（図4-1），静止画像より動画像，無意味な要素配置よりも顔らしい要素配置パターンの画像を選好注視することがわかっています。

　乳児が画像を識別できる場合でも，必ずしも選好注視反応が生じるわけでは

ありません。両方の画像が同じくらい乳児の興味を引きつけてしまうならば選好注視法で識別を探ることは困難です。選好注視反応が生じない画像間の識別を検討するために開発されたのが馴化法です（Fantz, 1964）。この方法では，同じ画像を繰り返し提示することでその画像への注視行動の変化を引き起こします。一般的に，画像が繰り返し提示されると乳児の注視時間は徐々に低下します（馴化）。馴化後に，繰り返し提示した馴化画像と新しい画像を提示して，各画像への注視時間を比較します。十分な馴化が生じた後では多くの場合，乳児は繰り返し提示され見飽きた馴化画像よりも新しい画像をより長く見つめる新奇選好を示します。あるいは，注視時間が減退した馴化期間の最後の数試行の注視時間と比べ，新しい刺激を提示した際に注視時間が回復する（長くなる）脱馴化が生じます。このような反応の差異や変化が生じれば，乳児が画像を見分けていることがわかります。

2節　知覚機能の発達

▶ 1　視覚
(1) 視力

　一般的に大人の視力を測定する際には，ランドルト環「C」の切れ目の方向を判断してもらいます。そこで，正答が得られる最小の切れ目の幅から視力を知ることができます。一方で，乳児の視力測定にはさまざまな細かさの縞模様を使います。この視力測定は選好注視法を用いるもので，乳児が模様のある画像に注目する性質を利用します（Fantz, 1961）。乳児の目の前に，白黒の縞模様と同じ明るさの無地の灰色画像を同時に見せると，乳児は白と黒の変化に富んだ縞のパターンの方を長く見つめる選好注視反応を示します（図4-2）。しかし，このような反応が生じるのは縞模様が十分粗く，対象児の視力で解像できて，縞模様を捉えることができる場合に限られます。だんだんと縞模様を細かくして反応を調べると，対象児にとっては模様が細かすぎて白と黒の領域が判

図 4-2　縞刺激を使った視力テストの様子（Teller, 1997）

然としない無地の灰色画像と区別できない段階に到達し，乳児の選好注視反応が消失します。この「縞模様が均質な灰色とは識別されなくなるときの縞の細かさ」が乳児の視力の指標となります。このようにして調べられた乳児の視力を「縞視力」と呼びます。視角1度あたりに何本白黒の縞の組が入っているかという単位（空間周波数，cycle/degree（c/deg））によって，縞視力を評価します。1歳未満の乳児の縞視力は，ほぼ「月齢 cycle/degree」の公式で示され（Atkinson, 2000），3か月児の縞視力はほぼ「3c/deg」，6か月児は「6c/deg」であるといわれています。これを一般的な視力に変換すると，それぞれ「0.1」「0.2」となります。大人の場合，この視力では眼鏡をかけたり，コンタクトレンズを装着し矯正しないと鮮明に見えないでしょう。このように，大人と比べ，乳児の視力はとても低く，幼い乳児には，細かい部分はほとんど見えていません。その後，4歳になるころまで視力はゆっくりと向上し，5～6歳で大人の視力と同じ程度になります。

（2）追視

　視力の低い乳児でも，目の前に何かおくとそれを見つけて凝視したり，動いているものに敏感に目を向けて反応します。この動くものを目で追う追視行動は，生後2日の新生児でもみられます。メリーやガラガラなど動いているもの

を長い時間目で追っていることも多いでしょう。しかし詳しく調べた結果，物の動きを追いかける眼の動き（追跡眼球運動）は，生後2か月ごろまでは未熟で物の動きにそった滑らかなものではありませんでした。生後4か月ごろになってようやく，大人と同じように物の動きに滑らかに追従するように眼を動かせるようになります（Hofsten & Rosander, 1997）。

（3）色の知覚

　信号の色や着ている服の色など，私たちはさまざまな色を見ることができます。しかしながら，生まれたばかりの乳児には色が見えておらず，白黒の世界しか見ることができません。なぜなら，色に反応する眼球の構造が未発達だからです。では，生後いつから色が見えるようになるのでしょうか。

　色の知覚の発達は，テラーらのグループによって選好注視法や眼球運動を用いて調べられています（Teller et al., 1997）。最初の実験では，赤と緑の縦縞を動かして乳児に見せ，縞の動きに対する眼球運動が観察されるかどうか調べました。乳児の眼に赤と緑の縞の動きを追従する動きが生じれば，赤と緑を区別していることになります。一方で，縞の動きを追従する眼球運動が見られなければ，二色を区別できていないことになります。実験の結果，赤と緑の縞の動きに対する眼球運動は生後2か月でみられました（Teller & Palmer, 1996）。同様の実験方法で，今度は青の色味の知覚に関係する黄緑と紫の二色の縞で眼球運動を調べてみると，生後4か月児でも，縞の動きに合わせて眼球運動が確認されなかったのです。一連の実験から，赤と緑の色の識別は生後2か月から，青色の識別は，生後4か月以降になって発達することがわかりました。さらに，生後8か月には，黄色と金色の識別が可能になり（Yang et al., 2013），成長するにつれて，より多くの色の区別ができるようになります。

（4）形の知覚

　形といって思い浮かぶのは，三角形や四角形でしょう。しかしながら，三角形が，角が3つあり線で囲まれたものであるといったような概念は，生まれたばかりの乳児には当然のことながらありません。そこで，乳児の形の知覚を調べる研究では，ある形を見せた時に，乳児が特徴のまとまりとして全体的な形

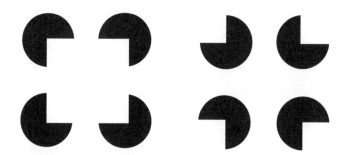

図4-3　主観的輪郭図形（左）と主観的輪郭図形の要素を反転した図形（右）
(Otsuka et al., 2004)

を認識しているのか，あるいは，部分的な特徴のみをバラバラに捉えるだけなのかが，検討されてきました。

　サラパティックら（1975）は，古典的な眼球運動計測から，生後1か月児が図形の輪郭のある特定の部分のみを見ているのに対し，生後2か月児は図形全体を広範囲に目で追っていることをみつけました。このことから，ものを1つのまとまりのある形として見る能力は，生後2か月ごろに発達するといわれています（Salapatek, 1975）。また，生後2か月以下の乳児には，「外枠効果」と呼ばれる現象がみられることもわかっています（Milewski, 1976）。外枠効果とは，文字どおり，外側を枠で囲まれると，内部の図形の違いを区別できないことをいいます。たとえば，二重丸のように外側も内側も○で形作られた図形と，外側は○で内側が□で形づくられた図形を思い浮かべてみましょう。両方の図形とも外側が同じ○であるため，外枠効果が生じて内側の図形の違いを乳児は区別できません。一方で，外側の○を削除し，内側の図形だけで見せると，生後2か月児は区別できるのです。

　その後，生後3～4か月ごろには図形を三角形，四角形，円といった形態にもとづくカテゴリーに分類し，区別できるようになります（Quinn et al., 2001）。さらに，生後3～4か月児が実際には物理的に存在しない輪郭線である，主観的輪郭も知覚できることが示されています（Otsuka, et al., 2004）（図4-3）。選好注視法を用いて，カニッツアの主観的輪郭図（Kanizsa, 1976）と要素が反転

した図形を対提示した結果，生後3〜4か月児が主観的輪郭図形を選好注視することが示されました。このように，生後3〜4か月になると，個々の要素に注目するだけでなく，バラバラの要素の配置関係から作られる全体的な形を捉える能力を持つようです。

(5) 顔の知覚

私たち大人にとって，相手とコミュニケーションをとるために顔はとても重要な視覚対象になります。乳児にとってもこれは同じで，生きるために必要なミルクを与えてくれる人は誰なのか，その顔を見分ける必要があります。では，乳児はいつぐらいから母親の顔がわかるのでしょうか。パスカリスら（1995）は，選好注視法を用いて生後4日齢の新生児に，母親と見知らぬ人の顔を同時に見せて調べました。その結果，新生児でも母親の顔を選好注視することがわかりました。しかしながら，それぞれの髪をスカーフで隠したとたん，母親の顔に対する選好が消えて，区別することができなくなりました。視力の低い新生児はボンヤリと見える大まかな髪型を手がかりにして，母親かどうかを見分けていたのです。

乳児が好む顔は，母親の顔以外にもあるのでしょうか。男性の顔と女性の顔ではどちらを好むのでしょうか。そこで，クイーンら（2002）は，主に母親に養育されている3〜4か月児を対象に調べたところ，男性顔よりも女性顔に対する選好がみられました。髪型を切り取って顔だけで比べてみても，やはり女性顔を選好しました。一方で，主に父親に養育されている3〜4か月児は，女性顔よりも男性顔を選好注視する傾向を示しました。乳児の顔の好みは，日常よく目にする養育者の性別の顔にもとづいているのかもしれません。

▶2　聴覚

妊娠22週〜26週ごろから胎児は比較的低い音（250-500Hz）が提示されると身体を動かして反応するようになります。その後，成長に伴い徐々により幅広い高さの音やより小さな音にも反応するようになります（Hepper & Shahidullah, 1994）。胎児のいる母体内部は母親や自分の心拍の音やさまざまな

内臓の動きから生じる音であふれています。外界の音は母体や羊水によってかなり弱まった状態で胎児の耳に届きます。一方で，母親の声は母体を通して胎児によく届いています。新生児を対象として音声への選好を調べた研究からの結果は，胎児期の終わりごろから，胎児は母親の声や母親の話し声の特徴を捉えそれらを記憶している可能性が示されています。吸啜反応に応じて2種類の音のうち一方を提示する，という方法を用いた研究から，新生児は見知らぬ女性の声よりも母親の声を選好して聴こうとすることや（DeCasper & Fifer, 1980），母親の話す言語の音声をほかの言語よりも選好して聴こうとすることが示されています（Moon et al., 1993）。さらに，母親が頻繁に繰り返した単語音声を別の単語音声よりも選好して聴くことも示されています（DeCasper & Spence, 1986）。

　意味のある言葉がはじめに発話されるのは1歳前後になってからですが，乳児は周囲の人々の話し声を聴くなかで，言語を日々学習しています。世界にはさまざまな言語がありますが，言語音として区別される音は言語によって異なっています。特定の言語だけを用いる環境では，その言語で区別される音以外を区別しないようにすることは効率的に言語を聞き取ることにつながります。このため，たとえば発達の過程でほとんど日本語だけを耳にする環境で育った大人は，日本語では区別されないRとLの音を区別することが苦手である場合が多いでしょう。一方，生後6か月以下の幼い乳児は言語による分け隔てなく，母語で区別される言語音も，それ以外の言語音も同じように識別すると報告されています。その後，生後1歳ごろにかけて母語で区別されない言語音を区別する能力が低下することや（Werker & Tees, 1984），母語で区別される言語音の識別能力が高まることが示されています（Kuhl et al., 2006）。このように，乳児期の間に母語を聴く経験を積むうちに，母語を効率的に聞き取るためのチューニングが生じると考えられます（コラム4参照）。

▶ 3　触覚

　多くの感覚に先駆けて，妊娠8週ごろには胎児は唇周辺への触刺激に反応す

るようになり（Hooker, 1952），妊娠 20 週までにはほとんどの身体部位への触刺激に反応するようになります。妊娠 23 週ごろには痛みへの感受性も発達することがわかっています（Anand & Hickey, 1987）。原始反射の 1 つである把握反射を利用した研究から，生まれたばかりの新生児でも，手で握りしめたモノの形状（円柱または三角柱）を識別すると報告されています（Streri et al., 2000）。また，新生児は口や手で触れた対象の表面の滑らかさの違い（スベスベかザラザラか）や，手で触れたモノの温度の差異（摂氏 20° と 24°）も識別するという報告もあります（Hernandez-Reif et al., 2000；Molina & Jouen, 1998；Hernandez-Reif, et al., 2003）。

▶ 4 味覚

新生児もさまざまな味への感受性を持つことがわかっています。新生児は甘味やうま味の溶液を数滴口に含ませると，吸いついたり微笑むようなリラックスした表情を示す一方で，苦味や酸味の溶液には顔をしかめたり，口をすぼめたり，あるいはのけぞって嫌がるような反応を示したりします（図 4-4：Rosenstein & Oster, 1988；Steiner et al., 2001）。

甘味やうま味には快表情，苦みや酸味には不快表情が生じる一方で，食塩水を与えても新生児は明確な表情の変化を示さないようです。いくつかの研究から，生後はじめの数か月間の乳児は塩味を避ける一方，生後半年以降にうすい塩味への選好が発達する可能性が指摘されています。乳児がおしゃぶりに吸いつく反応に応じて真水や，わずかな塩分を含む水を与えた場合，新生児は塩水よりも真水を選好して摂取したと報告されています（Beauchamp, et al., 1994）。一方，より年長の乳児を対象として，うすい塩水と真水を入れた哺乳瓶からの水分摂取量を比較した研究では，3 カ月児は水と塩水を同程度摂取したものの，6 か月児と 12 か月児は水よりもうすい塩水をより多く摂取したと報告されています（Schwartz, et al., 2009）。生後半年ごろから，わずかな塩味に対する好みが発達するようです。

新生児が同じ味の濃度の変化を識別する可能性を調べた研究もあります。ク

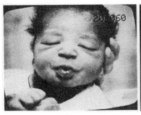  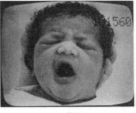

甘味　　　　　　　　　　酸味　　　　　　　　　　苦味

図 4-4　味刺激に対する新生児の表情反応 (Rosenstein & Oster, 1988)

ルック（1978）は，おしゃぶりへの吸啜反応の休止中にさまざまな濃度の少量のショ糖溶液を与え，それによって引き起こされる吸啜反応の持続時間を比較しました。すると，新生児はうすい溶液よりも濃くより甘いショ糖溶液が与えられた際により長く持続的な吸啜反応を行い，甘さの濃度の違いを識別していることがわかりました。

▶ 4　嗅覚

　味刺激が新生児の明確な表情反応を引き起こすことは多くの研究から確認されていますが，ニオイに対する新生児の表情反応は味に対するものほど明確ではありません。大人にとって心地よく感じられるニオイ（バニラの香り）と比べ，大人に不快に感じられるニオイ（腐敗臭：酪酸）に対してより多くの新生児が顔をしかめる不快そうな表情を示した一方で，新生児の微笑み反応にはニオイによる差異が生じなかったと報告されています（Soussignan et al., 1997）。

　ニオイの好みには経験による影響が大きく，幼い乳児はなじみ深いニオイを好むようです。たとえば，出生後間もない新生児は，母体内でさらされていた自分の母親の羊水のニオイを，別の母親の羊水のニオイよりも選好して嗅ぐと報告されています（Schaal et al., 1998）。また，人工乳で養育されている新生児は，母乳より人工乳のニオイ提示に対し活発な呼吸反応を行ったのに対し，母乳で養育されている新生児は逆に母乳に対してより活発な呼吸反応を行い，それぞれなじみ深い方のニオイ選好を示したという報告もあります（Soussignan et al., 1997）。

3節　乳幼児の知覚特性

▶1　対象の永続性の知覚

　対象の永続性とは，対象が視界から消え，見えなくなったり，触れられなくなったりしても存在し続け，同一の特性を保持するという認識をもつことをいいます。エピソードでも触れましたが，生後まもない乳児に「いないいないばあ」をするとびっくりして笑いますが，2歳をすぎるとむしろ当然だと感じるようです。「いないいないばあ」で驚かないのは，対象を隠しても，その背後にその対象が存在していると認識している，つまり対象の永続性が獲得されているからです。一方で，対象の永続性が未発達であれば，隠された対象は，見えないとそこには存在しないと認識されるため，驚いてしまうのです。

　赤ちゃんの目の前でハンカチの下におもちゃを隠した際に，おもちゃを取り出そうとする探索行動がいつごろから現れるかを観察したピアジェ（1954）によれば，生後8か月から乳児が対象の永続性を獲得すると考えられてきました。しかしながら，モノが目の前で隠されても探索行動を示さない，より幼い乳児が，対象の永続性の概念を理解していることを示した研究もあります。ベイラジオンら（1988）の研究では，ついたての背後を通ってモノが移動する場面に乳児を慣れさせた後，対象の永続性を理解していれば起こるとは予測されない場面（不可能事象）と，起こりうる場面（可能事象）のどちらに乳児が注目するかを調べました。その結果，5か月児は不可能事象に注目し，より長く注視したことから，この月齢の乳児でさえ対象の永続性を理解していると考えられました。

▶2　奥行きの知覚

　ハイハイが始まると，乳児は1人で自由に動きまわったり，お気に入りのおもちゃがあればそのおもちゃまでどんどん進んで行ったりします。このように，

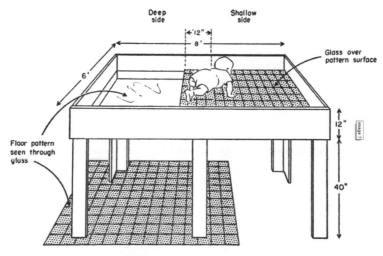

図4-5　視覚的断崖 (Gibson & Walk, 1960, Gibson, 1963)

　目標に向かって進み，ほかのおもちゃや人などの障害物にぶつからず対象をつかむには，3次元に広がった空間を知覚する能力が必要になります。

　乳児の奥行知覚の能力を調べる有名な実験が，視覚的断崖実験です（Gibson & Walk, 1960）。これは，人工的に作られた見かけ上の断崖で，市松模様の平面があり途中でその表面がガラス台になり，ガラスの下数十センチに同じ市松模様が描いてあるものです（図4-5）。もし乳児が奥行き（上下の高さ）を知覚できるのであれば，ガラス台の端に近づいたとき，危険を感じてガラス台の上には乗ろうとしないでしょう（図4-6）。一方で，奥行きの知覚が未発達であれば，同じ高さで平面上に市松模様が広がっていると見え，ガラス台の上を躊躇なくハイハイするはずです。実験の結果，生後6か月以上のハイハイを覚えた乳児は，ガラス台と平面の境界に置かれると，視覚的断崖のガラス台側には躊躇して横断しようとせず，平面の側へ移動しました。視覚的断崖実験の結果から，ハイハイするころまでに乳児が何らかの手がかりにもとづいて奥行きを知覚していることが明らかにされました。奥行きの知覚にはさまざまな手がかりがありますが，手がかりごとに発達の時期が異なっていることもわかっています。

図4-6 視覚的断崖
(Gibson & Walk, 1960, Gibson, 1963)

　私たちが奥行き感を知覚するための手がかりの一つに，両眼立体視があります。両眼立体視とは，左右の眼にごくわずかに異なる画像を見せられると，立体感を感じることをいいます。最近では，映画やテーマパークなどで，特殊な眼鏡をかけると，映像が飛び出るような仕組みのものが流行っていますが，それはこの両眼立体視を応用したものです。この両眼立体視は，生後4か月から発達するといわれています（Held et al., 1980）。この実験では，左右に2つの縦縞のパターンが提示され，ステレオスコープを装着すると片方の縦縞が立体的に見える仕組みになっています。実験の結果，生後4か月児が立体的に見える縞刺激を選好することが示されました。

　また，線遠近法や陰影といった美術の時間に習った絵画的奥行き手がかりを用いて，3次元の空間を知覚することもできます。遠近法による奥行きの知覚の成立は生後3〜4か月（Bertin & Bhatt, 2006），陰影による奥行きの知覚の成立は生後6か月ごろ（Imura et al., 2006），陰影と表面輪郭の2つの異なる絵画的奥行き手がかりから3次元形状を知覚できるのは生後6〜7か月ごろ（Tsuruhara et al., 2009）になります。このように，絵画的奥行き手がかりについては，生後3〜7か月の間に段階的に発達していきます。

COLUMN
4

知覚の狭窄化（Perceptual narrowing）

　日本語を話す私たちにとって，英語の発音の聞き取りは頭を悩ませる問題の1つです。特に，日本語を話す人には英語のRとLの発音の区別が難しいと言われています。大人になるにつれ発音の区別ができにくくなりますが，実はこの区別の困難さは，かなり早く生後9か月ごろに成立しています（Werker & Tess, 1984）。この生後1年にも満たない時期に，自分の身のまわりで使われない言語（日本人であれば，英語やフランス語など）を聞く能力はどんどん落ちていくのです。ところが，それ以前の生後6か月までは，人はあらゆる言語の子音や母音を聞き取る能力を持っています。こうした知覚能力が文化によって矮小化されることを，知覚の狭窄化と言います。

　この知覚の狭窄化は，言語以外にも，私たちが人の顔を区別する際にも生じます。パスカリスら（2002）は，2枚のサルの顔，2枚の人の顔を区別することができるかどうか，馴化法を用いて調べました。その結果，生後6か月児は，サル同士の顔，人同士の顔を区別できましたが，生後9か月児になると，人の顔同士のみが区別できました。私たちにとって，人の顔を区別することは，社会のなかで生きていく上で重要な機能です。でも，サルの顔を区別する能力は，それほど必要ではないでしょう。そのため，私たちは不必要な機能を失っていき，かわりに生存の上で重要な能力を精緻化していくのです。この顔の区別で起こる知覚の狭窄化には，人種効果（自分の属する人種の顔は区別しやすい）（Kelly et al., 2007）や，年齢効果（見慣れた年齢層の顔は区別しやすい）（Macchi Cassia et al., 2014）などもあります。これらの効果も，同様に生後9か月ごろ生じることがわかっています。つまり生後9か月以前の乳児は，あらゆる人種の顔もあらゆる年齢層の顔も区別できる能力を持っているのです。

　知覚の狭窄化が意味することは，発達とは何かを獲得するだけでなく，何かを失うことも含まれるということです。逆にいえば，私たち大人が失った能力を，乳児は持っています。その乳児の有能さに私たちは驚かされるのです。

Book Guide

読書案内 --•

- 山口真美　2003　『赤ちゃんは顔を読む』紀伊國屋書店
  ⇒「人見知りはなぜ起こるのか」といった，乳児期の顔を見る能力の発達について，わかりやすく説明している。
- 山口真美・金沢　創　2016　『乳幼児心理学』放送大学教育振興会
  ⇒乳幼児期の知覚（視覚と聴覚）発達から，言語や社会性の能力の発達，さらに，発達の障害といった幅広い分野について，詳細に説明している。
- ヴォークレール, J.（著）明和政子（監訳）　2012　『乳幼児の発達──運動・知覚・認知』新曜社
  ⇒胎児期から乳幼児期までの認知発達についてさまざまな理論を解説している。

Exercise

演習問題 --•

A群の問いに対するもっとも適切な解答を，B群から1つ選びなさい。

【A群】

1. 生後6か月の乳児の視力は（　　）である。
2. 赤と緑の色が区別できるのは，生後（　　）か月以降である。
3. 2歳の子どもが，「いないいないばあ」で驚かないのは，（　　）が獲得されているからである。
4. 特定の画像を別の画像よりも長く見つめる乳児の行動は（　　）と呼ばれ画像を識別した証拠とされる。
5. ギブソンとウォークが乳児の奥行知覚を調べるために（　　）を開発した。
6. 幼い乳児のニオイの好みには（　　）の影響が大きい。
7. 乳児の視力測定には（　　）を用いる。
8. （　　）は繰り返される刺激への乳児の反応の変化を利用して乳児の刺激識別を調べる方法である。
9. 胎児の耳に外界の音は（　　）状態で届く。
10. アメリカの心理学者（　　）の報告により注視行動を利用した乳児の視知覚研究法が広く用いられるようになった。

【B群】

ファンツ　テラー　パスカリス　遺伝　経験　馴化法　選好注視　縞画像　無地画像　顔画像　視覚的断崖　ランドルト環　鮮明な　0.2　0.1　2　4　対象の永続性　弱まった　強まった　そのままの

5 章 認知と思考

e p i s o d e

エピソード

　ある年の6月，C幼稚園の年長クラスで，「この蝶は死んでるのか，寝てるのか？」問題が勃発した。広い園庭を有する同園では，毎年，複数の子どもたちが虫捕りに熱中する。その捕った蝶が，虫かごのなかで動かなくなった。

　動かない蝶を見て，子どもたちの意見は分かれた。「死んでるから，お墓に埋めないと！」「寝てるんだから，虫語で話せば起きるよ！」などなど。さいわい，この時の園長は理科関係の研究者であったため，担当教師は園長をクラスに招いて，子どもたちと一緒に話をする時間を作った。

　当日，園長は「蝶は死んでいる」と診断し，「どうしてわかるかと言えば，触角を触ればわかります。ただ虫が寝ているだけ，つまり細胞が生きていれば，触角は折れません。でも虫が死んでいると，細胞も死んでいて，触角は折れます。この蝶は……」と説明した。難しい内容だが，子どもはみな，耳を傾け，うなずく。

　その後は，虫に関する質問コーナーが始まった。ある子どもが「どうして，色の違うバッタがいるんだ？」と質問し，園長はバッタの個体差について説明した。その説明の後，筆者の近くにいた子が「そうか，人の顔が違うのと一緒か……」とつぶやく。彼のなかで，新しい概念が生まれた瞬間であった。

本章の概要

　エピソードでも紹介したように，子どもたちは日々，この世界の謎に積極的に挑戦し，自分の知識を使って，この世界について主体的に学び，理解しようとしています。本章では，そのような子どもの姿の背景にある，認知発達について解説します。認知とは，知覚・記憶・思考・推論・学習などの，我々ヒトが外部の世界を知るための心の働き全般を指します。つまり，認知発達とは，子どもが自分をとりまく世界をどのように学び，知っていくのか，そして子どもから大人になるにつれて，世界を知るための方法や内容が変化する（あるいは変化しない）過程を意味しています。本章では，特に思考や記憶に焦点を当てて，認知発達について説明していきます。

1節　思考の発達

　思考の発達について体系的に説明した研究者のなかで，もっとも代表的な存在としてピアジェがいます。彼は，「子どもは主体的・能動的に認知を作りあげていく存在である」（構成主義）と考え，乳幼児期から成人期までにわたる認知発達段階を提唱しました。以下では，ピアジェ理論における認知発達のメカニズムや発達段階について説明します。

▶ 1　ピアジェ理論における認知発達のメカニズム

　ピアジェは，「シェマ」「同化」「調節」という概念を用いて，認知の発達がどのように生じるのかを説明しています。シェマとは「外界の事物・事象を理解する際に用いられる一定の枠組み」，同化とは「外界の事物・事象を自分のシェマに適するように取り入れること」，調節とは「外界の事物・事象に適するように自分のシェマを作り変えること」です。

　たとえば，「お医者さんはみんな男である」というシェマを持つA君が，友だちから「僕のお母さんはお医者さんだよ」と言われた場面を想像してくださ

い。この友だちの発言は，A 君の持つシェマとの認知的葛藤（自分のシェマと友だちの発言の矛盾）を生じさせます。この時，A 君が「友だちのお母さんは女だからお医者さんではない。本当は看護師さんだろう」と解釈（友だちの発言を自分のシェマに合うように同化）することもあれば，病院で医師として働く友だちの母親を見て，「お医者さんには男も女もいる」と解釈（事実に合わせて自分のシェマを調節）することもあります。このように，さまざまな認知的葛藤を経験し，シェマの同化・調節が繰り返されること（"均衡化"と呼びます）によって新しいシェマが獲得される，つまり認知発達が生じるとピアジェは考えています。

▶2　ピアジェ理論における認知発達段階

　ピアジェは，認知発達に関して大きく「感覚運動段階」「前操作的段階」「具体的操作段階」「形式的操作段階」という 4 つの段階を提唱しました（Piaget, 1972, 1978；Piaget & Inhelder, 1969）。以下では，ピアジェの考える各段階の思考の特徴を説明していきます。

　感覚運動段階：0 ～ 2 歳ごろの子どもは見る・聞く・触るなどといった感覚やみずからの身体を使った運動を通して，この世界の物事について理解していきます。たとえば，感覚運動段階を通して，子どもたちは「事物は見えなくなっても，同じ実体として存在し続ける」という対象の永続性を理解していきます（4 章参照）。魅力的な玩具を乳児に見せて，乳児が手を伸ばしてきたら，その玩具に布をかぶせて隠す場面を想像してください。このような場面に直面すると，8 ～ 9 か月以前の乳児は隠された玩具を探そうとせず，玩具がなくなってしまったかのように振る舞います。2 歳ごろまでには，隠された玩具でも探し出せるようになります。

　前操作的段階：2 ～ 7・8 歳ごろの子どもは，心的イメージや言語といった表象を用いて，頭のなかだけで物事を思い浮かべたり，それぞれの物事を関連づけて考えたりすることができるようになっていきます。しかし，この時期の子どもの思考はまだ大人の持つ思考とは違い，自他が区別されていない傾向が

(C)

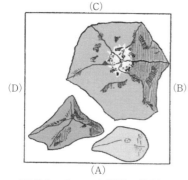

(D)   (B)

(A)

図5-1 ３つの山問題の模型図
(Piaget & Inhelder, 1956)

あります。たとえば，前操作的段階前半の２～４歳ごろの子どもは，ただの物体に表情や感情を見出したり（相貌的知覚），無生物でも心や生命があると考えたり（アニミズム）します。また，外界の自然現象もすべて人間が作ったと考える傾向（人工論）や，夢や自分の考えたことが実在すると思う傾向（実念論）も，この時期の未分化な思考の表れとして見られます。

また，この段階の子どもたちは事物の知覚的に目立った特徴に左右され，一貫性のある論理的な思考をすることに難しさを持ちます。たとえば，ピアジェとイネルデ（1956）は「３つの山問題」を使って，前操作的段階の思考の特徴を示しています。３つの山問題では，図5-1（上段は模型のＡ側からの見え方，下段は模型上部から）のような模型を提示し，模型をひとまわりして各側面からの見え方を確認してもらった後，その子どもをある側面（たとえば：Ａ側）に座らせ，子どもとは異なる側面（たとえば：Ｃ側）に人形を置きます。そして，模型をさまざまな側面から模写した絵のなかから，人形からの見え方を選択させました。すると，前操作的段階の子どもは自分の位置からの見え方と一致する絵を選ぶ一方で，具体的操作段階の子どもは正しい見え方の絵を選ぶことができました。このように，前操作的段階の子どもは「他者のことも自分の視点から考える」という特徴（自己中心性）を持っています。その一方，具体的操作段階の子どもは自己中心性から離れ，複数の側面を考慮して思考する，つまり脱中心化して思考することができるようになっていきます。

具体的操作段階：7・8歳～11・12歳ごろにかけて，子どもは脱中心化して考えたり，具体的な事柄について論理的に思考したりできるようになっていきます。

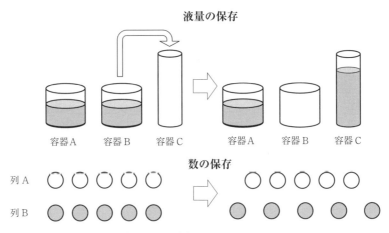

図 5-2　保存課題の例（Piaget, 2007 をもとに作成）

　代表的な例として，保存概念の獲得が挙げられます。たとえば（図5-2上段），子どもに2つの同じ大きさの容器（容器A・容器B）に入った同量の液体を見せた後，子どもの目の前で容器Bの液体を長細い形の別の容器Cに移し替えます。そして，子どもに「容器Aと容器Cのどちらの液体が多いか，それとも同じか？」と質問します。すると，前操作的段階の子どもは「高さ」という視覚的な特徴に引きずられ「Cの液体が多い」と答えます。その一方，具体的操作段階の子どもは「液体を元の容器に戻せば，同じ」などといったように，論理的に答えることができます。同様の現象は，数の保存（図5-2下段：2列に並べた同数のおはじきを見せた後，一方の列のおはじきの間隔を広げ，どちらの列のおはじきが多いかを尋ねる）などでも見られます。

　形式的操作段階：11・12歳以降になると，子どもたちは具体的な事柄だけでなく，記号・数字などの抽象的な事柄や経験・知識に反するような事柄について思考できるようになります（例：演繹的な思考，確率・比率の概念の理解）。また，さまざまな複数の可能性（仮説）を考慮して思考することが可能になります。

▶ 3　ピアジェ理論に対するその後の評価

　ピアジェの理論は，認知の発達を体系的に説明したという点で有益なもので

す。ピアジェのあとに続く研究者たちは，ピアジェ理論の問題点をいくつか指摘しています。たとえば，「乳幼児の能力を過小評価している」という点です。ピアジェ理論で描かれた乳幼児は，「保存概念を持たない」「他者の視点を理解できない」など，あまり有能でないようにみえます。しかし，その後の研究では，乳幼児に適した質問の仕方をしたり，彼らにとってなじみのある状況や内容であれば，ピアジェが想定していた以上に，乳幼児が認知的な有能性を発揮できることが明らかになっています（本章3節参照）。

また，「青年・成人の能力を過大評価している」という点もあります。ピアジェ理論によれば，12歳以上の人々はみな，抽象的な事柄について論理的に考えたり，合理的に物事を判断することができそうです。しかし，成人でも論理的な思考や合理的な判断が必ずしもできるわけではありません（たとえば，Ariely, 2008）。

乳幼児はもちろん，ヒトの認知の発達を理解するためには，単純に1つの課題や状況だけで判断するのではなく，複数のさまざまな課題や状況での認知能力について考慮することが重要になります。

2節　記憶の発達

▶ 1　記憶のメカニズム

生後すぐの乳児であっても，彼らはこの世界の出来事について記憶することができます。たとえば，ある一連の研究（Rovee-Collier, 1997）では，乳児をベビーベッドに仰向けに寝かせ，「乳児が足を動かすと頭上のモビールが動く」という体験をさせました。この体験を乳児がどれくらいの期間覚えていられるかを調べたところ，2か月児では1～3日程度，3か月児では7日程度，6か月児では14日程度，その出来事を覚えているようでした。つまり，生後3か月位の乳児であっても，1週間程度であれば自分の体験を記憶する能力を持ち，その能力は月齢とともに向上していきます。

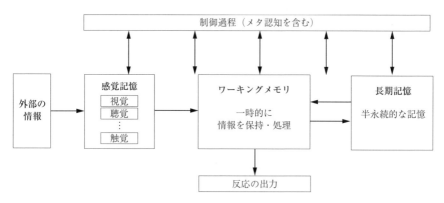

図 5-3　記憶のメカニズムの概略（Atkinson & Shiffrin, 1971 を改変）

　では，乳幼児をはじめ，ヒトはこの世界のさまざまな情報をどのように記憶しているのでしょうか。ヒトの記憶する能力には，単一のシステムではなく，複数のシステムが関わっています。この複数のシステムとして感覚記憶，ワーキングメモリ（作業記憶），長期記憶があります（図5-3）。五感を通して得られた情報は，意識して覚えようとしなくとも，感覚記憶として 0.5 ～ 5 秒程度，頭のなかに保持されます。その感覚記憶のなかで注意を向けた情報は，ワーキングメモリ（作業記憶）に送られます。ワーキングメモリは，短期記憶の考え方を拡張した「何らかの認知的活動を行いながら，そのために必要な情報を保持する」システムで，文章読解や計算といった学業的な活動を行う時はもちろん，会話などの日常生活のなかでも働いています。このワーキングメモリには一定の限界があり，何もしなければ，その情報は 15 ～ 30 秒程度で消えてしまいます。このワーキングメモリのなかで，「リハーサル（覚える事柄を口頭で，あるいは頭のなかで繰り返す）」や「体制化（覚える事柄をいくつかのまとまりに分ける）」などの記憶方略を使って覚えようとした情報は，長期記憶として半永久的に保持されます。

　そして，これらの記憶のシステムを使って，我々は日常生活のなかで物事について考えたり，直面した問題を解決したりしようとします。たとえば，三段論法をはじめとする演繹的な思考のように，いくつかの情報にもとづいてある

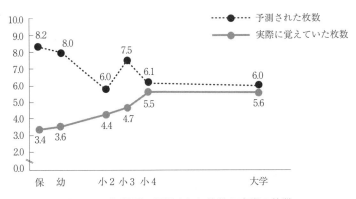

図 5-4　年齢別の予測された枚数と実際の枚数
（Fravell et al., 1970 および Yussen & Levy, 1975 をもとに作成）

物事について論理的に考える際には，ワーキングメモリや長期記憶内の自分の経験や知識を使いながら，その物事について考えています（中道, 2009）。そのため，「思考」の発達と「記憶」の発達は切り離せない関係にあるといえるでしょう。

▶ 2　自分の認知についての理解

　記憶のメカニズムとも関わる重要な能力の1つが「メタ認知」です（図5-3上部）。メタ認知とは「自分の認知活動に対する認知」のことで，メタ認知的知識とメタ認知的活動の2つの側面があります。

　メタ認知的知識は，自分の認知や記憶についての知識（例：自分はひらがなを読めるが，漢字を読めない）や，直面している課題の性質や効果的に実行するための方略（例：歴史の年号は丸暗記より語呂合わせのほうが覚えやすい）についての知識のことです。たとえば，物事を覚えるための方略に関して，0〜5歳ごろの乳幼児は「名前をつける」「指さしする」「注意を向ける」などの初歩的な方略を学び始め，その後，「リハーサル」「体制化」などの方略を獲得し，それを記憶するときに使える段階（5〜10歳）を経て，10歳以降には多くの方略をより効率的に使えるようになります（Siegler & Alibali, 2005）。

　また，メタ認知的活動は，自分の認知的活動がうまく行っているかを確認し

たり，問題がある場合には自分の認知的活動を修正・調整したりするなどの働きのことです。たとえば，幼児や小学生に複数の絵を示し，自分が覚えられる枚数を予測させ，実際に覚えられた枚数と比較します。すると，図5-4が示すように，就学前の幼児では自分の予測と実際に覚えていた枚数に大きなズレがありますが，年齢発達に伴ってズレが小さくなり，小学4年生ごろになると成人と同じくらい正確に自分の覚えることのできる量を予測できるようになります。

3節　乳幼児の認知の有能性

▶ 1　認知発達の領域固有性

　ピアジェは発達段階が上がることによって，その領域・内容に関係なく，全般的に同じように認知の発達が進むと考えていました。このような考え方を「発達の領域一般性」と呼びます。これに対して，認知の発達の進み方がそれぞれの領域・内容によって異なるという考え方を「発達の領域固有性」と呼びます。

　ピアジェの研究以降，子どもたちが特定の領域でなら優れた能力を示すといった，認知発達の領域固有性が示されてきました。たとえば，ある研究では，チェスあるいは数列を使った課題を用いて，チェスに熟達した子どもとチェスの素人の成人の記憶力の違いを調べました（Chi, 1978）。チェス課題では，ゲーム中盤の駒の配置（平均22駒）を10秒間で覚えてもらいました。同様に，数列課題では実験者が10桁の数列を読み上げ，その数列を覚えてもらいました。すると，チェス課題では，熟達者の子ども（9.3個）が素人の成人（5.9個）より多くの駒の配置を覚えていましたが，数列課題では，素人の成人（7.8個）が熟達者の子ども（6.1個）より多くの数を覚えていました。このように，認知発達の進み方は領域によって異なる部分があるのです。

▶ 2　乳幼児の素朴理論

　ヒトが生きていくために重要と考えられるような領域（物理的な事柄，ヒト

の心理，生物学的な事柄，など）について，子どもたちは人生の早期から領域固有の知識を持っています。たとえば，6か月児であっても物理的に起こりえない出来事（例：物体が壁を通り抜ける）を理解し，18か月児は他者の好みにそった行動をとることができます（例：自分は嫌いでも，相手が好きな食べ物をわたす）。また，1歳前の乳児であっても「1 + 1 = 2」「2 - 1 = 1」などの簡単な加算・減算を理解し，大きな数を概算することもできるようです。

　これらの領域での知識は断片的な知識の集合ではなく，①個々の知識がお互いに関連づけられており，②知識の適用範囲が限定されており（例：心理的な知識は心理的な事柄にだけ使える），③その領域内の出来事の原因と結果を説明するための枠組みがあるといった体系的な知識（Wellman & Gelman, 1992）であることから，「素朴理論」と呼ばれています。特に1990年代以降には，ヒトの心理に関する素朴理論，つまり「心の理論」に関する研究が盛んに行われています（8章参照）。

　もちろん，乳幼児の持つ素朴理論は「理論」といっても，その内容が常に正しいとは限りません。たとえば，稲垣・波多野（2005）は6歳児・8歳児・成人を対象に，「私たちが毎日食べ物を食べるのは，どうしてだと思いますか？」といったように，ある身体現象が生じる理由について質問しました。すると，8歳児や成人は「胃や腸で食べ物の形を変えて，体に取り入れるため」など，生理学的メカニズムに関する理由を答えました。その一方で，6歳の幼児は「食べ物から元気が出る力をとるため」などと答え，児童や成人とは異なる考え方をしていました。

　このように，成人が持つ科学的な理論と同じではないにせよ，乳幼児は物理・心理・生物などの重要な領域について，彼らなりの理論を持っています。乳幼児は未知の事柄に直面したときにも，その領域の素朴理論をうまく使って，その事柄に対する何らかの理解を持つことができるのです。そのため，素朴理論は乳幼児がこの世界を理解する上で重要な要素となっています。

▶ 3 乳幼児の認知における生態学的に妥当な文脈の重要性

　認知発達の領域固有性についての研究とともに，生態学的に妥当な，つまり子どもにとってなじみのある日常的な文脈でなら，子どもたちが認知的な有能性を発揮できることが示されています。たとえば，ある単語（例：キャンディー，アイス，など）を覚えてもらう際，単純に単語を覚える場合より，「買い物リストを覚えてください」（買い物場面）といった日常的な文脈を与えられた場合に，幼児は多くの単語を覚えることができます（Karpov, 2005）。

　このような現象は，子どもたちが日常生活のなかでよく行う「想像的な遊び」と関連する文脈でも見られます。幼児や児童は通常，自分の経験に反する内容について考えることに難しさを示します。たとえば，5歳児に「魚は木に住む，トットは魚である，トットは木に住むか？」といった質問をすると，彼らは論理的に「はい」と答えるのではなく，自分の経験・知識（例：魚は水に住む）にもとづいて「いいえ」と答えがちです。しかし，「これから違う星にいるふりをする」といったふり遊びの文脈のなかでなら，5歳児は自分の経験・知識に縛られず，論理的に考えることができます（中道, 2006）。また，この想像的な遊びは，のちの認知発達にも関わっています。たとえば，ふり・ごっこ遊びでの行動と認知発達の関連についての縦断的な研究（杉本, 2004）では，物の多様な見立て（例：積み木を太鼓に見立てたあとに，それを車に見立てる）を多くする3・4歳児ほど，8か月後の他者の心の状態の理解が優れていました。

　これらの「ふり・ごっこ」の効果には，まだ検討の余地がありますが（Lillard et al., 2013），多くの研究が，生態学的に妥当な文脈のなかでなら子どもたちが認知的な有能性を発揮できることを示しています。これらのエビデンスは，乳幼児期の日常的な活動，特に「遊び」の意義を考える上で重要となるでしょう（9章参照）。

4節　乳幼児期の認知発達と適応

▶ 1　乳幼児期の認知活動の基盤：実行機能

　乳幼児期の認知活動を支える基盤の1つが，実行機能です。実行機能は「ある目標を達成するために思考・行動を制御する能力」で，抑制制御・ワーキングメモリ・シフティングといった，大きく3つの側面を持っています。抑制制御は「目標達成と関係のない不適切な情報や衝動的な反応を抑制する能力」，シフティングは「思考や行動を柔軟に切り替える能力」のことです（ワーキングメモリについては本章2節参照）。これら3つの側面は個別のものではなく，互いに関連しながら，実行機能を構成しています。

　この実行機能は，乳幼児期のさまざまな認知活動と関わっています。たとえば，自分とは違う考え方を持っている他者の行動を推測する場合，自分の考えを抑え（抑制制御），その他者の考え方を考慮しながら推測しています（ワーキングメモリ）。実際，抑制制御課題やワーキングメモリ課題の成績が良い幼児ほど，他者の心的状態についてよく理解できることが示されています（たとえば，Carlson, Moses, & Breton, 2002）。また，幼児期の実行機能は社会的な行動や適応にも関わっています。たとえば，実行機能課題の成績の低さは，幼稚園・保育所での仲間関係の不和を生じさせる一因ともなっています（たとえば，Nakamichi, 2017）。

▶ 2　乳幼児期の実行機能とその後の適応

　この実行機能は，近年の幼児教育で注目されている「非認知能力」（Heckman, 2015）あるいは「社会情動的スキル」（OECD, 2015）の中核といえる能力の1つであり，その後の適応に深く関わっています。

　たとえば，ミシェル（2015）は幼児を対象に，通称「マシュマロ・テスト」と呼ばれる課題を行いました。マシュマロ・テストでは，実験者は幼児の好き

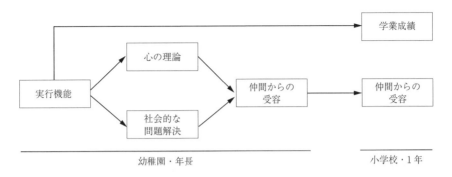

図 5-5　幼児期の実行機能が小学 1 年生時点の学校適応に及ぼす影響
(Nakamichi, Nakamichi, & Nakazawa, 2019 を改変)

な菓子（例：マシュマロ 1 個）を机の上に置き，「私が戻ってくるまで待つことができれば，よりよい報酬（例：マシュマロ 2 個）をもらえる」ことを幼児に伝え，退室します。このような状況に直面した幼児がどれくらい待つことができるのかを測定する課題です。ある実験では，待つことのできた平均時間は幼児で 6 分 25 秒，小学 3 年生で 11 分 25 秒でした。特に年少の幼児にとって，目の前のお菓子を食べたいという欲求を制御することは難しいようでした。

　そしてミシェルは，このマシュマロ・テストに参加した幼児が成長して青年・成人になったときに，再び調査しました。その結果，幼児期のマシュマロ・テストのときの行動は，青年期や成人期のさまざまな認知的・社会的な能力や適応状態を予測しました。たとえば，待つ時間の長かった人は時間の短かった人と比べて，米国の大学進学適性試験（SAT）において平均で 210 点高い点数をとりました。また，幼児期により長く待つことのできた人は，成人期での対人的問題が少ないこと，肥満指数が低いことなども示されています。

　このミシェルの研究をはじめ，欧米の多くの研究が，幼児期の実行機能が後の適応に及ぼす影響を示しています。日本でも，同様の研究が徐々に進められています。たとえば，筆者らの研究では，幼稚園の年長時点での実行機能，心の理論能力（他者の心的状態を理解する能力：8 章参照），社会的な問題解決能力（その状況に適した対人的な行動を選ぶ能力）それぞれが，彼らの後年の学業成績

や仲間関係に及ぼす影響を検討しています。小学1年生までの関連を見ると（図5-5），幼児期の実行機能は心の理論や社会的問題解決を介して，同時期の仲間関係の適応（仲間からの受容）を予測するとともに，小学1年生時点での学業成績を直接的に予測しました（Nakamichi, Nakamichi, & Nakazawa, 2019）。さらに，その影響は少なくとも小学4年生時点まで持続していました（Nakamichi, Nakamichi, & Nakazawa, 2020）。日本でも，幼児期の実行機能の能力はスクール・レディネス（学校適応を可能にする基本的な能力・スキル）の1つになっているようです。

▶ 3　実行機能と教育実践

いくつかの教育実践活動は子どもの実行機能の発達に有効である，という可能性が示されています（Diamond & Lee, 2011）。そのなかには，伝統的な教育法の1つであるモンテッソーリ教育や，比較的新しい Tools of the Mind（ヴィゴツキーの考えにもとづく，遊びを中心とした教育実践）なども含まれています。

またダイアモンド（2012）は，それらの実行機能の発達を促しうる教育実践が以下の特徴を含むことを指摘しています。①実行機能を働かせるのを手助けし，より高いレベルへの挑戦を促している。②保育室・教室内でのストレスを減らしている。③人前での恥ずかしい思いを子どもにあまりさせない。④子どもの喜び，プライド，自信を培っている。⑤能動的で実用的な取り組みを行っている。⑥活動の進捗度合いの異なる子どもに余裕をもって対応している。⑦学業的能力の向上だけでなく，人格形成も重視している。⑧話し言葉を重視している。⑨子ども同士で教え合いをさせている。⑩社会的スキルや人との結びつきを育成している。

もちろん，これらの教育実践の効果の大きさや持続性はまだ不明確ですし，実行機能だけを育めばよいわけではありません。しかし，その限界を踏まえつつ，上記の特徴に関して保育者・教師が自分の実践している活動内容を見直すことは，子どもの認知発達を支えるために意味のあることといえるでしょう。

子どもの教える行為

　教師や保護者は，子どもにいろいろなことを教えます。しかし，大人だけではなく，幼児もほかの人に物事を教える行為を行っています。皆さんも幼稚園などで，折り紙の折り方や色水の作り方を友だちに教える幼児の姿を見たことがあるでしょう。近年では，子どもを「教えられる存在」ではなく，「教える存在」として捉え，子どもの教える行為に関する研究が増加しています（Corriveau et al., 2018）。

　たとえば，デイビス - アンガーとカールソン（2008）は，3〜5歳の子どもにゲームのやり方を学ばせたのち，そのやり方を知らない相手に教えるよう促しました。その結果，年齢が上がるにつれて教えるために，さまざまな方略を使うようになることや，教える方略の数が多い幼児ほど心の理論課題の成績がよいことが示されています。ただし，教える行為の発生には必ずしも「心の理論」が必要なわけではないようです（赤木, 2016；Corriveau et al., 2018）。

　また，ゴンとシュルツ（2019）では，4〜6歳の子どもに玩具を探索させてその仕組みを発見させたのち，その玩具のことを知らない相手に教えるよう促しました。その結果，とても賢い相手（例：152×38に正答できる）より，普通の相手（例：5＋3に正答できない）に対して，幼児はより多くの情報を提供するなど，相手によって教える量を変えていました。

　このように近年の研究は，教える行為の基礎には認知的な能力があることを示しています。つまり，教える行為は社会的な発達だけでなく，認知的な発達の表れでもあるのです。

　これらの研究はまた，「教えられる存在」，つまり「受動的な子ども」といった見方に対して，日常生活でも見られる子どもの教える姿を踏まえた「教える存在」，つまり「能動的な子ども」といった見方を提供しています。さらに，ヒトは知識や技術といった文化を受け継ぎ，それを発展させて次の世代へつないでいます（Tomasello, 2009）。教える行為の発達を明らかにすることは，ヒトが現在のように文化を発展させることができた理由を知ることにもつながっているのです。

読書案内

● 稲垣佳世子・波多野誼余夫　1989　『人はいかに学ぶか──日常的認知の世界』（中公新書907）　中央公論社

⇒学び手の心理的な側面と文化の役割に焦点を当てながら，ヒトが「みずから学ぶ存在」であることを実証的に解説している。

● ゴスワミ, U.（著）岩男卓実・上淵　寿・小池若葉・富山尚子・中島伸子（訳）　2003　『子どもの認知発達』新曜社

⇒ピアジェ以降の2000年ごろまでの認知発達研究にもとづいて，主に乳児期・幼児期の認知の各領域の発達を詳細に解説している。

● ゴプニック, A.（著）青木　玲（訳）　2010　『哲学する赤ちゃん』亜紀書房

⇒1980年以降に大きく発展した認知科学や乳児研究の知見を踏まえ，「有能な乳幼児」の姿を実証的に，理解しやすく説明している。

演習問題

A群の問いに対するもっとも適切な解答を，B群から1つ選びなさい。

【A群】

1. ピアジェは，認知発達をシェマ・（　①　）・（　②　）から説明した。（　①　）とは「外界の事物・事象を自分のシェマに適するように取り入れること」，（　②　）とは「外界の事物・事象に適するように自分のシェマを作り変えること」である。

2. ピアジェは，認知発達に関する4つの発達段階を提唱した。（　　　）段階は0〜2歳ごろ，前操作的段階は2〜7・8歳ごろ，（　　　）段階は7・8〜11・12歳ごろ，（　　　）段階は11・12歳以降にあたる。これらの段階のなかで，前操作的段階の子どもたちは，「子どもは他者のことも自分の視点から考える」といった（　　　）を持つと想定されている。

3. ヒトの記憶する能力には，複数のシステムが関わっている。たとえば，「何らかの認知的活動を行いながら，そのために必要な情報を保持する」ための（　　　），特定の情報を半永久的に保持しておく（　　　）などがある。

4. （　　　）は「ある目標を達成するために思考・行動を制御する能力」のことで，乳幼児期の認知活動の基盤の1つであり，学齢期以降での学校や社会への（　　　）を予測するとされている。

【B群】

感覚運動　同化　実行機能　具体的操作　素朴理論　ワーキングメモリ　領域固有性　適応
調節　自己中心性　リハーサル　形式的操作　長期記憶　感覚記憶

6章　感情と欲求

episode

　2歳の誕生日に三輪車を買ってもらったAちゃん。初めて自分の三輪車に乗ることができ得意げな様子である。そこへ近所に住むおばあさんがやってきてAちゃんに「上手だね」と声をかけた。Aちゃんは三輪車から降りお母さんの足に抱きついてもじもじ。「今日，初めて乗ってみたんだよね」とお母さんから言われたが，顔を出すこともできずにいた。お母さんとおばあさんが楽しそうに話をしている様子をじっとうかがっていたAちゃん。少し時間が経つと，再び三輪車にまたがった。その様子をお母さんとおばあさんが見ていたところ，見られていることに気づいたAちゃんは動きを止めて，お母さんの方をちらちら見る。お母さんが笑顔で「うんうん」とうなずいていると，Aちゃんはゆっくりと三輪車を動かし始めた。どんどんスピードをあげていくAちゃん。最後には「見て見てー」と満面の笑顔を見せた。

　このAちゃんが見せた恥ずかしそうにもじもじする様子は，他者の眼差しを意識することができるようになって初めて見られる「照れ」の感情である。また照れてどうしたらよいかわからなかったAちゃんは，大好きなお母さんの様子をうかがいながら，この状況で三輪車に乗っても大丈夫そうだと判断したのであろう。つまり，他者（お母さん）の感情を理解（推測）することで自分の行動を決めたのである。このように子どもの感情やその発達について考える際には他者の存在は不可欠であるといえよう。

1節　感情とは何か

▶ 1　感情とは

　感情とは，嬉しい，悲しい，苛立つなど，快‐不快に関わる主観的な経験です。この主観的な経験は，体験した出来事に対する私たちの見方や感じ方に基づいています。感情は，心拍数，呼吸，血圧などの生理的な変化と，表情や行動などの表出の変化を伴います。

　感情には情動（情緒）や気分が含まれます。情動と気分の違いは，その状態になった原因の有無，生理的興奮の度合い，持続時間にあります。情動は，その状態を引き起こした原因が明確なことが多い，急激かつ一時的に生じる非常に強い生理的な興奮です。情動には明らかな始まりと終わりがあり，心臓がドキドキする，血圧が上がる下がるなどの生理的な変化を伴っています。また，不安を感じて顔を強張（こわば）らせる，恐れを感じて逃げるなどといったように表情や行動にあらわれることも多くあります。

　それに対して気分は，その状態になった原因がはっきりとせず，比較的長く

続く弱い生理的な興奮状態をさします。たとえば，苦手なイヌに遭遇した時に感じる恐怖や，誕生日プレゼントをもらった時に生じる喜びは情動です。「今日は一日さわやかな気分だ」「なんとなくイライラする」のようにはっきりとした原因がなく，一定期間続く興奮状態は気分であるといえます。

なお，本章では情動を中心に説明をしていきますが，用語としては一般にわかりやすい「感情」を使っています。

▶ 2　感情の役割

感情は，他者との関係のなかで生きる私たちにとって，以下に示すような重要な役割を果たしています。

（1）他者とのコミュニケーションの手がかり・手段

乳児は泣くことにより不快感情を示します。泣き声を聞いた養育者は，抱きあげたり，あやしたりするでしょう。場合によっては，授乳をしたり，おむつを替えたりするかもしれません。そうした養育者の行為により不快な状態が取り去られた乳児は，笑顔を見せたり，笑い声を出したりすることで快感情を示します。つまり感情表出は，自分のこころの状態を他者に知らせ，他者からの適切な行為を引き出すシグナルとして働くのです。

また養育者の側からすると子どもの感情表出を通して，子どもの求めていることがわかったというように，感情表出は他者を理解するための情報を提供してくれます。私たちは感情の表出を通して自分の感情を他者に伝え，他者の感情を知ることによりコミュニケーションを円滑に進めることができます。特にことばが十分に発達していない乳幼児においては，おもに感情表出がコミュニケーションの手段となります。

（2）適切な行動のための準備

私たちは，楽しい，嬉しいのような快感情が生じることには積極的に取り組みたいと考えますが，恐怖や嫌悪などの不快感情が生じることは避けたいと考えるでしょう。感情は，私たちを取り巻く状況を捉え，その状況でとるべき行動を示してくれます。さらにその行動へ駆り立てるエネルギーにもなります。

たとえば，ベッドに入り眠りにつこうとしていても，大きな蜘蛛のような自分が恐れを抱く対象が目の前に現れれば，ベッドから飛び起きその場から逃げるという行動をとるでしょう。これは感情，特に急激な感情の変化である情動が，そうした緊急事態に十分な反応がとれるように私たちの身体の状態を一瞬のうちに整えてくれることで可能になるのです。

（3）効率的な学習の促進

　遠藤（2002）は発達早期における感情の役割として，迅速かつ効率的な学習を可能にする働きを示しています。私たち大人はアイロンやストーブが危ないことを知っています。これは乳幼児期に熱いアイロンが危険であることを学習したからですが，この学習にも感情が関係しているのです。

　乳幼児期の子どもが熱いアイロンに手を伸ばすと，周囲の大人は顔をしかめ語気を強めて「だめよ！」と声をかけます。すると，声をかけられた子どもは恐れを感じ，“アイロンは恐ろしいものだ”と学習します。つまり，ある出来事・ものについて，強いネガティブ感情を感じることで，その出来事・ものが危険であることを知るのです。このように感情は，ある状況での心身の状態を“増幅・強調”してフィードバックすることで，子どもがその状況での適切な準備体制や対処方略などを効率的に学習することを可能にします（山本, 2014）。

2節　感情の発達

▶ 1　感情発達のモデル

　感情の発達については，生まれたときは未分化な状態で，運動の発達や認知の発達などと関係しながら徐々に分化し，複雑化していくという立場が主流となっています。ルイス（1993）はこの感情の発達プロセスを図6-1のようにまとめました。

（1）1次的感情の発達

　ルイスによれば，私たちは満足（快），苦痛（不快），興味の3つの原初的感

情をもって生まれてきます。その原初的感情は，まず生後2, 3か月ごろに満足（快）から喜びへ，苦痛（不快）から悲しみと嫌悪に分化します。

喜びは対象（人やもの）に対する微笑みや声かけにより表出されます。この対象に対する微笑みは，生まれた直後から新生児が示す「生理的微笑」（自発的微笑）とは区別されます。生理的微笑（自発的微笑）は，まどろんでいるときや眠っているときにみられ

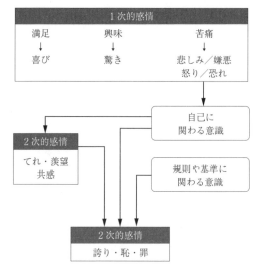

図 6-1　感情発達のプロセス
(Lewis, M. 1993 より作成)

る対象のない微笑みであり，原始反射の1つと考えられています。この微笑により周囲の大人（特に養育者）は子どもに対して愛しさを感じるので，結果的に子どもは大人からケアを引き出すことができます。一方，生後2, 3か月ごろに見られる周囲の大人に対する微笑みは「社会的微笑」と呼ばれます。この社会的微笑は他者とのやりとりのなかで生まれる微笑みで，私たちが人との関係のなかで生きる社会的存在であることを物語っています。みずからの働きかけに対してさらに微笑みかけられた大人は，ますます子どもに対する働きかけをすることになります。

苦痛から分化した悲しみは人とのやりとりが中断したり，好みの対象が消えたりしたときに生じ，嫌悪は口の中に好みでないものを入れられた際に吐き出す反応などで表出されます。

さらに生後4か月ごろになると，怒りが出現します。このころはものに触れたり，ものをつかんだりするなどの簡単な操作ができるようになりますが，時には周囲の大人にその動きを静止されることもあります。怒りは，手や腕を抑

えられて動くことができないといったように，自分のやりたいことが邪魔されて実現できないときに生じます。怒りが生じる背景には，自分がめざす「こうしたい」という目的を達成するために，どういう手段が有効であるかという，目的－手段の関係が理解できていることが考えられます。

　生後6か月ごろには，恐れや驚きが生じます。恐れは人見知りなど見知らぬ人に対する恐れが代表的で，驚きは見たことのないものに対して目を見開く行為などで表出されます。恐れも驚きも，これまでの経験を記憶し，その記憶内容といま目の前にある対象とを比べることにより生じます。このことから感情の生起は記憶や認知の発達と関係していると言えます。生後6か月ごろまでに分化した喜び，驚き，悲しみ，嫌悪，怒り，恐れは「1次的感情」と呼ばれます。

(2) 2次的感情の発達

　1歳から1歳半ごろになると，自分と他者の存在を意識するようになり，少しずつ他者から見られた自分を意識できるようになります。その結果，自分が周囲の他者に見られていることに気がついて照れが生じたり，自分にはなくて他者にあるものに対して羨望が生じたり，自分と異なる他者の置かれた状況に心を寄せて共感が生じたりすることになります。

　さらに2, 3歳ごろになると，何が望ましいことで何が望ましくないことなのかという社会のルールを自分のなかに取り込み，取り込んだ自分のなかの基準と照らして自分はどうかということを考えることができるようになります。その上で「自分は～ができた」あるいは「自分は他者から期待されるような望ましいことをした」となれば誇りが生じ，「自分は～ができなかった」あるいは「他者から期待されない望ましくないことをした」となれば恥や罪悪感が生じます。誇りを感じた子どもは，胸をはって得意気に他者の顔を見たり，自分が完成させたものを他者に見せたりします。一方で恥を感じた子どもは「消えてしまいたい」という気持ちを示すかのように縮こまり，罪悪感を感じた子どもは失敗を取り繕おうとしたり，迷惑をかけた他者に謝ったりします。

　1歳以降に現れる感情は，自己意識や自己評価（10章参照）が関わる感情で

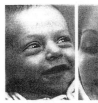

図 6-2　表情の新生児模倣 (Field et al., 1982)

あるために「2次的感情」(社会的感情，自己意識的感情) と呼ばれます。

▶ 2　他者感情の理解の発達

　みずからの感情の発達に伴い，他者の感情についての理解も発達します。

　生後間もない新生児は，目の前の大人が浮かべている表情と同じ表情を浮かべます (新生児模倣：図6-2)。生後10週ほど経つと，乳児は大人と同じ表情を浮かべるだけでなく，喜びなら喜び，怒りなら怒りと，表情と同様の感情を経験していることもわかっています (Haviland & Lelwica, 1987)。また，生後数日後の新生児はほかの新生児の泣き声を聞いて，一緒に泣き始めることがあります。このように新生児が他者の感情に巻き込まれ，自分と他者の区別がないままに感情を経験することを「情緒伝染」と言います。この情緒伝染は共感 (11章参照) の基礎となると考えられています。

　自他の区別なく感情を経験していた新生児ですが，徐々に自他の区別ができるようになっていきます。生後9〜10か月ごろには，どのように行動すべきかわからないあいまいな場合でも，養育者などの表情を見て自分のおかれている状況を知り，行動を決めることができるようになります (社会的参照)。たとえば，乳幼児が初めての場所で進むか止まるかを決めあぐねている時に，養育者が恐れを示す表情や声を表出すれば，乳幼児は自分が危険な状況におかれていることを知り，進むことを止めます。社会的参照ができるということは，乳幼児が他者の感情を自分の感情と区別し，情報を適切に利用していることを表しています。

　他者の感情を理解できるようになった1歳半ごろの子どもは，苦しんだり，

悲しんだりしている他者に対して，撫でたり，自分のおもちゃを貸してあげたりするなどのなぐさめ行動をすることができるようになります。さらに年齢が進むと，相手の苦痛の原因に合わせたなぐさめ行動をします。こうした発達の背景には，感情とその原因についての理解があります。たとえば，3歳児は「嬉しさ」を感じる理由として“自分が望む状態になったこと（おうちのひとに褒められたなど）”や“自分が望まない状態を避けられたこと（おうちのひとに怒られなかったなど）”を挙げることができ，「悲しみ」や「怒り」を感じる理由として“自分が望まない状態を避けられなかったこと（おうちのひとに怒られたなど）”を挙げることができると報告されています（Stein & Levine, 1989）。

そして4歳ごろになると「心の理論（心の働きについてのルールの理解：5章，8章参照）」の獲得に伴って，より複雑な状況で生じる他者の複雑な感情も理解することができるようになります。

他者の感情理解の手がかりには，表情，声，しぐさなどの表出的手がかりと，感情が生じる場面の理解である状況的手がかりがあります。発達早期の子どもは，もっぱら表出的手がかりを利用しますが，3歳ごろには，状況的手がかりも活用できるようになり，自分の経験にもとづいて状況を理解し，他者の感情を理解することが可能になります。ただし，日本では一般的に否定的な情動表出を抑制するように求められるという文化的背景もあり，悲しみが生じる状況

うつむく男児に，子どもたちはどのような声かけをしているのでしょう？

と怒りが生じる状況を区別することは6歳ごろまで難しいようです（菊池, 2006）。

▶ 3 感情調整の発達

もし私たちが経験した感情すべてをそのまま表出したらどうでしょうか。おそらく他者とのコミュニケーションに支障をきたすこともあるでしょう。対人関係を円滑に築き継続するためには，経験する感情の強さや持続時間，表出の仕方を調整する必要があります。これを「感情調整」と言います。感情調整と聞くと，不快感情を抑えることと考えがちですが，それだけではありません。感情調整には，周囲の状況に応じて，快・不快のいずれの感情もその強度や持続時間，表出方法を変化させることが含まれます。

乳幼児期の感情調整は以下の（1）〜（4）のように，養育者による調整から子ども自身による調整へ，偶発的な調整から意図的な調整へと発達していきます。

（1）主として養育者が感情の調整をする時期：生後3か月ごろまで

生後3か月ごろまでは主に養育者が乳児の感情を調整します。ヒトは運動発達や言語発達においては極めて未熟な状態で生まれてきます。そのため，3か月ごろまでの乳児は，飢え，渇き，痛みなどによる不快な状態に対して，自分自身で対処できることは多くありません。そこで，乳児は不快な状態を泣きで表出し，そのシグナルを受け取った養育者が不快の原因を推測して対処することによって不快な状態を取り除きます。もちろん乳児は不快な状態に対してまったく無力というわけでもありません。手を口にもっていく，指を吸う，頭をまわすといった偶然の行動により感情が調整されることもあります。このみずから感情を調整する経験を積み重ねることにより，乳児は自分の身体を刺激することが感情調整の1つの方法であることに気づきます。

（2）子どもと養育者のやりとりによる感情の調整が始まる時期：生後3か月ごろから1歳ごろまで

生後3か月ごろになると，養育者と対面したやりとりが盛んにおこなわれるようになり，そのやりとりを通して感情を調整することもできるようになりま

す。3か月ごろの子どもは養育者を自分の不快な状態を解消してくれる存在として意識し始め，養育者の行動に期待をもつようになります。また運動発達に伴い，視線や姿勢を変えることができるようになると，不快刺激を避けることができるようになってきます。もちろんこの調整は限られたものであり，依然として養育者に不快な状態を解消してもらうことがほとんどです。さらに，ものを握って扱えるようになったり，ハイハイで行動範囲が広がったりすることで，目的－手段の関係が理解され始めると，乳児は意図をもって対象（人やもの）に働きかけるようになります。つまり，自分自身に不快な状態をもたらしている対象に直接働きかけたり，他者から助けやなぐさめを引き出したりして，乳児自身で感情調整のための行動レパートリーを増やしていきます。

(3) 養育者のサポートを求めつつも主として子ども自身で感情の調整をする時期：1歳から3歳ごろまで

　1歳を過ぎると運動発達はさらに進み，自由に自分の行きたいところへ行くことができるようになります。また，記憶力や認知能力も発達し，自分自身が行動を起こす主体となることを理解し始めます。2歳ごろになると，自分の感情を引き起こした原因についても認識をし，どうすればその原因を解消できるかを考え始めます。そして，原因に直接働きかけたり，養育者に対して原因に働きかけるように求めたりするようになります。つまり，不快感情が生じたときにその原因が解消されなければ納得できないのです。たとえば，遊んでいたおもちゃを自分では開けられない箱に片づけられてしまうと，当然子どもは泣き出します。そのときに0歳の子どもは養育者があやしたり，別のおもちゃを渡したりすることで泣き止みますが，2歳ごろになるとその方法では泣き止みません。箱を開けてもらったり，実際におもちゃを取り出してもらったりと，自分が遊んでいたおもちゃを取り返すための援助をうけてやっと泣き止むのです。

　さらに，言葉の発達も感情調整に大きな影響を与えます。1歳後半ごろから子どもは「痛い」「あつい」など身体の状態や「笑っている」などの感情について言葉で表し始めます。2歳を過ぎると，いま経験している感情だけでなく，

過去に経験した感情やごっこ遊びのなかでの感情についても言葉で表すことができるようになります。言葉で感情を表現することは，他者に自分の状態を伝える上で役に立ちます。また，感情調整の方法を周囲の大人から言葉で教えてもらうこともあります。

このように，この時期の子どもは種々の発達に伴って感情調整のレパートリーを増やしていきますが，まだまだ養育者による感情調整が必要な場面も多くみられます。さらに，行動範囲や興味・関心の広がりによって，養育者に制止される経験も多くなり，養育者との間で強い不快感情を経験する場面も出てきます。強い不快感情を経験した場合は，子ども自身で調整することは難しく，養育者により受け止めてもらい，なぐさめてもらうことが必要になります。

(4) 主として子ども自身で感情の調整をする時期：3, 4歳以降

記憶力や思考能力がさらに発達し，表象能力（イメージをする力）も豊かになると，何がよいことで何が悪いことなのかの基準が内在化していきます。その結果，養育者が目の前にいなくても，自分で行動や感情を調整できるようになります。また相手を配慮して，自分の気持ちを調整・表出することもできるようになります。

たとえば，次のような実験があります。子どもにお手伝いをしてもらい，その子どもにとって魅力のないものをお礼として渡します。3歳ごろの子どもは，1人でお礼の品物を開けた時にはがっかりした表情を示しますが，お礼をくれた人がいる前で開けた時にはがっかりした表情を示しません（Cole, 1986）。このように3, 4歳ごろから自分の感情を社会に受け入れられる形で調整・表出するようになります。

また3, 4歳の子どもは自分の感情とそれを引き起こした原因についても話をし始めます。4, 5歳になると，自分の感情が他者に与える影響に気づき始めます。5歳の子どものなかには，怒りの表出が対人関係にどのような影響を及ぼすかを予想し，その結果，怒りを抑制するという意識をもって行動する子どもがいることが報告されています（久保, 2004）。

3節　欲求と動機づけの発達

▶1　欲求・動機づけとは何か

　「動機づけ」とは，行動を引き起こし，方向づけ，その行動を維持する過程です。動機づけのプロセスを図6-3に示します（桜井, 2001）。図6-3において，欲求とは「一般的な行動」を活性化する源であり，動機／動因とは「欲求に基づいた具体的な行動」を活性化する源です。

　たとえば，朝から外で遊んでいた子どもがお腹を空かせて帰ってきたところに，お母さんが大好きなオムライスを出したとします。欲求は食べ物を欲する「飢え」であり，動機は「大好きなオムライスが食べたい」という気持ちです。そして，オムライスを食べるという行動によって目標が達成され，満足感が得られるのです。

▶2　欲求の発達

　欲求には基本的欲求（一次的欲求）と社会的欲求（二次的欲求）があります。基本的欲求には，飢え，渇き，排泄，睡眠など生命の維持に欠くことができない生理的欲求，性や母性などの種保存の欲求，活動をしようとしたり，新奇な刺激を求めたり（好奇心），探索をしたりなどよりよく生きるための内発的欲求が含まれます。性に関する欲求は生得的であるため基本的欲求に含まれますが，その欲求が行動としてあらわれるかどうかは，経験による学習にもとづく

図 6-3　動機づけのプロセス（桜井, 2001）

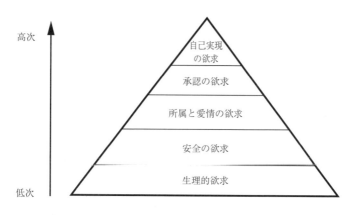

図 6-4 マズローの欲求階層説 (Maslow, A. H., 1954)

と考えられます。また社会的欲求には人と親しくなりたいという愛情欲求・親和欲求，他者から認められたいという承認欲求，物事を優れた水準で成し遂げたいという達成欲求などが含まれます。

　マズロー（1954）は人間の最高の目標を「自己実現」であるとし，人間の欲求を「自己実現」にいたる 5 つの階層として捉える欲求階層説を示しています（図 6-4）。この 5 つの欲求は下位から，生理的欲求（飢え，渇き，睡眠など生存に欠かせない基本的な欲求），安全の欲求（安定や安全をもとめる欲求），所属と愛情の欲求（他者と親しくなったり，他者から愛されたりすることを求め，集団に所属したいという欲求），承認の欲求（他者から認められることを求める欲求），自己実現の欲求（自己のもつ可能性を最大限に伸ばし，自己の理想的な姿に近づくことを求める欲求）です。マズローによれば，欲求は下位の欲求がある程度満たされることにより，上位の欲求にうつるとされます。より高次の欲求が発達のなかで現れるためには，乳幼児期において現れる欲求が大人の手を借りながら十分に満たされることが必要であるといえるでしょう。

▶ 3　動機づけの発達

　乳児期の動機づけは，環境からの刺激によって生じる好奇心や興味にもと

づいて，身のまわりのものに向けられます。発達最早期の子どもを取り囲む環境は子どもにとって真新しいものばかりです。乳児はまずそうした新奇なものへ目を向けるようになります。そして目を向けた新奇なものに働きかけることを通して，生後3か月ごろまでに自分の行為と環境の関係（特に因果関係）を理解し始めます。そうした因果関係を理解し，その関係が安定したものであることもわかると，子どもは環境に同じように働きかければ次も同じことが起こると期待するようになります。たとえば乳児が，目の前にあるモビール（ひもでつるしたおもちゃ）に注目し，たまたま乳児の手がぶつかることでモビールが揺れたとします。この「手が当たる－モビールが揺れる」という体験を何度も繰り返すことにより，自分の行為が環境に影響を与えるという因果関係に気がつきます。さらに生後9か月ごろからは，具体的な目標をもって環境に働きかけるようになります。このように乳児期の動機づけの発達の背景には，新しいものを好む特徴（新奇性への選好）や，因果関係の理解などの認知発達があると考えられます。ただし，新奇性への選好には個人差があり，新しいものに対する興味・関心が強い子どもとそうでない子どもがいます。

　そして1歳前後になると，目的・手段の関係や意図の理解が進み，動機づけに目的を達成するという要素が加わります。これは達成動機づけの始まりです。つまり，「こうしたい」というだけではなく，目的を達することも重要になり，「こうしたい。だからこの方法でやる」と考えて行動することができるようになります。目的を達することも重要であるため，達成動機づけは「できて誇らしい（誇り）」「できなくて恥ずかしい（恥）」といった自己意識的感情の発達と深く関連しています。

　乳児期に，お腹がすいた，おむつがぬれたなどの生理的欲求がタイミングよく満たされることは，

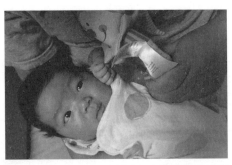

「これなんだ?」初めて目にするおもちゃに興味を向ける乳児（生後1か月ごろ）

養育者との間の安定した信頼関係が築かれるこ
とにつながります。養育者との間に安定した信
頼関係が築かれることは，動機づけを高めるこ
ととも関連しているといわれます（たとえば，
櫻井，2017）。乳幼児は養育者という安全基地を
もつことで，積極的に新奇な刺激に働きかけた
り，探索したりすることができるのです。そし
て，環境に働きかけることを通して新たな発見
をし，喜びなどの快感情を経験すると，また好
奇心が高まります。この好奇心の高まりが，環
境に対するさらなる働きかけへと子どもを向か
わせます。

「手が当たる－モビールが揺れる」という体
験をくりかえして，その行為が環境に影響
を与えることに気がつく乳児（生後5か月）

　運動発達や認知発達に伴って探索の範囲や対
象は劇的に広がっていきます。幼児期前期は何事にも興味関心をもって探索を
する拡散的好奇心が旺盛であり，幼児期後期になるとその子にとって特に興
味・関心があるものを探索しようとする特殊的好奇心が芽生え始めます（櫻井，
2017）。特殊的好奇心はその子どもの個性であり，自分らしく生きるという人
生の目標と関連していきます。

　好奇心は，それ自体が充足されることや，「自分はできている」という感
覚・自信（有能感）をもつことによって，さらに高まります。子どもの好奇心
を充足するためには，養育者や周囲の大人が，子どもの質問に対してその場で
子どもが納得のいくように応じることです。また子どもの好奇心にもとづいた
行動を認めたり，ほめたりすることによって，好奇心が充足されるだけでなく，
客観的な有能感の基礎も形成されます。客観的な有能感の形成には，幼児期の
課題となる基本的生活習慣の自立も重要な役割を担います。トイレットトレー
ニングなどのやっかいな課題に取り組むためには，養育者との安定した信頼関
係が大きな力を発揮します。なお，2歳前後には成功失敗が，3歳前後には勝敗
が理解できるようになることや，客観的な有能感の基礎が幼児期に形成される

ことも考慮に入れて，「自分にはできない」「自分はダメだ」と子どもを無力感に陥らせないためにも，養育者は，子どもが安心して挑戦できる環境を提供することが必要になります。

　このように発達する子どもの好奇心は，その後のみずから学ぶ意欲につながります。みずから学ぶ意欲は，幼いころは好奇心にもとづいておもしろいから学ぼうとする意欲が中心ですが，やがて目標を達成するために意識的に学ぼうとする自己実現のための意欲も盛んに働くようになります（櫻井，2017）。

COLUMN
6

感情の発達に周囲の大人はどのように影響するのか？

　感情の発達に，まわりの大人（特に養育者）の関わりはどのような役割を果たすのでしょうか。カルキンズとヒル（2007）は，子どもの生物学的要因と環境要因とが相互に影響しあって感情調整が発達すると考えました（トランザクショナルモデル；図6-5参照）。ここで，生物学的要因とは子ども自身の内的要因である気質です。気質には活動水準の高さ，感情の強度，欲求不満耐性の強弱，見知らぬ人への対応の速さなどがあります。環境要因は養育者の感情状態や養育行動などです。たとえば，ぐずりやすいという気質の子どもと育児不安が高い母親の場合，母親の育児に対する疲労感や負担感が大きくなり，母子の相互作用がうまくいかなくなることが考えられます。この相互作用のまずさが子どもの気質や母親側の要因へマイナスの影響を与えます。

　一方で，同じようにぐずりやすい子どもでも育児不安が低い母親の場合，子どもの扱いにくさがそれほど気にならず比較的良好な相互作用が行われる可能性があります。この比較的良好な相互作用が子どもの気質や母親の諸要因へプラスの影響を与えると考えるのです。

　それでは具体的には養育者の関わりが与える影響はどのようなものでしょう。自他の感情理解については，養育者と感情に関する会話を多くした子どものほうが優れているとの報告があります（Dunn, 2004など）。つまり，自他の感情理解を促すために養育者は，子どもがさまざまな感情を経験し，その経験した感情について十分に表現できる場を提供し，感情と感情の原因について一緒に考える機会をもつことが必要といえるでしょう。

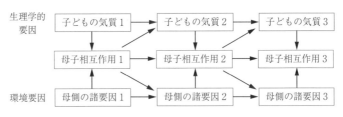

図6-5　トランザクショナルモデル（Calkins & Hill, 2007）

演習問題

A 群の問いに対するもっとも適切な解答を，B 群から 1 つ選びなさい。

【A 群】

1. 感情とは，嬉しい，悲しい，苛立つなど，快 − 不快に関わる私たちの（　　）である。
2. 感情のなかでも，その状態になった原因が明確であり，生理的興奮度の強い状態を（　　）
　という。
3. ルイスによれば，誕生時には（　　），苦痛，興味の 3 つの原初的感情が備わっている。
4. （　　）代になると，誇り，恥，罪悪感という自己評価に関連する感情が出現する。
5. 生まれた直後の新生児が，まどろんでいるときや眠っているときに示す微笑を（　　）という。
6. （　　）とは，新生児が他者の感情に巻き込まれ，自分と他者の区別がないままに感情を経
　験することである。
7. 生後 9 〜 10 か月ごろ，どのように行動すべきかわからないあいまいな状況で，養育者などの
　表情を見て自分のおかれている状況を知り，行動を決めるようになることを（　　）という。
8. （　　）が理解され始めると，自分自身に不快な状態をもたらしている対象に直接働きかけ
　たり，他者から助けやなぐさめを引き出したりする。
9. （　　）ごろから自分の感情を社会に受け入れられる形で調整・表出するようになることを
　コール（1986）が示した。
10. 乳児期の動機づけの発達は，興味や（　　）の種である新奇性への選好や，因果関係の理解
　などの認知発達が背景にある。

【B 群】

気分一致効果　社会的微笑　感情とその原因の関係　喜び　目的・手段の関係　あこがれ　満足
主観的な経験　社会的参照　感情同一視　生理的微笑　気分　満足情緒伝染　情動　好奇心
表出の変化　情操　2 歳　3, 4 歳　5, 6 歳

7章 ことばとコミュニケーション

e p i s o d e

エピソード

　先日，親戚の家に遊びに行ったときのことである。1歳半を迎えた姪は，覚えたばかりの「これは？」ということばとともに，しきりに身のまわりのものを指さしていた。それはまるで世界のすべてのものを知ろうとするような勢いであり，一緒に過ごした数日間のうちおよそ9割の時間は，姪の「これは？」攻めに応じるやりとりとなった。

　さぞ単調な経験だったと思われるかもしれないが，実際はその正反対で，とても楽しくかけがえのない時間であった。姪は滞在中にいろいろな新しいことばを覚え（たとえば「お花」），日常のなかでいろいろな新しい「お花」を見つけては，誇らしげに指さしながら私に「お花！（ほら！　これもお花だよね！）」と知らせてきた。彼女の熱心な眼差しとひたむきさには，大学の教室の最前列で好きな講義の情報を1つの取りこぼしもなく理解しようと聴き入る学生のような趣があった。ほんの数日間ではあったが，私は忍耐強く彼女の質問に答えることで，彼女の「学問」への協力者として絶大な信頼を得ることができた。

　このように，子どもたちは生後1年目から2年目にかけて，指さしなどにより他者と注意を共有することを覚える。それはことばや他者理解といったのちのちのコミュニケーション発達につながっていくのである。

本章の概要

　エピソードで紹介したように，子どもたちのことばの発達には，指さしのような前言語的コミュニケーションが影響しています。ことばが出現する約１歳までの間，前言語的コミュニケーションを含め，子どもたちはさまざまなことばの準備を進めています。そして，ことばが出現した後はことばを使った，より複雑なコミュニケーションも可能となります。

　本章では，ことばやコミュニケーションの育ちの土台とそれがもたらす発達について概観します。１節では，乳児がことばを獲得するために必要である基本的な育ちや乳児をとりまく環境について説明します。２節では初めてのことばが獲得されたのち，乳幼児がどのようにことばを複雑化させるのかを概観し，３節ではことばを用いたコミュニケーションの育ちについて扱います。

1節　ことばのめばえに必要なもの

▶ 1　ことばを支える乳児の発達

　誰しも知っているように，赤ちゃんは生まれてから１年くらいの間，満足にことばを話せない状態が続きます。この「前言語期」に，乳児はことばを話すための準備をいろいろと進めているのです。まずはその準備について概観します。

（1）発声

　新生児の発声器官は未熟なため，最初から大人のような言語的音声を出せるわけではありません。いろいろな発声を重ねて器官そのものを発達させることで最終的にことばとして理解できるような音声を出せるようになるのです。

　生後１か月ごろまでは，ほとんどの発声は，呼吸に伴い声帯が動くことで生じるような反射的発声や泣き，叫びなどです。生後１～２か月ごろになるとクーイングと呼ばれる，喉の奥をクークーと鳴らす音声を発することができるようになり，母音の発声に続いて，子音の発声ができるようになります。生後

3〜6か月ごろにはより言語音に近い子音と母音を組み合わせた発声（喃語<ruby>喃語<rt>なんご</rt></ruby>）ができるようになり，音のバリエーションもかなり広がります。特に，子音と母音の同じ組み合わせを繰り返す反復的な喃語（たとえば，マ・マ・マ・マ，ダ・ダ・ダ・ダ）は「規準喃語」と呼ばれています。生後9〜10か月ごろになると，子音と母音を複雑に組み合わせた多様に変化する喃語（たとえば，バブ，ダバ）を発するようになり，さらに言語に近づきます。すべての言語音は喃語と同様に子音と母音が組み合わさった多音節の音からできています。また，喃語を発声している際に活動する脳部位は，のちに単語の発声に関与する部位とほぼ同じであるという報告もあります（Holowka & Petitto, 2002）。そのため，喃語の発現はことば獲得の第一歩であると考えられているのです。

さらに，生後1年を目前としたころに，特定の場面（たとえば，食事場面）で特定のことば（たとえば，ミャンミャ）を発するようになります。このようなことばはジャーゴンと呼ばれています。もともとジャーゴンという語は専門家同士の間だけで通じる仲間内のことばを意味します。この時期の子どもたちのことばも，家族だけが理解できるようなもの（もしかすると子ども本人しか理解できないもの！）であるため，このように呼ばれています。そして，いよいよ生後12か月後ごろになると，意味の通じる初めての単語である初語<ruby>初語<rt>しょご</rt></ruby>が見られるようになるのです。

(2) 聞こえ

ことばを発達させるためには，まわりの人々が話すことばに注意を向け，その音が意味することを理解しなければなりません。つまり，ことばの発達には聞こえの発達が不可欠なのですが，実は，生まれる前の胎児期からその発達は始まっています（2章, 3章参照）。胎児はヒトの声に明確に反応し，知らない人の声と母親の声を区別することが知られており（Kisilevsky et al., 2003），生まれて間もない新生児でも知らない女性の声よりも母親の声を好むことがわかっています（DeCasper & Fifer, 1980）。

そして，乳児期のうちに母語により特化した聞こえの能力を発達させます。たとえば，私たち日本人は英語のRとLの発音を聞き分けることが苦手です

が，英語を母語とする乳児でも最初から聞き分けが上手なわけではなく，日本語を母語とした乳児と同様，生後6か月ごろは聞き分けの正答率は65%くらいであることがわかっています。しかし，生後12か月になると英語を母語とした乳児では正答率が75%くらいまで上がるのに対して，日本語を母語とした乳児では逆に正答率が60%以下まで下がってしまうのです（Kuhl et al., 2006）。

　一般に，乳児は母語以外の言語の音素でも同じ母語を使用する大人よりは聞き分けることができるのですが，その能力は生後10か月くらいで徐々に衰え，生後12か月で消失することが示されています（Werker & Tees, 1984）。大人からすると残念なように思えるかもしれませんが，これは母語を正常に獲得するために必要な発達であり，のちの母語獲得をスムーズに促すという役割を担っている現象なのです。このように聞こえの発達もことばの獲得には不可欠なため，何らかの原因で聴覚に障害のある子どもたちはどうしてもことばの発達が遅れてしまいます。このことから，より早期の発見と適切な支援が重要となっています。

(3) 共同注意

　大人は誰かが見ているものや指さしているものに注意を向けることを自然と行っていますが，実は，赤ちゃんは最初からそうできるわけではありません。このように，二者（たとえば，大人と子ども）が同一の物や出来事に注意を向けている（見ている）ことを共同注意と呼んでいます。

　乳児期の前半は，子どもが見ているものに大人が視線を向けることでなんとか共同注意が成立している状態ですが，生後9か月ごろに子どもたちは大人が注意を向けているものに自分の意志で注意を向けるようになります。これと同時期に，共同注意だけでなく社会性の発達全般において劇的な変化が見られる（たとえば，社会的参照；6章参照）ことから，「9か月革命」ということばで表現されることもあります。共同注意のなかでも，大人の視線や指さしによる注意喚起に乳児が従うものは「応答的共同注意」（responding to joint attention：RJA），子どもが主体的に注意喚起し大人の注意を促すものは「主導的共同注

大人が注意喚起した後,
子どもがその対象を見る

応答的共同注意（RJA）

子どもが自分の見ている対象に
大人の注意を向けようとする

主導的共同注意（IJA）

図7-1　共同注意の例

意」(initiated joint attention：IJA) と呼ばれています。乳児はまず大人の視線を追うようになって応答的共同注意が発達し，続いて，主導的共同注意が発達してみずからも他者の注意をコントロールしようとするようになります（図7-1）。

　このような共同注意の発達もことばの獲得には不可欠です。なぜなら，話し手が発した音声（たとえば，ワンワン）と注意を向けている対象（たとえば，犬）をマッチングさせながら，ことばの獲得は進んでいくからです。もし，話し手が注意を向けている対象がわからなければ，目の前にある無限の対象のなかからどれが特定の発声（ワンワン）と結びついたものなのか理解することは難しくなるでしょう。実際，共同注意の発達がのちのことばの発達に影響することも知られています（たとえば，Morales et al., 2000）。

　また，共同注意は自閉スペクトラム症でその発達が遅れることや，のちの心の理論の発達にも影響を与えることなどが知られており（たとえば，Charman et al., 2000），他者とのコミュニケーション全般の基盤となる能力であると捉えられています。そのため，これは自治体や医療機関が行う乳幼児健診などでも必ず確認される重要な発達なのです。

（4）象徴機能

　子どもたちは1歳を過ぎたころから，積み木を電話に見立てて耳に当てる真

図7-2　ふり遊びおよびことばと象徴機能の関係

似をするような，ふり遊びを行うようになります。このような遊びは一見ことばと関係ないように思えますが，実は，ことばの発達と密接に関わっています。

　あるもの（指示対象）を別のもの（シンボル）を使って示す能力は象徴機能と呼ばれています。先ほどのふり遊びは，電話という指示対象を積み木というシンボルを使って示しているので，まさにこの象徴機能を用いた遊び（象徴遊び）となっています（図7-2左参照）。また，時間がたってから目の前にいないモデルの真似をする延滞模倣（たとえば，親戚の家で見た従妹の行動を家に帰ってきてから真似する）も象徴機能が関係した行動です。この場合，目の前にいない従妹の行動が指示対象であり，子ども自身の行動がそれを表現するシンボルとなります。

　ことばを使うことにもこの象徴機能が関係しています。たとえば，私たちは「小麦粉で作られた甘くてサクサクした小さなお菓子」を「クッキー」と呼びますが，それは「小麦粉で作られた甘くてサクサクした小さなお菓子」という指示対象を「クッキー」のシンボルで示すことが一般的だからです。もしみんながそのお菓子のことを「ギャバガイ」と呼んでいたら，「クッキー」ではなく「ギャバガイ」という音声形式（シンボル）で表現していたことでしょう。このように，ことばそのものはただのシンボルであり，指示対象と思考でつなぐことで初めて意味のあるものになるため（図7-2右参照），ことばの発達に象徴機能の発達は不可欠な存在なのです。

　以上のように，ことばの獲得の準備は，子どものさまざまな領域の発達が密

接に関わりあいながら進められているのです。

▶2 ことばを支える周囲の環境

ことばはまわりの人々との相互作用のなかで獲得されます。それゆえ，子どもを取り巻く環境もことばの発達に大きく影響を与えることになります。ここでは，ヒトからの影響とモノからの影響の2つに大きく分けて見ていきましょう。

(1) ヒトからの影響

子どもたちは，ヒトとの関わりのなかでことばを獲得するため，子どもが周囲の大人のことばに注意を向けるかどうかは重要です。子どもたちはどのようなことばかけに対して好んで注意を向けるのでしょうか。

これまでの研究によって，子どもたちは，世界共通で，どんな音よりもヒトの話し声を好むことが知られています。また，男性のような低い声よりも，女性のような高い声を，そしてゆっくりとした抑揚のある話し方を好むこともわかっています。そして，実は，世界中どの言語圏においても母親が子どもに話しかけるときには，このような調子の高いゆっくりとした話しかけ方であることが知られており，このような話しかけ方を「育児語（マザリーズ）」と呼んでいます。母親でなくても，保育園や乳児院の先生など赤ちゃんとよく接する人であれば自然とこのような話しかけ方をしています。私たちはどのような話しかけ方が赤ちゃんの興味を惹くのか，試行錯誤しながら学んでいるのだと考えられます。

また，私たち大人は話しかけ方だけでなく，使用することばそのものも子どもに合わせて変化させることがあります（たとえば，犬を「ワンワン」，猫を「ニャンニャン」，頭をなでることを「ヨシヨシする」というように）。このように，大人と対話するときとは異なることばを「幼児語」といいます。幼児語はオノマトペ（擬音語・擬態語）的な表現が多く利用されます。最近の研究では，生後16か月児は成人語よりオノマトペ的語の方を選択的に学習するという結果も示されています（小林・奥村・服部, 2015）。私たちは自然とその特性を利用しようとしているのかもしれません。また，このようなことばは，子どものこ

とばの育ちに合わせて自然と使用されなくなります。

　さらに，養育者が話しかける内容についても，子どものことばの発達を手助けするよう調節されていることが知られています。たとえば，会話のフォーマットとして注意喚起－質問－命名－フィードバックがあります（例：「ねえ，見てごらん」－「これ何かな？」－「これはワンワンだよ」－「そうだね」）。子どもが幼いうちは養育者がこのフォーマットのすべてを担っているのですが，子どもの成長に合わせて，徐々に養育者が担う割合が低下し子どもが担う割合が増えていくことが知られています（Ninio, 1983）。このように子どもの成長に合わせて大人が支援の量を調節する方法はことばの発達以外の場面でも見られ，「足場かけ（スキャフォルディング）」と呼ばれています（Wood, Bruner, & Ross, 1970）。これはもともとは建築現場で使用される足場を指したことばなのですが，子どもの成長に合わせて減らされていく支援を，建物が完成するに従いはずされる足場に見立てて，このように呼ばれるようになったのです。

　また，このような支援は子どもの発達レベルに最も近接した内容が望ましいとされています。この考え方の背景にあるのが，ヴィゴツキー（2003）が提唱した「発達の最近接領域」という概念のなかで示された考え方です。子どもには，①自分ひとりで達成できる領域（レベル）（現在の発達水準）と②他者の支援があって初めて達成できる領域（レベル）（明日の発達水準），そして③支援があっても達成できない領域（レベル）の３つがあるとし，①と②の間を発達の最近接領域と名づけました。そして，他者からの支援はその領域で行われるべきだと考えたのです（図7-3）。

　養育者のことばかけも，自然と子どもの発達に合わせて変化していて，子どもの実際の発達より少しだけ高度かつ高度すぎないものになっていることが報告されています（たとえば，助数詞（個，枚，匹）を使うのが難しい２歳代の子ども相手でも養育者は積極的に「3個ね」または「3つね」と助数詞を使って応答し，単純な助数詞（個，つ）が使える３歳代の子どもにはより特異的な助数詞（枚，本，杯）などを使います（仲，1997））。このような子どもの発達に合わせた大人たちのことばかけの柔軟な変化によって，子どもたちのことばの発

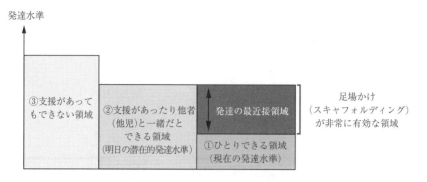

図7-3　発達の最近接領域と足場かけ

達はより促進されると考えられています。

(2) モノからの影響

　子どものことばの発達に直接影響を与えるのはヒトとの関わりですが，子ども
を取り巻くモノも遠因として子どものことばの発達に影響を与えることが知
られています。

　たとえば，絵本の存在が子どものことばの発達を左右するという報告があり
ます。絵本で遊び始めた時期が早ければ早いほど，2歳時点や4歳時点の子ど
ものことばの発達も早まることが知られています（Payne, Whitehurst, &
Angell, 1994）（詳しくはコラム7参照）。

　一方で，幼いうちからのテレビ視聴によりことばの発達が遅れるという小児
科医学会の報告もあります（谷村・高橋・片岡・富田・田辺・安田・杉原・清野,
2004）。この報告では，生後17〜19か月児1,900名を対象とした調査が紹介さ
れており，1日のテレビ視聴時間が4時間以上の家庭の子どもは4時間未満の
子どもに比べて意味のあることばの出現が遅れる傾向にある（1.3倍）ことが
指摘されました。さらに，テレビを視聴するだけでなく，見ていなくてもつい
ている時間が長いことも，ことばの発達を遅らせる可能性があることが指摘さ
れています。アメリカの研究でも，養育者と子どもが遊んでいる背後にテレビ
がついているだけで，親子の会話の質も量も低下することが示されています
（Kirkorian, Pempek, Murphy, Schmidt, & Anderson, 2009）。テレビが長時間つ

いていることによって，養育者からのことばかけの質や量が低下して，子ども
のことばの発達が低下してしまうのかもしれません。

2節　ことばの発達過程

▶ 1　語彙の発達

　子どもたちは生後 12 か月前後で初語を出現させたのち，徐々に話せる単語
の蓄積（語彙）を増やしていきます。生後 18 か月くらいまでは比較的語彙の
発達はゆっくり生じますが，そこから 20 か月ごろにかけて，急激に獲得語彙
数が増える「語彙爆発」が起こります（Nelson, 1973）。語彙爆発が生じる理由
は語彙獲得に必要な認知発達の達成やすべてのモノに名前があることへの子ど
もの気づきなどさまざまな説明がなされていますが，まだよくわかってはいま
せん。しかし，冒頭のエピソードで紹介した姪の様子のように，確かにこの時
期の子どもたちは世界のすべてのモノに名前があることを確信しているように
見えます。

　子どもが獲得する語彙の内容としては，英語を母語とする子どもを対象とし
た調査で以下のことがわかっています。第一段階として生後 18 か月〜 20 か月
に名詞が増えること，第二段階として，最初の 100 語を獲得したころに述語が
増加すること，第三段階として約 400 語に至ったころに関係語が増えることが
報告されています（Bates et al., 1995）。日本語話者の子どもたちでも同様に，
まずは名詞を多く獲得し，その後，動詞の獲得へと続くことが示されています
（小椋，2007）。図 7-4 で示すように，語彙獲得サイズが 200 を過ぎると動詞の
獲得スピードが名詞の獲得スピードと同等までに上がるのです。

　また，子どもが語彙の意味を獲得する過程のなかでは「過剰拡張」と「過剰
縮小」と呼ばれる現象が生じることも知られています。たとえば，1 歳過ぎの
子どもが犬以外の猫やウサギといった動物を指して「ワンワン」と言うことが
あります。過剰拡張とは，このように，ことば（ワンワン）が本来示すより大

116

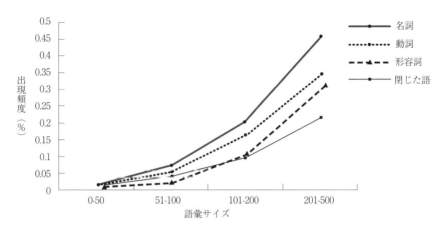

図7-4　語彙サイズと語の構成（小椋, 2007）

注）「出現頻度」は日本語マッカーサー乳幼児言語発達質問紙（小椋・綿巻, 2004, 綿巻・小椋, 2004）におけ
　　るそれぞれの語類の出現数をリストと語数で除した値を示す。

きなカテゴリー（猫やウサギといった四足の動物）を示す現象のことです。逆に，
過剰縮小とは，そのことばが本来示すカテゴリーよりも限定的で狭い範囲を示
す傾向を指します。たとえば，自宅で飼っている猫のみ「ニャンニャン」と呼
び，そのほかの猫にはその語を用いないことがあげられます。

▶2　文章としてのことば

　生後12か月で初めてことばを発してから半年以上もの間，子どもたちは1
つの単語のみを発する時期が続きます。この時期の子どもたちが発する一語は，
純粋にその語が示すものの意味に加えて，子どもたちの意思も表現しています
（たとえば，「マンマ」であれば「ごはんちょうだい」，「ワンワン」であれば「ワン
ワンがいるよ」など）。そこで，この時期に生じる一語での発話は「一語文」と
呼ばれています。

　さらに，生後20か月を過ぎるころには二語から成る「二語文」（例，「イチ
ゴ　チョウダイ」），2歳を過ぎるころには「三語文」（例，「○○チャン　オカシ
タベタ」）が生じ（綿巻・小椋, 2004），徐々に大人の使用する言語に近づいてい
きます。同じく2歳ごろに助詞（たとえば，○○チャン「ガ」，～シヨウ「カナ」）

の使用が始まり，少し遅れて助動詞（たとえば，〜シ「タイ」，〜シ「ナサイ」）も出現し始めます。自立語（体言：名詞・代名詞・数詞，用言：動詞・形容詞・形容動詞）や付属語（助詞，助動詞）のように，文章の中でこれ以上分割できない単位を「形態素」と呼びますが，子どもの発話における形態素数も子どものことばの発達の指標となります（たとえば，「今日／ね／○○ちゃん／と／公園／へ／行っ／た／よ（9形態素文）」）。その子どもが発話する一文の平均的な形態素数は「平均発話長」（MLU: Mean Length of Utterances）と呼ばれています。MLU は 2 歳半あたりで 3 を超え，3 歳近くになると 4 程度まで上がります（宮田，2012）。

　ただし，発話の発達は非常に個人差が大きいという特徴もあるため，大人のことばをある程度理解できているようであれば，一般的な基準から多少遅れていたとしても心配しすぎないようにすることも重要です。

3節　コミュニケーションとことば

▶ 1　コミュニケーションとしてのことばと思考のためのことば

　これまで見てきたように，子どもたちは他者との関わりのなかでことばを発達させていきます。それゆえ，私たち大人もことばの機能は他者とコミュニケーションすることにあると思いがちです。しかしながら，ことばにはそれ以外にも機能があります。その 1 つが，自分の思考を計画したり整理したりするための機能です。私たちは悩んでいるときに，自分の頭のなかであれこれ考えることがあります。このように，声に出さず頭のなかで展開されることばは「内言」と呼ばれています。それに対して，他者とコミュニケーションする際に使用するようなことばを「外言」と呼びます。

　内言の発達をよく表す興味深い現象があります。就学前の子どもたちが遊んでいるときに，友だちの輪のなかにいても盛んに独り言を口にするのを目にすることはないでしょうか（例：「これはこっちに入れておこうかな」「これをこう

して，ここは赤色に塗ってみよう！」）。ヴィゴツキーは，子どものこのような独り言を頭の中で思考を整理するためのことばである内言の萌芽であると考えました。そして，このような独り言が音声としては現れず内化することで内言に至ると考えたのです。子どもたちは発達に従い，次第に声に出さずとも頭の中だけで考えられるようになるのだと主張しました。この考えは，今でも広く受け入れられています。

　私たち大人でも，難しい問題に取り組んでいるときに，ついつい独り言をつぶやいてしまうことがあります。ヴィゴツキーのこの考えはよく理解できるのではないでしょうか。

▶2　他者の心の理解とことば

　ことばは自分の気持ちを伝えたり，考えを整理したりするだけでなく，他者の心を理解するのにも有効に働きます。他者の心を理解する基盤として「心の理論」が知られていますが（8章参照），ことばの発達はのちの心の理論の発達を予測することが知られています（Charman et al., 2000）。ことばを獲得することで，子どもたちは自分が知っていることだけでなく，他者が知っていることを表象することも可能になります（たとえば，「私はピアノ教室の先生を知っている。Aちゃんも同じピアノ教室に通っているから同じ先生を知っているが，Bちゃんは通っていないから知らない」と考えられること）。それにより他者の心の状態を推測することが可能になるのです（Nelson, 1993）。

　また，他者の心の理解ができることで，より効果的に嘘がつけるようにもなります。ジュースをこぼしたときに「こぼしていないよ」と主張するような単純な嘘であれば2歳でもつけることが知られています。4〜5歳になると他者の知識状態を使用したより複雑な嘘もつける（たとえば，見てはいけないクイズの答えを内緒で見てしまった後に，なぜ答えが分かったのか理由を聞かれたとしても，見ていない風を装いながら説得力ある説明をすることができる）ようになります。そして，このような嘘をつく能力の発達は他者誤信念理解（8章参照）や実行機能（5章参照）が高いほど促進されることが示されています（Talwar & Lee,

2008)。さらに，就学後には，嬉しくないものをプレゼントされたときも嬉しいように振る舞うような他者を気遣う嘘がつけるようになります。このような嘘は「ホワイトライ」と呼ばれています。子どもたちが嘘をつけるようになるのは，純粋さが失われたようで悲しく思えるかもしれませんが，これは社会性の発達の証拠でもあるため，喜ばしいことともいえるのです。ただし，登場人物が嘘をつく物語を聞いた際その嘘について厳しい道徳的判断ができる子どもは，実際場面でも嘘をつきにくいという報告もあります（Talwar & Lee, 2008）。そのため，「悪い理由でつかれた嘘は許されない」ということを，周りの大人が常に説明することも大事であるといえるでしょう。

　一方で，子どもたちは意図せず嘘をついてしまうことがあります。たとえば難しいことやよく知らないことを聞かれた際に「はい」か「いいえ」で答えてしまうことが知られています（反応バイアス）。特に，就学前の子どもたちは，「はい」か「いいえ」で答える質問に「はい」と答えてしまう偏りがあることが知られており，これは肯定バイアス（yes バイアス）と呼ばれています。このようなバイアスは，3歳までの年少児においては文化普遍的にみられることから抑制制御能力（5章参照）や言語能力などの未発達によるものが原因と考えられていますが，4歳ごろからは，社会的な要因（子どもの文化背景や質問者との関係など）によってバイアスの出方が変化する可能性（たとえば，質問内容を理解した上で，大人には従順な方が好まれると思い「はい」と答える，大人からの評価を気にして特定の質問に「はい」もしくは「いいえ」と答える）が示されています（大神田，2010）。

　犯行を目撃した子どもから証言を引き出すときなど，正確な情報が必要な場面では，できるだけこのバイアスを避ける必要があります。そのためには，直接質問（「はい」「いいえ」や，選択肢のどちらかからを選ばせるような質問：クローズドな質問）ではなく，回答が限定されていない自由質問（「なぜ」「どのように」などの wh- 質問で聞く質問：オープンエンド質問）で尋ねることが望ましいとされています（Yuille, 1988）。このように，ことばとコミュニケーションは互いに影響を与えながら発達していくのです。

COLUMN
7

絵本遊びとことばの発達

　絵本遊びがことばの発達を促進させることが世界中で期待されています。1992年に，イギリスのバーミンガムで，教育基金団体ブックトラストを中心にブックスタートという事業が始まりました。やがてこれは世界中に広がったのですが，これは，移民の多いイギリスで読み書き能力を育成するという就学準備教育を第一の目的としたものでした。具体的な事業内容として，乳児を持つ養育者に数冊の絵本や読み聞かせの手引きを手渡す活動が行われています。日本でも，2019年12月の段階で，1,051の自治体がこの事業に取り組んでいます（特定非営利活動法人ブックスタート，2019）。

　ブックスタートの事業評価の一環として，世界中で幼少期の絵本遊びの効果が検討されました。たとえば，絵本で遊び始めた年齢が幼いほど，のちのことばの発達が促進されたという結果は本章で紹介した通りです。また，ブックスタートパックを受け取った家庭の子どもは，就学前後における子どもの全般的な言語能力を向上させることが示されており，就学言語の成績だけでなく算数の成績向上とも関係していることが報告されています（Wade & Moore, 1998）。

　しかしながら，子どもにただ絵本を与えればいいというわけではないこともほかの研究によって示されています。フレッチャーとリース（2005）はこれまでの研究をレビューし，親子の愛着の質が絵本とことばの発達の関係性を左右することを見出しています。それによると，親子の愛着が安定している場合は，絵本読みの量と質がポジティブに相互作用し合うことで，子どもの絵本への興味が増加し，その結果，言語発達が促されます。一方で，愛着が不安定な親子では，絵本読みの量と質がネガティブに相互作用し合って，結局，絵本を介するやりとりが言語発達に効果を与えないということが

保育者と一緒に絵本を読む幼児（1歳1か月）

示されています。このことから，子どもに絵本を押しつけるだけでは，ポジティブな教育的効果は期待できないことがわかります。絵本に触れる機会を多く持つことと同時に，前提となる親子関係を適切に育むことが重要だといえるのです。

読書案内 Book Guide

- 大藪　泰　2020『共同注意の発達——情動・認知・関係』新曜社
  ⇒乳児期の子どもが共同注意を通して，どのようにことばや対人関係を発達させていくのかをていねいにわかりやすく説明している。
- 小椋たみ子・小山　正・水野久美　2015『乳幼児期のことばの発達とその遅れ——保育・発達を学ぶ人のための基礎知識』ミネルヴァ書房
  ⇒主に保育・臨床現場で働く方に必要なことばの発達の知識について，基礎理論に加えて，その支援方法にまでわたりわかりやすく解説している。
- 針生悦子　2019『赤ちゃんはことばをどう学ぶのか』中央公論新社
  ⇒多くの養育者や保育者が関心を寄せる早期外国語学習について，ことばの発達心理学的見地からわかりやすく意見を述べている。

演習問題 Exercise

A群の問いに対するもっとも適切な解答を，B群から1つ選びなさい。

【A群】
1. 生後1～2か月ごろに現れる，喉の奥をクークーと鳴らす音声のことを（　　）という。
2. 子音と母音で構成され同じ音の組み合わせを繰り返す反復的な発声は（　　）と呼ばれる。
3. 二者が同一の物や出来事に注意を向けていることを（　　）といい，この発達が後の言語発達や社会性の発達に影響を与える。
4. （　　）は，あるもの（指示対象）を別のもの（シンボル）を使って示す能力のことである。
5. 子どもに話しかける際に使用される調子の高いゆっくりとした話しかけは（　　）と呼ばれている。
6. 子どもの成長に合わせて大人が支援の量を調節する方法を（　　）という。
7. 1歳半から2歳ころにかけて急激に獲得語彙数が増える現象は（　　）と呼ばれている。
8. ことばが未発達な子どもが，ことばが本来示すより大きなカテゴリーを示す傾向を（　　）

という。

9. 1歳ころに生じる「マンマ」ということで「ごはんちょうだい」を意味する1語での発話は
（　　）と呼ばれる。

10. 他者とのコミュニケーションに使用することば（外言）に対して，声に出されない頭の中で
展開されることばを（　　）という。

【B群】

過剰拡張　ジャーゴン　内言　二語文　ふり遊び　共同注意　足場かけ　自閉スペクトラム症
幼児語　社会的参照　クーイング　発達の最近接領域　語彙爆発　育児語　一語文　規準喃語
過剰縮小　象徴機能

8章 人間関係

e p i s o d e

　娘が保育園の３歳児クラスだったとき，子どもの友だち関係についてハッと考えさせられる場面があった。

　その日は運動会の練習のために体育着で登園することになっていたのだったが，娘はいつもどおりの普段着で登園してしまった。部屋に入ると，数人の子どもが集まってきて彼女を取り囲み，「あー！ Mちゃん，なんで体育着じゃないの？」「玉入れやお遊戯できないよ！」「Mちゃん，走るの遅いもんね」などと騒ぎ立てた。彼女は，初めはびっくりして固まっていたが，ほどなく大きな声を上げて泣き出した。私が抱っこしてなぐさめても，ショックが大きかったのか，なかなか泣き止まない。

　そこへ同じクラスの仲良しの女の子がティッシュ箱を持ってやってきて，そっと娘の顔をのぞき込み，1枚のティッシュを取り出して，「Mちゃん大丈夫？　涙ふいて」と言った。すると，娘は黙ってティッシュを受け取り，涙を拭きながら体育着に着替え始めたのであった。

　幼児期の子どもに「どうして○○ちゃんは大切なお友だち？」と聞けば，「おんなじもも組さんだから」とか「いつもいっしょに遊ぶから」などと答えるだろう。たとえ言葉として表現されなくとも，幼児の友だち関係は我々が考えるよりももっとずっと，中身の濃いものであり得ることを見せてくれたシーンであった。

本章の概要

　生まれたばかりの子どもにとっては，もっぱら母親ばかりが重要な役割を果たしているように見えるかもしれません，しかし，エピソードで紹介した場面のように，子どもにとっての重要な他者は親だけではありません。すなわち，乳幼児もさまざまな人間関係のなかで育ちます。

　本章では，乳幼児期の子どもの人間関係とその発達について学んでいきます。1節では，ほかの動物と比べたときのヒトの特徴，特に，社会的動物としてのヒトの特徴について説明します。2節では，乳幼児期の発達の重要な概念である愛着（アタッチメント）について紹介します。そして，3節では，愛着関係も含めたさまざまな人間関係を社会的ネットワークとして捉える視点と，友だち・仲間関係について述べます。

1節　社会的動物としてのヒト

▶ 1　乳児の人への関心

　ヒトの赤ちゃんは，ポルトマンが生理的早産と呼んだように（1章参照），極めて未熟な状態で生まれ，ほかの動物と比較しても一人前になるまでに多くの時間と世話を要します。守られなければ生き延びることができない赤ちゃんは，一見すると非常に無力に見えます。しかし，方法に工夫を凝らした赤ちゃん研究によって，赤ちゃんがさまざまな能力を持っていることがこれまで多くの研究によって明らかにされてきました。

　初期の赤ちゃん研究が明らかにした代表的なものの1つが，赤ちゃんが持つ顔への選好です。赤ちゃんは，いくつかのパターン図形のなかでも，顔のようなパターンの図形をより長い時間見つめます（Fantz, 1961）。また，顔の下半分よりも上半分，特に，目の部分をよく見ることもわかっています。生まれて数日の赤ちゃんでも観察されることから，学習や経験によらない，生まれ持った能力であると考えられています。人の顔は，特に生まれてすぐの赤ちゃんに

とっては，頻繁に視野に入ってくるものの1つです（Jayaraman, Fausey, & Smith, 2015）。あなたが赤ちゃんをベビーベッドの上からのぞき込んだり，抱っこしたりしているときに，赤ちゃんがあなたの目をじっと見つめてきたら，あなたはどのような気持ちになるでしょうか。乳児が初期から持つ人への関心は，大人からの世話を引き出すために役に立っているとも考えられます。

　また，大人が「あかんべえ」の顔を見せると，生後間もない新生児がゆっくりと同じように舌を突き出すというような，新生児模倣あるいは共鳴動作と呼ばれる現象も確認されています（Meltzoff & Moore, 1977）。また，もっと大きくなると，赤ちゃんは時に自分が真似されることをとても喜びます。あなたが面白い顔をして見せたとき，赤ちゃんがそれを真似したり，大喜びで笑ったりしたら，赤ちゃんにもっと関わりたくなるのではないでしょうか。

　さらに，赤ちゃんは自分に向けられた，調子の高いゆっくりとした，抑揚のある発話に興味を持ちます（Schachner & Hannon, 2011）。こうした話し方は「育児語（マザリーズ）」とも呼ばれ（7章参照），さまざまな文化で普遍的に見られます。赤ちゃんとあまり接したこととのない日本の大学生の男女であっても，赤ちゃんに接する際に育児語が出現することから，これらの行動は人々が赤ちゃんに関わるときに自然に取ってしまう行動であると考えられます（中川・松村, 2006）。

　生後2〜3か月になると，赤ちゃんは環境や他者に対して積極的に反応するようになります。人に対して微笑む「社会的微笑」を示し，人に向かって発声したりします。養育者の方もそれに同調的に応答したり，そこから子どもの心の状態を推測して語りかけたりします。実験的に，通常の親子の相互作用の後に母親が無表情で応答しないでいると，赤ちゃんは動揺し，むずかるなどします。日常の場面では，子どもがむずかると養育者は抱き上げたりなだめるための声かけをしたりするかもしれません。このような生後間もない日々の相互作用が，徐々に子どもと養育者の情緒的な結びつきを強めていくことになります。

▶ 2 他者の心の理解

　生後9か月になると，子どもと養育者，すなわち，自己と他者との二項関係に第3のもの（や人）が加わったいわゆる「三項関係」へと発展します。大人が見ているものや指さしたものを目で追ったり，みずから指さしたり，自分の持っているものを見せたり，大人とものとを交互に見たりします。このようにして注意を他者と共有することを「共同注意」といいます。そして，子どもは次第にさまざまな興味や関心を共有しようとします。これらの行動はヒトに特有であるとされ，社会のなかで他者と協力するために重要な役割を果たすと考えられます（Tomasello, 2019）。

　他者の心についての理解，すなわち，どのような信念や欲求を持ち，それゆえにどのような行動を取るのかについての素朴心理学のことを「心の理論」（Theory of Mind：ToM）と呼びます。人の心の働きには，感情，知識，欲求，信念など，実際にはさまざまな側面がありますが，心の理論の研究がはじめに注目したのは異なる信念についての理解でした。代表的な課題の1つである「サリーとアンの課題」を図8-1に示しました（Baron-Cohen, Leslie & Frith, 1985；Wimmer & Perner, 1983）。一般に，この課題で正答できるのは4〜5歳以上の子どもです。正答した場合には，サリーは「ビー玉はかごの中にある」という事実とは異

図8-1　サリーとアンの課題
（Frith, U. 2003 冨田真紀・清水康夫・鈴木玲子訳『新訂
自閉症の謎を解き明かす』東京書籍, 2009, p. 162 より）

なる信念（これを「誤信念」と呼びます）を持つことを理解していると判断されるので、「誤信念課題」とも呼ばれます。

ただし、子どもはそれ以前から「うれしい」「楽しい」といったいわゆる感情語や、「好き」「思う」「知る」といった心的動詞を使います。また、他者の異なる欲求、他者の多様な信念、他者の持つ知識を理解することは、誤信念の理解よりも前に可能になります（Wellman & Liu, 2004）。たとえば、「ママは○○が好きなんだよね？」「パパ、○○って知ってる？」と語る3歳の子どもは、上述の誤信念課題は通過しないかもしれませんが、他者の心について考えたり想像したりしていることになります。つまり、「心」についての理解にはさまざまな側面があります。

上述のように、子どもがみずから他者に働きかけ、そして他者から応答される経験、そして、他者と共有するという経験を積み重ねていくことにより、子どもは自分とは異なる他者、および、自己についての理解を深めていきます。

2節　愛着（アタッチメント）とは

▶ 1　愛着関係の形成

一列に並んで歩くカルガモ親子のお引っ越しを見たことがあるでしょうか。ローレンツは、水鳥のヒナが生まれて数時間の間に見た動く個体を後追いすることを発見しました。これを「インプリンティング（刷り込み）」といいます（Lorenz, 1988）。アカゲザルの子どもを生後間もなく母親から引き離したハーロー（1958）の実験では、アカゲザルの子どもは哺乳瓶のついた針金で作られた代理母ではなく、タオルで巻かれた布製の代理母にしがみついて、長い時間を過ごしました。あらゆる動物の赤ちゃんにとって、大人の個体に密着していることや、そのそばにいることは生存に有利に働くと考えられます。ヒトの赤ちゃんは非常に未熟な状態で生まれますから、保護や世話を必要としています。

人間にも、養育者に結びつくためのメカニズムが備わっていると考えられて

います。これを愛着（アタッチメント）と呼びます。ボウルビィは，愛着を「危機的状況（または危機を感じる状況）において，特定の対象との接近を求め，またこれを維持しようとする個体の傾性」と定義しました（Bowlby, 1988）。すなわち，乳幼児が特定の他者，すなわち，主な養育者との間に築く情緒的な絆ということができます。そして，子どもは安心・安全を確保するために必要に応じて養育者のそばにいようとしたり，くっついていようとします。

　人間の子どもの場合は，生後約1年をかけて，誰が自分にとって安心と安全をもたらす重要な人かを見極めていきます。前節で述べたように，赤ちゃんは生まれてすぐに誰であるかに関わらず人に興味を持ち，注意を向けたり声を上げたりします。これらの行動は，やがて特定の人に対して多く向けられるようになります。そして，ハイハイによって自分で動けるようになると，その人のあとを追い，その人が離れると泣いて嫌がります。特に不安が高まる状況においては，なるべくその人のそばにいようとします。乳児がいる家庭で台所にしばしば柵が取りつけてあるのは，赤ちゃんが養育者を後追いして台所に入って危ない目に遭うことを防ぐためです。

　安心や安全が確保されている状況，たとえば，近くで養育者が見ているような状況においては，子どもは安全基地である養育者のもとをしばし離れて，積極的に外界の探索に出かけます。そして，しばらく遊んで疲れたら，また安全な避難所に戻ってきます。この養育者のもとを出たり入ったりする様子を輪に描いて「安心感の輪」とも呼びます（Powell, Cooper, Hoffman, & Marvin, 2009）。公園などで遊ぶ親子をこの安心感の輪の視点から観察してみると，養育者との間を行ったり来たりしている子どもの様子，すなわち，安心感の輪をぐるぐるとまわる様子を容易に観察することができるでしょう。

　やがて運動能力や認知能力の発達に伴って，安心感の輪はより大きくなっていきます。すなわち，より長い時間，より遠くに離れていても，安心感を維持することが可能になります。ボウルビィは，子どもがこの段階になると「内的作業モデル（Internal Working Model：以下，IWM）」を形成すると考えました。IWMとは，それまでの養育者との経験の結果として子どもが構成する心のな

かに持つ表象，すなわちモデルのことで，養育者およびほかの人々との関わりについてもこれが用いられるとされます（Sherman, Rice, & Cassidy, 2015）。たとえば，保育園や幼稚園にいて親と離れていても，「夕方になったら必ず迎えに来てくれる」「もしも自分に何かあったらきっとすぐに助けに来てくれる」と信じられるようになるのは，それまでの経験にもとづいたIWMによると考えられます。そして，愛着理論では，乳幼児期に形成されたIWMがその後の人間関係にも影響を与えるとしています。ただし，実際に第一養育者との関係によって形成されるIWMが，なぜほかの人間関係に影響を与えるのか，IWMは単数なのか複数なのか，また，IWMはどのように変化するのか，などについては十分に明らかにされているとはいえません（高橋, 2019b）。

▶2　愛着の個人差

　愛着に関する心理学的研究は世界中で数多くなされていますが，その背景には優れた研究方法の開発がありました。それは，「ストレンジ・シチュエーション法（Strange Situation Procedure：以下，SSP）」（Ainsworth ら，1978）という実験的な観察です。SSP では，生後9～18か月（15か月ごろが最適）の子どもと養育者にとって見知らぬ場面（strange situation）である実験室に来てもらい，決められた手続きで，見知らぬ人（stranger）が登場し，2回の養育者との分離（養育者が部屋を出ていく）と再会（養育者が部屋に戻ってくる）が仕組まれています。2回目の分離では子どもは部屋に1人になってしまいます（ただし，子どもが泣いたりした場合には短縮して次のエピソードに移ります）。この間の約20分の子どもの行動を観察します。全体を通じて，養育者が安全基地として機能しているか，養育者と見知らぬ人とを区別しているか，そして，再会時に養育者との接近を求め（例：養育者を見る，抱きつく），その接近を維持しようとする傾向（例：下ろされるのを嫌がる）が見られるか，について観察します。SSP における行動の評定をもとに，愛着の質は次の4つのタイプに分類されます。

　安定型（Bタイプ）：養育者がいる間は新しい場面でもおもちゃで遊び，分離

に際しては不安を示す。分離時にはストレンジャーにしがみつくことはあっても，養育者とは明確に区別しており，再会時にははっきりと喜びや安堵を示す。

回避型（Aタイプ）：養育者とストレンジャーとを区別せず，養育者がいなくとも平気な様子で，再会時には養育者を避ける傾向や，そっけない態度を取る。

アンビバレント型（Cタイプ）：養育者と離れることを嫌がり，再会時には養育者に近づくものの，養育者を叩くなど怒った様子が観察され，接近と抵抗という相反する行動を示す。

無秩序・無方向型（Dタイプ）：Aタイプが愛着行動を抑制するという点で，また，Cタイプが愛着行動を最大限に表出しようとする点で，行動に一定のまとまりが認められる一方で，Dタイプの子どもは行動の一貫性を示さず，何がしたいのかよくわからない奇妙な行動を取る。特に再会時に，硬直したり，床に倒れ込んだり，突然ボーッとしたりする。養育者が入室したとたんに逃げ出すなど，養育者に対する明らかな恐怖を示す行動が見られる子どもも，ここに分類される。

　これらのSSPで見られる行動の個人差には，養育者の関わりが影響していると考えられています。Bタイプの子どもの養育者は，子どものサインにほどよく敏感で，応答的であり，態度が一貫しています。一方，Aタイプの場合は養育者が子どもの信号を適切に受け止めることが少なく，Cタイプの場合には養育行動に一貫性が欠ける傾向があるとされています。さらに，虐待や養育者の精神疾患などによる機能不全がある場合に，Dタイプに高い割合で分類されることがわかっています。

　安定した愛着の形成は子どもにさまざまな利点をもたらすようです。たとえば，他者に寄り添われ，映し出される体験によって「真の自己」とも呼ぶような自分の体験を自分のものとして感じることができるようになります。そして，安心感をもとに「自分は大丈夫」「やってみよう」と思える感覚を持つことができます。また，他者と分かち合う体験を通して，他者を信頼し，他者を思い

やる気持ちも育まれるといわれています。安定した愛着の形成には，主体である子どもが必要としているときに養育者に応答され，温かく寄り添われる体験が必要です。また，養育者が侵害的でないこと，すなわち，必要ではないときには邪魔をしないで見守られていることも重要です。この状態を指して，「情緒的に利用可能である」（次項を参照）ともいいます（Bringen, 2004）。

▶ 3 愛着理論の注意点

愛着は子どもの発達にとって重要ですが，以下のような注意点があります。

まず，子どもにとっての安全基地は，一般的には母親であることが多いのですが，必ずしも母親である必要はありません。血のつながりや性別とは一切関係がなく，母親以外の人が子どもにとって安全・安心の基地となる場合もあります。また，子どもにとって日常的に関わる大人が複数いる場合には，たとえ一番は母親であったとしても，子どもは複数の大人を頼ることができます。たとえば，とても頼りになる完璧な母親が1人だけいる場合と，母親は少し頼りないけれど，ほかに父親，祖父母，保育園の先生，近所の人など，状況に応じてさまざまな大人を頼りにできる場合とでは，どちらの環境で育つ子どもの方が恵まれているといえるのでしょうか。

また，養育者が子どもにとっての安全基地でいられるためには，養育者にも支えが必要です。ヒトの子どもの世話には多くの労力と時間がかかります。ヒトは本来，母親以外のほかの個体（例：父親，祖母，親のきょうだい）も含めた集団で子育てを行う種類の動物です。こうした視点から現代の子育てをみると，子どもにとっても養育者にとっても望ましいとはいえない状況が多くあります。子どもたちが安心感のなかで育つためには，養育者が安心して子育てができるための社会の仕組みが必要です。愛着について学ぶ場合，ことさら養育者（特に，親や母親）の重要性が注目されがちですが，不用意な愛着理論の強調は，養育者を追い詰めることにもなりかねないため，注意が必要です。

さらに，幼少期に養育者との間で安定的な愛着関係が築けなかったとしても，すぐさまそれが問題になるということにはなりません。その後の別の他者の支

えや関わりによって，また，自分自身の工夫や努力によって，たとえ子ども時代に安定的な関わりを受けていなかったとしても，自身の子どもにとっての安定的な養育者になる人もいることを忘れてはなりません。

　最後に，子どもの安全基地でいることや情緒的に利用可能であるということは，単純にいつも長い時間子どもといっしょにいることや，子どもの気持ちを正確に読み取り敏感に応答すればいいということではありません。忙しい日常のなかで常に子どもの要求に応じることは不可能ですし，いつも応じてしまったら，子ども自身が自分でなんとかする力を削いでしまうことになりかねません。養育者が子どもの要求を読み違えたり，応じられなかったりすれば，子どもは「ねえねえ，来てよって言ってるでしょ！」「それは違うでしょ！」とでも言っているかのように，泣いて主張するかもしれません。そのようにして子どもが教えてくれたならば，それに合わせて養育者も対応すればいいのです。日々の相互作用の積み重ねによって人間関係が築かれていくのは，子どもも大人も同じではないでしょうか。

3節　さまざまな人間関係

▶ 1　社会的ネットワーク

　上述のように，愛着は初期の子どもと養育者の関係についての重要な理論ですが，養育者以外の人間関係を扱うには十分ではありません。生まれたばかりの赤ちゃんでも関わる人が複数いる場合も多くありますし，子どもは発達するにつれて生活のなかでさまざまな他者に出会い，その人たちとの関係を築いていきます。多様な人間関係を全体として捉えることを試みる理論を「社会的ネットワーク理論」と呼びます。人は，ゆりかごから墓場までの生涯にわたって，それぞれに複数の人間関係，すなわち，それぞれの社会的ネットワークを持っています。代表的な社会的ネットワーク理論として，次の3つの理論を挙げることができます。

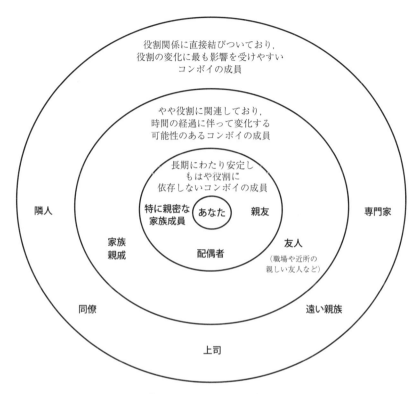

図 8-2　コンボイ・モデルとその予想される結果 (Kahn & Antonucci, 1980)

　1つ目は，「コンボイ・モデル」(Kahn & Antonucci, 1980) です。これは人間関係を護衛艦（コンボイ）になぞらえ，母艦である個人を中心におき，それを取り巻く複数の人間関係を階層的に捉えようとするものです（図8-2）。一番内側の第1の円には最も重要な人，続いて第2の円，そして第3の円と大切な人を挙げてもらい，それぞれの人との関係について尋ねることで，幼児でもその子どもの社会的ネットワークを捉えることができます。このように考えると，社会的ネットワークには愛着関係をも包含することができます。

　2つ目は，ルイス (1982, 2005) が提案した「社会的ネットワーク・モデル」のマトリックスです。行に複数のネットワーク成員（誰か），列にそれぞれの果たす機能や役割を記述できる表のようになっています。人間関係の機能には，

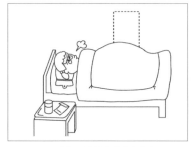
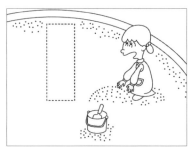

a　病気で熱が高く出たとき　　　　　　b　お外で遊ぶとき

c　とても嬉しいことがあったとき

図8-3　絵画愛情関係テスト（PART）の図版の例（女児用）
© 高橋惠子（http://www.keiko-takahashi.com/PART.htm）

保護，世話，養護，遊び，学習などが含まれます。誰にどのような機能をどの程度割り振るかは，その子どもによっても異なりますし，その子どもが発達する過程においても変化すると考えられます。

　そして，3つ目は，高橋による「愛情のネットワーク・モデル」（高橋，2010，2019a）です。「愛情の関係モデル」とも呼びます。人には，自分にとって大切で，愛情をやりとりしたいと感じている他者について心のなかで構成している表象（イメージ）があります。たとえば，「こういうときはあの人に相談しよう」「今はあの人にそばにいてほしい」「困っていたら助けてあげたい」と頭に思い浮かぶ人がいるでしょう。そのように思い浮かぶ人々が個人の持つ愛情のネットワークです。思い浮かぶ人はいつも同じ人かもしれませんし，場面や状況によって違う人を思い浮かべるかもしれません。これを具体的に捉えるため

に，大人用の質問紙尺度（Affective Relationships Scale；ARS）や，子どもの場合には絵を見せて各場面で「誰にそばにいてほしいと思うか」について答えさせる絵画愛情関係テスト（Picture Affective Relationships Test；PART）（図8-3）が開発されています。PARTでは，幼児であってもいっしょに遊ぶのはお友だち，お風呂に入るのはお父さん，悲しいときはお母さんといったように，多様な他者を場面に応じて選択します。これらのツールを用いると，幼児期の子どもでも多くの心理的機能（例：接近を求める，心の支えを求める，行動や存在の保証を求める，など）を割り振る中核となる他者によって「母親型」や「友だち型」，さまざまな他者を挙げる「多焦点型」，そして，「1人でいい」「誰でもいい」など具体的な他者を挙げない「一匹狼型」などに分類されます。そして，たとえば「母親型」と「友だち型」では，共同作業を同年齢の子どもとする場合と大人とする場合にどちらの方が得意かが異なることが確かめられています。これらは，その子どもの個性としても捉えることができるでしょう。

　以上のような社会的ネットワークの視点に立って考えると，子どもによって差がありながらも重要な他者は母親だけではなく複数存在していることがわかり，また，子どもはそのなかから目的や状況に応じて助けを求めたり，喜びを分かち合ったりする相手を選んでいるといえます。社会のなかで生きていく人間にとって，さまざまな人と助け合えることや気持ちを分かち合えることは，これからの時代においてもますます重要であるに違いありません。

▶2　友だち・仲間関係の発達

　保育園や幼稚園などの集団生活に入ると，一般に子どもの社会的ネットワークに先生や友だちなど新たな他者が加わります。9章で述べられるように，子どもは遊びを通してさまざまなことを学びますが，同時に人間関係についても学んでいきます。年齢の近い集団との関係を「仲間関係（peer relationships）」，仲間関係のなかでも特に親しい関係を「友だち関係（friendship）」と呼び，遊びや生活を含めた共通の活動を通して形成されます。友だち関係は，相手との経験や感情を共有すること，対等であること，主体的あるいは自発的であるこ

と，そして，互恵的である（互いに利益がある）ことなどが特徴として挙げられます。特に，対等性や自発性は親子関係とは異なる側面です。

　友だち関係の性質は子どもの発達段階によっても異なり，一般に友だち関係は幼児期よりも児童期，児童期よりも青年期においてより重要な役割を果たすと考えられています。たとえば，幼児期から青年期の子どもに「友だちとはどのような人か？」と尋ねると，幼児では単に近くにいる人で，いつでも交換が可能な人（例：「お家が近いから」）であるかのように答える子どもがほとんどです。しかし，次第に友だちとはよく遊ぶ相手となり（例：「いつもいっしょに遊ぶから」），さらに，知識，秘密，援助を交換する人（例：「いつも助けてくれるから」）となり，やがて青年期になると，親友とは個人的な悩みや経験を話し合える，相互に信頼しあう関係であり，心の安心をもたらす特別な人（例：「私のことを理解してくれていて，私も信頼しているので安心して話せる」）と答えるようになります（平井・高橋，2003）。これらの回答は，子ども自身の認知能力や言語の発達とも関わります。子どもは同じ発達段階にある相手だからこそ，共通の遊びを楽しみ（例：ごっこ遊び），そのなかで時にはぶつかることがありながらも，コミュニケーションのスキルを獲得し，自分とは異なる他者についての理解を深めていくことになります。

　幼児期には，同年齢の友だちや仲間とのいざこざや葛藤も頻繁に起こります。平井（2017）は，幼児を対象として，「お友だち（事前に一番好きな友だちを聞いてある）に自分の大事なおもちゃを貸してほしいと言われる」という，自己と他者の要求が葛藤する場面を提示し，「もし私だったらどうするか？」を問う面接調査を行いました。その結果，まず，年少の子どもでは「だめ」「貸さない」など，単純に友だちの要求を拒否する形での自己主張が多かったのに対し，年長の子どもでは「いいよって言う」「貸してあげる」など，他者に譲る子どもが多くいました。また，年長の子どもでは，「○○ちゃんはいつも優しくしてくれるから」「○○ちゃんはきっと返してくれるから」などと，相手との関係に言及した子どももいました。さらに，この研究では単に自己を抑制したり相手に譲ったりすることだけではなく，相手と自分の両者に対して配慮で

きる子どもに注目したところ，それができる子どもの割合は年長の子どもで高くなりました。たとえば，ある子どもは「お家に来ていっしょに遊ぶならいいよ」と交渉し，別の子どもは「ごめんね，これはママにもらった大事な宝物だから」と貸すことができない理由を説明しました。そして，この自己と他者の両方にともに配慮できることには，認知能力の発達（誤信念課題，言語発達）と社会的ネットワーク（上述のPARTで家族と家族以外を挙げた数，他者の種類の数）が影響を与えていることがわかりました。つまり，子どもは認知発達とそれまでの人間関係の経験に支えられて，相手も自分も大切にするコミュニケーション，すなわち，より上手な自己と他者の調整が可能になると考えられます。

　「いっしょに遊ぶなら誰といっしょに遊びたい？」と幼児に聞くとき，友だちを挙げる子どもたちは，友だちと遊ぶことの特別な楽しさを知っているのでしょう。そして，たとえけんかになっても工夫すれば解決できること，そうすればまた楽しく遊べることを学んでいくのでしょう。こうした体験の積み重ねよってつくりあげられた親密な関係とそれがもたらす喜びや幸せの経験が，その後の児童期や青年期，そして生涯にわたる友だち関係の基礎となるのかもしれません。

友だちといっしょに遊ぶと楽しさも倍増します。

ブカレスト早期介入プロジェクト（BEIP）

　1989年にルーマニアでチャウセスク政権が崩壊し，44年間共産主義だった国の様子が世界に晒され，人口を増やすための政策によって多くの子どもたち（のちに17万人と判明）が国営の施設で養育されていることが明らかになりました。

　アメリカの研究者ネルソンらは，2000年から「ブカレスト早期介入プロジェクト（Bucharest Early Intervention Project: 以下，BEIP）」を始動しました。首都ブカレストにある6つの施設（その環境は劣悪で，たとえば12～15人の子どもに十分な教育を受けていない養育者が1人）の30か月未満の子どもたちをスクリーニングした上で，事前の評価を行い，「施設養育群」と「里親養育群」とに無作為に分けました（倫理的配慮として，施設養育群であっても途中で里親に引き取られる機会があればそれを妨げることは決してありませんでした）。また，対照群として地域で家族と暮らす子どもを「非施設養育群」として集めました（それぞれ60名以上）。里親になる人は適性を評価されて選ばれ，専門家によるサポートを受けました。そして，身体発達，言語や認知能力，脳機能，愛着，遺伝などさまざまな項目についての調査が，30, 42, 54か月，8, 12歳時に行われました。2014年に8歳までの結果をまとめた『ルーマニアの遺棄された子どもたちの発達への影響と回復への取り組み』（Nelson, Fox, & Zeanah, 2014）が出版されました。同じ年に，ネルソンが来日講演を行っており，その報告書が公開されています（日本財団, 2015）。

　この研究は統制がなされた画期的なもので，これまでにも多くの重要な知見が得られています。現時点までの結果を大まかにまとめると，次のようなことがわかっています。まず，発達初期の環境の剥奪は子どもの発達を著しく阻害すること，また，家庭で養育されることはいくつもの側面でよりよい結果をもたらす（逆にいえば，すべてのことを改善するわけではない）こと，そして，IQや愛着などいくつかの側面では介入のタイミングによる差もあり，介入の開始が2歳よりも前か後かで効果が異なること，などが明らかにされました。BEIPの研究結果は，人間には適度な刺激や養育者の関わりなど，特定の経験や環

境が想定された上での発達のメカニズムがあり，これが阻害されることがのちの発達に深刻な影響を与えることを如実に示しているといえます。

読書案内
Book Guide

●遠藤利彦　2017『赤ちゃんの発達とアタッチメント──乳児保育で大切にしたいこと』ひとなる書房
⇒保護者や保育者向けの入門書として，愛着（アタッチメント）について子どもが養育者との相互作用のなかで育つことが多くのイラストとともにわかりやすく説明されている。
●高橋惠子　2013『絆の構造──依存と自立の心理学』（講談社現代新書 2224）講談社
⇒本章でも紹介した長年にわたって人間関係の研究を行ってきた著者が，これからの時代に個人が「自分らしい人間関係のネットワーク」を築く必要性について論じている。
●高橋惠子　2019『子育ての知恵── 幼児のための心理学』（岩波新書新赤版 1760）岩波書店
⇒通説に惑わされることなく，幼児期の「子育て」について「筋道を立てて考える」ために重要な発達心理学の知見を一般向けにわかりやすく説明している。

演習問題
Exercise

A 群の問いに対するもっとも適切な解答を，B 群から 1 つ選びなさい。

【A 群】
1.　生まれてすぐの乳児は（　　）のパターンを長く見つめることがわかっている。
2.　赤ちゃんに対して大人が声をかけるときに，（　　）声で抑揚をつけて話すことを育児語（マザリーズ）と呼ぶ。
3.　生後 9 か月ごろから成立する三項関係の成立により，子どもが指さしたり，大人が見ている方を見ることを（　　）という。
4.　他者の心についての理解を「心の理論」と呼び，（　　）課題を用いた多くの研究が行われた。
5.　乳幼児と養育者の結びつき，危機的や不安な状況で養育者のそばにいようとする心理的メカニズムを（　　）と呼ぶ。
6.　ボウルビィは愛着の表象を（　　）と名づけ，その後の人間関係にも影響を及ぼすとした。
7.　個人の人間関係を愛着関係のような二者関係を超えて，全体で捉えようと試みる理論を（　　）と呼ぶ。

8. 社会的ネットワーク理論の代表的なものの1つは，3つの円を使って階層的に可視化して捉える（　　）・モデルである。

9. 高橋が提唱する，社会的ネットワーク理論として位置づけられる「（　　）のネットワーク・モデル」は，人が複数の重要な人間関係を持ち，相手によって異なる機能が割り振られることを明らかにしている。

10. 幼児の友だち関係は主として（　　）などの共通の活動を通して形成される。

【B群】

愛情　愛着　遊び　網の目　嘘　SSP　顔　葛藤　感情　感情理解　幾何学模様　共同注意
コンボイ　サークル　三項関係　社会的参照　社会的ネットワーク理論　情緒利用可能性
高い　動物　トラブル　内的作業モデル　低い　包括理論　友情　誘導　**誤信念**

9章 遊び

エピソード

　ある保育園で，缶けりの様子を観察していたときのことである。最初は4・5歳児が混じって遊びはじめたが，1人抜け，2人抜けしているうちに，最後には4歳児は誰もいなくなり，5歳児だけになってしまった。オニが缶を守りながら隠れている子どもを見つけ，逃げる子どもも物陰に隠れつつ，オニの隙を突いて缶をけって捕まった仲間を逃がすといったルールは，4歳児には難しいようであった。

　ところが，あらためて園庭を見まわすと，一度遊びから抜けてしまった子どもたちも，まったく遊びへの関心がなくなったわけではなく，少し離れた場所からじっと5歳児の姿を見ていたのである。こうして憧れの眼差しをもって5歳児の姿を見ていた4歳児は，5歳になると自分たちで缶けりを楽しむようになる。保育の中で楽しまれる遊びには，こうして代々引き継がれていくものが少なくない。

　乳幼児の遊びを理解し援助する上で，何歳になればこうした遊びが見られるようになるという一定の基準を知ることは大切であるが，こうした社会文化的な影響を受けながら発達することも見逃してはならない。

●●●

本章の概要

　　乳幼児の遊びは，仲間関係や親子関係といった社会的関係の上に成立します。本章では，こうした遊びの発達的様相と，乳幼児の遊びに与える多様な要因について理解することをめざします。

　　まず，１節では遊びの定義について学びます。その上で，社会的発達と遊びの集団形態との関係を捉えた「形態論」と呼ばれる研究を紹介します。２節では，１歳前後から見られるふり遊び，ごっこ遊びの発達について，親と子あるいは仲間とのコミュニケーションの観点から学びます。３節では，遊びを育てる大人の役割について，「足場かけ」と呼ばれる考えを中心に紹介します。

●●●

1節　遊びの発達段階

▶ 1　遊びとは何か？

　遊びとは何か？とあらためて問われると，それに答えることは容易ではありません。

　モイルス（2014）は，遊びとは何かを捉えようとするのは「泡をつかむようなものだ（catching bubbles）」と，私たちにとってとてもなじみのある遊びの概念を捉えることの難しさを指摘しています。同様に，哲学者であるアンリオ（1969）は，外から見て遊んでいるように見えても，子どもが本当に遊んでいるかどうかはわからないとして，遊びの主体の態度のなかにこそ遊びは存在すると考えました。たとえば，子どもたちが楽しそうにお絵描きをしていたとして，それは保育者に求められて絵を描いているだけなのかも知れません。保育園や幼稚園のカリキュラムにしばしば登場する英語遊びや運動遊びといった時間も，子どもたちがそのなかで本当に遊んでいるかと問われると，自信を持って「はい」と答えられる保育者は少ないでしょう。

　遊びの定義については，さまざまな学問領域（心理学・社会学・哲学など）において議論されてきましたが，本章ではひとまず，ごっこ遊びの研究者として

著名なガーヴェイ（1977）による遊びの定義を参考にしておくことにしましょう。ガーヴェイによれば，遊びとは，以下の 5 つの特徴を持つものであるとしています。

(1) よろこびに満ちたものであり，楽しいものである。

(2) 外因的な目標を何らもっていない。その動機づけは本来的なものであり，ほかの目的に役立つものではない。

(3) 自発的で意図的である。遊びは他から強制されるものではなく，遊び手によって自由に選択される。

(4) 遊び手の側の何らかの積極的な関わりあいを含んでいる。

(5) 遊びでないものに対して一定の組織的な関係をもつ。すなわち，遊びは遊びでない活動と関わりを持つなかではじめて，遊びとは何かを捉えることができる。

上記の 5 つの特徴のどれか 1 つが遊びの真核にあたるというわけではなく，これらの特徴が重なり合う形で遊びを構成していると考えるとよいでしょう。

▶2 社会的発達と遊び集団の形成

ここからは，乳幼児の社会的発達と遊び集団との関連を捉えた「形態論」と呼ばれる一連の研究を紹介します。はじめに紹介するのは，遊びの古典理論として知られるパーテン理論です。パーテン（1932）の研究は，いまから 90 年～ 100 年近く前に行われた研究ですが，パーテンが研究で用いた「ひとり遊び」や「並行遊び」といった遊びの集団形態を指す用語は，発達研究だけでなく，広く保育現場でも使用されています。

保育園や幼稚園の園庭で子どもたちが遊ぶ姿を想像してみてください。園庭の真ん中で，7・8 名の子どもがオニごっこをしています。彼らはときどきルールを確認しながら，また，遊びが上手く進まなくなったときには，互いに話し合って新しいルールに作り替えながら遊びを進めています。少し視点を変えて，砂場に目を向けてみましょう。ひとりの男の子が穴を掘っています。彼は，「何を作ってるの？」などとまわりの子どもや保育者に声をかけられることも

ありますが，ひとり夢中になって穴を掘り続けています。

　２つの遊びのうちどちらが，高い社会的スキルを必要とするかは明らかです。オニごっこをしている子どもたちは，常に，仲間同士の関係を調整しながら遊びを進めています。一方，ひとりで砂場遊びをしている子どもは，周囲と言葉を交わすことはあっても，遊びを進める上で他者とやりとりをすることはありません。

　このように，遊びはその集団形態によって，必要とされる社会的スキルのレベルが異なっています。つまり，社会的発達に伴って子どもたちの遊び形態も変化することが想定されるわけです。

　このことに着目したパーテンは，幼児の遊び形態をそこで必要とされる社会的スキルのレベルから６つの水準（正確には，１つの非遊び的活動と５つの遊び形態）に分類し，保育施設での自由遊びの観察を通して，２歳から４歳６か月までの幼児の遊び形態の発達的変化を捉える観察研究を行いました。

　パーテンの遊びの分類では，「社会的参加度」という指標が用いられています。幼児がその遊びに参加する際にどの程度の社会的スキルが必要とされるかという視点から，遊び形態が分類されているのです。

　そのなかで最も低次の形態として位置づけられているものが，「何もしていない行動」です。遊びの分類の詳細については，表9-1に示していますが，先に示した砂遊びやオニごっこをすることもなければ，仲間の遊びに興味を持つこと自体がない状態を指しています。手持ち無沙汰に教室や園庭をウロウロとしている子どもをイメージすればよいでしょう。続いて，「傍観的行動」，「ひとり遊び」，「並行遊び」，「連合遊び」，「協同的に組織化された遊び」の順に，高い社会的スキルが求められる遊び形態となります。

　観察の結果，２歳から４歳半までの子どもたちに最も多く出現した遊び形態は並行遊びでした。ただし，この年齢のなかでもそれぞれの遊び形態の出現頻度に大きな違いが見られました。まず，ひとり遊びと並行遊びの出現頻度は年齢が上がるとともに減少していました。一方で，高い重みづけが付与された連合遊びや協同的に組織化された遊びについては，年齢とともに増加がみられた

表9-1　パーテンによる遊びの分類

何もしていない行動（unocuppied behavior）
明らかに遊んでいない状態である。目についたモノを見ることはあるが，興味を引くものがなければ身体をよじったり，椅子に座ったり，あるいは立ったりといった行動を繰り返している。保育者の後をついてまわったり，教室のあちこちを見まわしていることもある。

傍観的行動（onlooker behavior）
ほかの子どもの遊びを見ながら，時に声をかけたり，質問をしたり，遊びに口出しをすることはあるが，自分から仲間になろうとはしない。何もしていない行動とは違い，特定のグループの子どもに目を向けている。

ひとり遊び（solitary independent play）
周囲に子どもがいたとしても，関わりを持とうとはしない。ほかの子どもが何をしているのかということにはかまわず，ひとりの活動を続けている。

並行遊び（parallel play）
まわりの子どもと同じようなおもちゃを使ってはいるが，自分の思う通りにあつかい，ほかの子どもに影響を与えようとは考えていない。ほかの子どもと一緒に遊ぶというよりも，ほかの子どもの側で遊ぶといった方がよい。

連合遊び（associative play）
共通の活動について会話が交わされる。ものの貸し借りをしたり，どの子を遊びに入れるかという次元で遊び自体をコントロールしたりする。メンバー同士が似たような活動を行うが，仕事の分担やハッキリとした目標的な活動は見られない。

協同的に組織化された遊び（cooperative or organized supplementary play）
みんなで1つのものを作ったり，競争的な目標に向かって努力したり，大人や集団の生活場面を劇に見立てたりして，決まったゲームを楽しむために組織化されている。メンバーには，はっきりとした帰属意識がある。集団場面をコントロールするのは1，2名の子どもであるが，目標を達成する方法やそれ自体において，各メンバーは異なる役割を果たすことがもとめられ，ひとりの子どもをまわりの子どもが補えるように組織化されている。

のです。このことから，パーテンは加齢に伴う社会的発達によって，社会的参加度が高い遊び形態が選択されるようになったと結論づけています。

▶3　ひとり遊びは未熟な遊び形態か？

　パーテン理論は，乳幼児の未熟さを強調したピアジェ理論が批判されるようになった1970年代から80年代にかけて（5章参照），一連の批判的検証がおこなわれることとなりました。

　そうした研究の1つに，ひとり遊びオプション説と呼ばれる議論があります。この説を提唱したムーアら（1974）は，幼稚園年中クラスの自由遊び場面を観

察しました。もともとは，性別と遊び形態との関連を調べる研究だったようですが，そこで見出されたひとり遊びの内容は，彼らが当初予測していた「自分自身の視点に没頭して，人との相互作用が念頭にはない，不適応行動」とは大きく異なる，目標志向的活動や，粗大運動，あるいは教育的活動といった適応的行動でした。

この結果からムーアらは，ひとり遊びは社会的スキルの未熟な子どもが，他者との相互交渉に失敗した結果生じた不適応行動などではなく，子ども自身が主体的に選択した（選択＝オプション）適応的行動であると主張したのです。

▶ 4　遊び環境が遊び形態に与える影響

遊びの集団形態に関わって，もうひとつ興味深い研究があります。ヴァンデンベルグ（1981）が行った，遊びの集団形態と遊び環境との関連を調べた研究です。

ヴァンデンベルグの研究では，2つの対照的な遊び環境が設定されました。ひとつは，ジャングルジムやすべり台といった粗大運動を中心とする遊具が設定された部屋（"big muscle" room と呼ばれます），もうひとつは机の上に紙や鉛筆，クレヨンが準備された微細運動を中心とする部屋（"fine muscle" room）です。

上記2つの遊び環境を設定し，そこでの年中児（平均55か月）の遊び形態を分析したところ，"big muscle" room では，連合遊びや協同遊びといった集団的な遊び形態が多く見られました。一方 "fine muscle" room では，ひとり遊びや並行遊びといった，個人的な遊び形態が多く見られたのです。つまり，身体を動かすような遊び場面では子どもたちは集団的な遊び形態を取りやすく，細かな指先での操作を必要とする環境では個人的な遊び形態を取りやすいということがわかりました。

この結果から，ヴァンデンベルグは遊びの集団形態は子どもが取り組む遊び環境の影響を受けて変化するという，遊びの状況要因説を主張したのです。

2節　ふり遊び・ごっこ遊びの発達とコミュニケーション

▶ 1　ふり遊びの発達

　乳児期後半（9・10か月）から成立する三項関係を基礎として，乳児は模倣を用いたやりとりを積極的に楽しむようになります（明和, 2006）。この時期，乳児は空のコップを口につけ，あたかも飲み物を飲むかのようなしぐさをみせるようになります。ふり遊びとは，こうした対象をほかの対象へと置き換えて遊ぶ行為をさします。

　では，こうしたふり遊びは乳児期から幼児期初期にかけて，どのような発達経路をたどっていくのでしょうか。ここでは，麻生（1996）が提唱するふり遊びの4つの階層構造を紹介しましょう。

レベル1：コミュニケーション行為としての"ふり"

　生後8〜9か月ごろになると，大人にモノを渡す手を意図的に引っ込める"からかい行動"がみられるようになります。こうしたからかい行動のなかで，乳児は本来の渡すという行為（ギビング）と，途中で引っ込めるという偽りのギビングとの「ズレ」を意識し，それを楽しんでいるといえます。麻生はこうした渡すふりの出現をふり遊びの始まりとして位置づけています。

レベル2：動作的表象としての"ふり"

　1歳前後になると，絵本に描かれた食べ物をつまんで口に入れる，人形の口元に空のスプーンをあてがい，食べさせるといったふり行為が見られるようになります。ここでは，あらかじめ子どものなかに食べ物を食べさせるといった心的イメージ（表象）が存在するというよりも，口に入れようとするという動作を通じて，はじめて食べるという行為が表象として立ち現れてくる段階といえます。

レベル３：記号的行為としての "ふり"

　１歳半ばごろから見られる，目の前にない世界を表象として生み出し始める段階です。この段階はさらに３つの段階に分けられます。１つめの段階は，延滞模倣が見られるようになる段階です。延滞模倣とは，以前眼にした行為を後から再現する模倣行為を指します。こうした延滞模倣は，目の前にはない世界（表象世界）が子どもたちのなかに生れ始めたことを示すものです。２つめの段階は，身振りや言葉で，他者の不在や過去の出来事について伝えられるようになる段階です。こうした段階を経て，ふりと現実の指示対象との結びつきが弱まり，イチゴを擬人的に扱ったり，積み木を電車に見立てたりするような，ふり行為の連鎖が見られるようになる段階へと至ります。

レベル４：象徴的行為としてのふり

　麻生は分析資料として，みずからの子どもとの詳細なやりとりを記録していますが，そのなかでも２歳０か月時に見られた「ユーチャン・イマ・トータン」という発話に注目しています。この言葉は，自分は現実のUちゃんであるが，ふりとしてトータン（父親）を演じてもいるという，現実と虚構が分化した発話といえます。このように，２歳ごろになると，子どもたちは現実と虚構の二重性を意識するようになるとされ，麻生はこの段階を幼児期前半に見られるふり遊びの最も高度な水準として位置づけています。

タンポポをなにかに見たてて遊んでいるようです。（3歳児：レベル3から4）

▶２　ごっこ遊びのなかのコミュニケーション

　３歳から４歳にかけて，パーテンの分類でいえば連合遊びや協同的に組織化された遊びが増加する時期，幼児は仲間とともにごっこ遊びを楽しむようになります。

　前節の遊びの定義でも紹介したガーヴェイ（1977）は，幼児が集団的なごっ

表9-2　枠組み構成発言の機能と例

発話機能	発話例
場面の設定	おうちごっこしよう
役割の分担	ぼくおとうさんで，きみがおかあさんだよ
位置の設定	ここは台所よ
行動プランの特殊化	わたし子どもたちにごはんつくるから，お買い物に行ってきてくれる？
小道具の割り当て	これはぼくのハンドバッグだよ
進行中の手順の修正や筋書きの改良	おとうさんはハンドバッグなんか持たないのよ
他児の演技の指導	ダメダメ。もっと大きい声で叱らなきゃ
現実自体の規則についての言及	本当に外に出ちゃ，いけないんだよ
テーマの終結や別のテーマへの移行	これで，全部晩ご飯終わったよ
集団内の対人関係についてのコメント	ぼくたち友だちだよね，一緒に遊んでるんだもんね

こ遊びを組織する上で，「劇的描写」と「枠組み構成発言」という二種類の発話を巧みに使い分けていることを発見しました。劇的描写とは，いわゆるセリフと呼ばれるもので，お店屋さんごっこでいえば「いらっしゃいませ」といった言葉がそれにあたります。一方の枠組み構成発言とは，交渉とも呼ばれ，遊びについてごっこの枠の外から言及するものであり，ガーヴェイによれば，こうした枠組み構成発言は表9-2に示す10の機能を持つといいます。

　こうした遊び（コミュニケーション）を成立させるためのコミュニケーションは，「メタ・コミュニケーション」と呼ばれ，ごっこ遊び研究の主要な研究トピックとなっています。

3節　遊びの発達における大人の役割

▶ 1　発達の最近接領域と足場かけ

　1920年代に活躍したソヴィエトの心理学者ヴィゴツキー（1934）は，子どもが独力で到達しうる知的領域と，大人の援助があれば到達しうる領域との間を「発達の最近接領域」と呼びました。発達の最近接領域は，現在の発達水準と

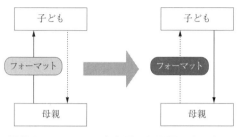

図9-1　フォーマットを用いた母子のやりとり

明日の発達水準との間にある，成熟中の段階といえます。ヴィゴツキー（1933）は，遊びがこうした発達の最近接領域を創造すると考え，遊びが発達を主導するという独自の遊び論を提示しました。

　こうした発達の最近接領域において大人はどのように子どもに関わるのでしょうか。このことをわかりやすくモデル化したのが，ブルーナーです。1970年代後半から80年代にかけて，ブルーナーとその共同研究者が提起した「足場かけ（スキャフォルディング）」と呼ばれる概念は，発達の最近接領域における明日の発達水準と現在の発達水準を架橋する大人の援助を説明する概念として広く知られることになりました（Wood et al., 1976）（7章参照）。

　足場かけの「足場」とは，建築作業を行う際に，建物のまわりに張りめぐらされる土台を意味します。建物ができあがるにつれて，土台は徐々にとりはずされ最終的にはまったく必要とされなくなります。

　ブルーナーは乳児の言語の獲得過程において，母親が援助の手を徐々に外していく過程を「足場かけ」のメタファーで説明しています。乳児が言語を獲得する過程において，大人は繰り返しパターン化した相互作用を用います。これをブルーナーは「フォーマット」と呼んでいます。このフォーマットは，始めは大人の支配下にありますが，子どもが言語を獲得するにつれて，大人は徐々にその関わりの手を減らしていきます。この様子をモデル化したものが図9-1です。

▶2　「いないいないばあ」と足場かけ

　ブルーナーは，言語獲得の初期にもっとも重要になるコミュニケーションが「遊び」であると考えました。特にブルーナーは，乳児期から幼児期初期にか

表9-3　生後6か月から1歳3か月に見られた「いないいないばあ」の変化
（Bruner（1983）より筆者が作成）

		6か月～11か月	1歳2か月～3か月
母親ないし子どもが隠す（隠れる）のを開始したゲームの割合	母親が隠す（隠れる）のを開始	100.0	21.9
	子どもが隠す（隠れる）のを開始	0.0	78.1
母親，子ども，物が隠れる（隠される）ゲームの割合	母親が隠れる	43.8	6.2
	子どもが隠れる	28.8	93.8
	物が隠される	27.4	0.0

けて楽しまれるやりとり遊びのひとつである「いないいないばあ」に着目し，乳児はこの遊びの中でコミュニケーション行動の基本的ルールを学習すると考えました。

　ブルーナー（1983）は，一組の母子の継続的な観察を通して，「いないいないばあ」が表9-3のように変化することを示しました。

　6か月から11か月に見られた「いないいないばあ」は，すべての回で，母親が隠す（隠れる）のを開始しており，子どもが隠す（隠れる）のを開始することはありませんでした。この時期の「いないいないばあ」は，すべて，母親が主導して行っていたことがわかります。一方で，1歳2か月から1歳3か月の間に見られた「いないいないばあ」では，母親が隠す（隠れる）のは2割，子どもが隠す（隠れる）のは8割弱へと変化しています。このことから，1歳2か月から3か月の時期になると，「いないいないばあ」の主導権は子どもの側に移っていることがわかります。

　また，誰（あるいは何）が隠されるのか，その対象を分析すると，6か月から11か月は母親が約4割，子どもと物とがそれぞれ3割でした。一方で，1歳2か月から3か月では，9割以上で子どもが隠れる遊びになっていました。このことからも，1歳前後で遊びの主導権が子どもに引き渡されていくことがわかります。ブルーナーはこの主導権の委譲を「手渡し原理」（handover principle）と呼んでいます。

▶ 3 さまざまな場面での足場かけ

このように，当初，大人が主導権を取っていた「いないいないばあ」は，次第に子ども側も主導権を握る遊びへと変化していきます。

たとえば，ニノ（1983）は，絵本読みでの母子のコミュニケーションを分析したところ，母親は次のような一連のフォーマットを用いて関わっていることを明らかにしました。まず，母親は「ほら見てごらん！」といった注意喚起を行います。そこで子どもの注意が向けば「これは何？」といった質問を行い，子どもが答えられない間は，母親が「これは何々よ」といった命名を行います。その上で，子どもの反応を見て，「そう，よくわかったわね」といったフィードバックを与えるのです。こうした，注意喚起→質問→命名→子どもの反応→フィードバックという一連のフォーマットを用いた関わりは，「いないいないばあ」と同じく，子どもが親の関わりを模倣し，遊びの主導権を取るようになると，徐々に用いられなくなるのです。

▶ 4 足場かけの拡張モデル

こうした足場かけの理論は，当初，母親と子どもの1対1の相互作用を前提として作られました。そのため，大人が複数の子どもに関わる場面，たとえば，学校や保育施設といった大人が子ども集団に関わる場面では直接，活用することはできませんでした。

こうした教師と複数の子どものやりとり，特に，学校教育における協働的な

表9-4 足場かけの拡張モデル

①学習での積極的な参加者：学習の過程で内容に関する質問をしながら，子どもと一緒にテーマを探求する。

②子どもの個人的および総合的な発達の評価者：逸話的な記録や，子どもの個人的な興味に関するメモや，グループ学習の筆記記録を振り返ることで，子どもや学習に関する知識を明確にする。

③ガイドと支援者：子どもたちの学業達成に向けて，思い切って挑戦することを助け，質問やアイディアをまとめ，それを子どもたちが処理しやすい形に変える。

④推進者：環境やカリキュラムや材料を意識的に計画し，機能的で目的的に，言語やリテラシーや学習方略の利用を可能にする。

学習場面における教師の関わりを足場かけの観点から分析したのがモールとホワイトモア（1993）です。モールらは，表9-4 に見られるような足場かけの拡張モデルと呼ばれるモデルを呈示しています。

　モールらの理論でも，大人である教師は，子どもと活動（学習活動）をともにします。ブルーナーの理論との違いは，子ども同士の議論の活発化をめざしながら，適宜，子ども達の学習状況を評価・フィードバックし，子どもたちが自分たちで課題に取り組むことができるよう，さまざまな手段を提供していくことにあります。

　足場かけの拡張モデルは，幼児期後期に展開される協働的な遊びにおける保育者と子ども集団との関わりにおいても適用可能な枠組みといえるでしょう。

遊びと学び

幼児期から児童期への円滑な接続が，保育・教育現場の重要な課題として位置づけられるようになるなか，2018 年 3 月には，幼稚園教育要領，幼保連携型認定こども園教育・保育要領，保育所保育指針がそれぞれ改訂あるいは改定されました。そこでは，幼児教育において育みたい資質・能力として，豊かな体験を通じて，感じたり，気づいたり，分かったり，できるようになったりする「知識及び技能の基礎」，気づいたことや，できるようになったことなどを使い，考えたり，試したり，工夫したり，表現したりする「思考力，判断力，表現力等の基礎」，心情，意欲，態度が育つなかで，よりよい生活を営もうとする「学びに向かう力，人間性等」が提示され，これらの資質・能力は，「健康」「人間関係」「環境」「言葉」「表現」で構成される 5 領域のねらい及び内容にもとづく活動全体によって育まれるものとされています。

本章で取り上げた遊びは，こうした 5 領域のねらい及び内容にもとづく活動全般に関わるものであり，遊びを通した保育・教育は，生涯にわたって学び続ける「学びに向かう力」を育てる重要な手段といえます。

一方で，こうした遊びを学校教育と結びつけて考えることで，短絡的に遊びを捉えてしまう恐れがあります。たとえば，子どもの遊びには葉っぱや石ころを集める遊びや，ただひたすらに穴を掘る行為といったように，教育的意義からすると，何の意味があるんだろうか？と疑問に感じるものが少なくありません。子どもは遊びたいから遊ぶのであるという基本的視点に立ち，集中力や創造力の獲得はあくまでも遊びの結果であって，目的ではないということを意識しておく必要があります。

読書案内

● ハーシュ＝パセック, K., ゴリンコフ, R. M., アイヤー, D.（著）菅靖彦（訳）2006 『子どもの「遊び」は魔法の授業』アスペクト
⇒遊びの意義について，脳科学から心理学，社会学といった幅広い研究データをもとに，一般の読者にもわかりやすいように解説している。
● 木下孝司・加用文男・加藤義信（編著）2011 『子どもの心的世界のゆらぎと発達——表象発達をめぐる不思議』ミネルヴァ書房
⇒乳幼児の表象世界の発達を「ゆらぎ」という観点から，さまざまな実験研究の結果や保育や子育てのエピソードをもとに論じている。
● 小山高正・田中みどり・福田きよみ（編）2014 『遊びの保育発達学——遊び研究の今，そして未来に向けて』川島書店
⇒保育や幼児教育の実践の場で何が必要とされるのかという視点に立ちながら，遊び研究の近年の進展について，動物心理学を含めた幅広い専門分野から論じている。

演習問題

A 群の問いに対するもっとも適切な解答を，B 群から 1 つ選びなさい。

【A 群】
1. ブルーナーは，課題達成に向けて年長者である大人が支援の手を減らしていく過程を（　　）と呼んだ。
2. モールとホワイトモアは，協働的な学習場面において，教師は学習の過程で内容に関する質問をしながら，子どもと一緒にテーマを探求する（　　）の役割を果たすとした。
3. 対象を他の対象へと置き換えて遊ぶ行為は（　　）と呼ばれる。
4. 生後 8 ～ 9 か月ごろになると，大人にモノを渡す手を意図的に引っ込めるといった（　　）がみられるようになる。
5. ガーヴェイは，幼児が集団的なごっこ遊びを組織化する上で，劇的描写と（　　）という二種類のコミュニケーションを用いるとした。
6. ヴィゴツキーは，子どもが独力で到達しうる知的領域と，大人の援助があれば到達しうる領域との間を（　　）と呼んだ。
7. まわりの子どもと同じようなおもちゃを使ってはいるが，自分の思う通りにあつかい，他の子どもに影響を与えようとは考えていない遊びの形態は（　　）と呼ばれる。
8. （　　）は，幼児の遊びの集団形態を社会的発達の観点から捉え，独自の遊びの発達論を展

開した。

9. ひとり遊びは，子ども自身が主体的に選択した適応的行動であるとする考えは（　　　）と呼ばれる。

10. ヴァンデンベルグは，幼児の遊び形態は（　　　）の影響をうけると考えた。

【B群】

足場かけ　並行遊び　ひとり遊びオプション説　枠組み構成発言　学習での積極的な参加者

コミュニケーション行為としてのふり　発達の最近接領域　フォーマット　手渡し原理

三項関係　ふり遊び　遊び環境　パーテン　からかい行動

10章 自己

episode

　息子が2歳半を過ぎたころ，用意したホットケーキが大きかったので，息子の目の前でそれを半分に切り分けた。すると息子は，2つに分けられたホットケーキを1つずつ指さして「ジブンの，ジブンの！」と言うのである。ふだんから「はんぶんこしようね」と言って息子と私で食べ物を分けることがあるので，どうやら今回も，半分は母親に食べられてしまう，と危機感を感じ，2つとも自分が食べるのだという気持ちを伝えたかったようだ。ずいぶん食いしん坊な子だなあ，と思うと同時に，もう「自分の」という表現を使えるようになったのか，と感心した記憶がある。

　今度は娘が3歳になったころのこと。テレビの幼児向け番組を一緒に見ていると，女の子が母親に自分のバナナをはんぶんこして食べさせてあげる場面が出てきた。私が娘に「ママにもバナナはんぶんこして欲しいなあ〜」と言ってみると，「うん，はんぶんこしてあげるから，バナナ買いに行こう！」と返事をした。食いしん坊なのは娘も同じであった。

　エピソード内に，２歳半の子どもが自分の所有物について「ジブンの！」と主張する場面がありました。はたして「自分・私」といった感覚はいつごろどのように発達するのでしょう。そして，自分という感覚や理解を獲得するためには，自分とは異なる他者との関わりが不可欠です。自分とは違う他者の存在を意識するなかで，自己に関する理解をより深め，他者と自分を比較して自己評価をするようにもなります。世界中に自分という存在は１人しか存在しません。一人ひとりが個性を持って生まれてきて，環境のなかでさらにその個性を変化させていくからです。本章では，以上のことについて順に述べていきます。

1節　自己の認識

▶ 1　自己知覚

　「自分」という存在を意識・理解できるようになるのは，いつごろでしょう。自己の獲得が早くから見られるのは，身体の感覚です。たとえば，ロシャとへスポス（1997）は，生後18時間以内の新生児が，自分の手が自分の頬に触れたときよりも，他者の手が自分の頬に触れたときに，約３倍の頻度で口唇探索反射を見せたことを報告しています。口唇探索反射とは，乳児の頬に物が触れたとき，そちらに顔を向けてそれを口に含もうと口を開ける行為で，ミルクを飲むために備わっていると考えられている原始反射です。このことから，自分の手が触れたときは，それは乳首でないことが明らかであるため口唇探索反射が起こりにくいのだろうということ，生まれて間もない時期でも，自分の身体とそうでないものが触れたときの感覚を区別できているようであることがわかります。

　自分で自分の身体を触ったとき，身体を触っているという能動的な感覚と同時に，身体に触れられているときの受動的な感覚も生じるため，この感覚を二重接触と呼びます。乳児は，自分の手足をなめたり，髪の毛を引っ張ったりする

ことがしばしばありますが，こうした自己刺激行動を通して，ほかの物体や人とは異なった存在としての自己の感覚を確認していくと考えられています。さらに近年では，ドフリースとフォン（2006）によって妊娠 10 週ごろには手を顔に持っていくような運動が見られることも報告されており，胎児期から自己の身体とそうでないものの区別を行っているのではないかと考えられつつあります。

　生後 3 か月ごろになると，自分の手を目の前にかざして動かしながら，その手をじっと見つめるという行動がしばしば見られるようになります。このハンド・リガードと呼ばれる行動を通して，乳児は「この手は自分の手である」「この手を動かしているのは自分である」と感じているのでしょう。

▶2　鏡に映った自己

　0 歳代の乳児は鏡に自分の顔が映ってもそれが自分の顔だと理解することができず，鏡の後ろへまわり込んだり，後ろを振り向いたりして，そこに誰がいるのか確認するような行為をします。ザゾ（1993）は，ルージュ・テスト（マーク・テスト）という方法を用いて，鏡に映った姿が自分自身であると理解できるようになるのはいつごろなのかを調べました（図 10-1）。子どもに気づかれないように鼻の頭に口紅をつけてからその子どもを鏡の前に連れていき，鏡を見たときに，鏡に映った像ではなく，自分の鼻に手をやって拭き取ろうと

図 10-1　鏡映像の自己認知

すれば，自己認知が可能であると判断するというものです。その結果，1歳半
ごろから，そうした行動ができる子どもは増え始め，2歳ごろにはほとんどの
子どもが成功することが示されました。また，2歳半ごろには，鏡に映った自
己を見た状態で「これは誰？」と質問された際に，「ぼく」「○○ちゃん（自分
の名前）」と答えたり，自分の胸を手で指したりできるようになり，ことばに
よる自己認知も成立します。ただし，過去の録画映像や，いまこことは異なる
場所で異なる衣服を着て撮影された写真が自分だとわかるようになるには，3
歳の終わりごろまで待つ必要があるといわれています。

　ギャラップ（1977）は，チンパンジーにも鏡に映った自己を認知する能力が
あること，しかし，仲間から隔離して育てられたチンパンジーはこのような自
己認知ができないことを報告しています。このことから，自己の認知は，他者
との関わりのなかで形成されるといえるでしょう。

▶3　他者を通して発達する自己

　先ほども述べたように，自己の認識が発達するためには，他者の存在が不可
欠です。他者とのやりとりのなかで，子どもがどのように自己の感覚を発達さ
せ，他者という存在を理解していくのかを年齢を追って見ていきましょう。

　メルツォフとムーア（1977, 1997）は，新生児の目の前で大人が舌を出した
り口の開閉を行って見せると，それと同じ表情になる（新生児模倣；6章参照）
ことを報告しており，この行動は新生児が見ている対象（親）を自分と同じよ
うな存在だと自動的に思い込むことで生じるのではないかと説明しています
（like-me 仮説）。

　生後2か月を過ぎると，新生児模倣は減少しますが，一方で，目の合った他
者に向けて微笑む社会的微笑が見られるようになり，親子の間で微笑みのやり
とりが増えます。この時期の赤ちゃんに吸い方によって音の高さが変化するお
しゃぶりをくわえさせると，一定の音しか鳴らないおしゃぶりをつけたときに
比べて，さまざまな吸い方をすることがわかっています（Rochat & Striano,
1999）。すなわち，環境に対するみずからの働きかけが何らかの反応を引き起

図10-2　振り返って大人に示す様子（1歳1か月）

こすことに気づき始める時期といえるでしょう。

　3〜4か月ごろには，リーチングといって，見えるものに手を伸ばす行動が現れるようになります。これは，「あれが欲しい」という意思表示の表れであり，「見えるものは自分の手で取ることができる可能性がある」という理解ができるようになったということでもあります。なお，8か月の乳児においては，他者がいる前では届かないものに対して手を伸ばしますが，一人でいるときは，届く範囲のものに手を伸ばすことはあっても，届かないものに対しては手を伸ばしません（Ramenzoni & Liszkowski, 2016）。他者が自分の意図を理解して代わりにそれを満たしてくれると期待して，乳児は手を伸ばすのでしょう。

　生後9か月ごろ，乳児は，他者も自分と同じように意図を持つ存在であると認識するようになります。それを示す1つ目の行動が，他者が見ているものにみずからも視線を向ける共同注意です（7章参照）。9か月のころは大人と同じ対象に注意を向けるだけですが，12か月ごろになると，対象を指さしたあとに，大人を振り返ってその対象を見ているかどうか確認する行動も見られます（Tomasello, 1995）（図10-2）。2つ目の行動が，社会的参照です（6章参照）。みずからにとって不確かな状況に出くわしたとき，他者の表情を見て，その状況をどのように判断しているのか読み取ろうとするのです。トマセロ（1999）は，このように他者の意図に気づけるようになることは，社会のなかで他者ととも

に生活をし，他者から新しいことを学習する上で重要な変化であるとし，これを「9か月革命」と呼びました。

　1歳半ごろになると，自他の意図はそれぞれ異なりうるものであることを理解するようになります。子どもは，自分の意図したことがうまくいかないとき，かんしゃくを起こすなど，いわゆる反抗的な態度をとるようになります（第一反抗期）。親にとっては大変頭を悩ませる困った行動ではありますが，子どもにしてみれば，「自分で決めたいのに，1人でやりたいのに，親はそうして欲しくないのだ」という自己と他者の意図のズレに気づくことで，そうした行動をとるのです。大人は成長ゆえの行動と捉え，子どもの自立したい気持ちを受け止めることが必要です。

　3〜4歳ごろになると自分が過去に経験したことについて他者に語るようになります。すなわち，自分の過去や未来について考え，自己が時間的な広がりをもつ連続的な存在であると知覚できるようになります。また，過去に他者が自分にしたことを「根に持ち」，自分も仕返しをしたり，過去のことを「後悔」する感情が生じたりするのもこのころです（岩田，2001）。

2節　自己の理解と評価

▶1　名前と所有の理解

　植村（1979）によれば，日常場面において，自分の名前に応じるのが1歳2か月ごろ，自分の持ち物（靴・帽子）がわかるのが1歳5か月ごろ，それから3〜4か月ほど遅れて友だちの名前や持ち物がわかるようになります（表10-1）。

▶2　自己概念と自己評価

　デーモンとハート（1988）によれば，幼児は自己について，身体（僕の目は青い），活動（僕は速く走れる），所有物（僕の家にはクマのぬいぐるみがある），好み（私はピザが好き）など，多様なカテゴリから捉えて報告することができ

表10-1 名前・持ち物の認知（植村, 1979より一部抜粋）

年齢	観察		自分の持ち物と友だちの持ち物		
	自分の名前	友だちの名前	靴・帽子	パンツ・服	ロッカー

年齢（上から下）：2:2／2:1／2:0／1:11／1:10／1:9／1:8／1:7／1:6／1:5／1:4／1:3／1:2／1:1／1:0／0:11／0:10／0:9／0:8／0:7／0:6／0:5／0:4／0:3／0:2／0:1／0:0

〔観察・自分の名前〕
- 自分の名前に応じる
- ハイを言いはじめる
- 誰の名前にもハイ
- 誰の名前に対しても笑う
- 名前を呼ぶと笑う
- 名前を呼ばれて自分を指さす
- 名前で要求する
- 名前を言う

〔観察・友だちの名前〕
- 正しく指さす
- 指さしで誰がしたか知らせる
- 他の人と混同する
- 名前を言いはじめる
- 名前を聞くと指さす
- 名前で知らせる

〔靴・帽子〕
- 自分のものがわかる（実験）
- 友だちのものがわかりはじめる（観察）

〔パンツ・服〕
- 自分のものがわかる（実験）
- 友だちのものがわかりはじめる（観察）

〔ロッカー〕
- 自分のものがわかる（実験）
- 友だちのものがわかりはじめる（観察）

凡例：
↑ ほぼできるようになったことを示す
　　は上年齢に続くことを示す
　　ぽつぽつはじまることを示す

| －ははじまりを、↑は以後続くことを示す

| この年数のあいだだけ特権的であることを示す

ます。しかし，これらの自己概念はいずれも行動など外から観察可能な特徴ばかりです。性格や信念など内面に関する報告をするようになるのは児童期に入ってからになります。

　自己評価について，幼児期は，非常にポジティブです。たとえば，佐久間（2006）では，5歳児において，「やさしい」「いい子」といった肯定的な言葉を使って自分のパーソナリティを表現すること，「～ちゃんは自分のどんなところが好きかな？」，「自分のどんなところが嫌い？」という2つの質問に対し，好きなところのみ答えた子どもが32名中20名を占めたことが報告されています。なお，小学2年生，4年生に対しても同じ質問をしたところ，学年があがるにつれて，自分のパーソナリティを表現する語の種類は増えて，否定的な言葉も含まれるようになり，好きなところのみ答える子どもは減って，好

き嫌いの両面，もしくは嫌いな面だけ答える子どもの割合が増加したとのことです。

このような幼児期の肯定的自己評価は，他者との能力比較（これを社会的比較と呼ぶ）ができない，視点取得能力（他者の視点から考えられる能力）が乏しいなど，認知能力の未熟さが主な原因として考えられます。一方で，自己評価が肯定的であるからこそ，物事に積極的に挑戦したり，行動の結果を前向きに捉えたりすることも可能になるといえるでしょう。

3節　気質と個人差

▶ 1　気質とは

赤ちゃんは個性を持って生まれてきます。夜はよく寝て昼も比較的機嫌の良い子もいれば，ちょっとしたことですぐに目を覚まし，なかなか泣き止まない子もいます。このように，生まれつき備わっている個人の特性を気質と呼びます。気質は遺伝の影響を受けており，のちの経験や本人の意志によって変容の可能性はありますが，いわゆるパーソナリティの基礎となる個人差と捉えられています。

かつて，気質は遺伝的な影響が強く，生まれつきのものであるがゆえに，環境の影響は受けにくく，生涯を通じて変化しにくいものと考えられてきました。しかし，近年は，遺伝子に関する研究が進むなかで，気質の捉え方も大きく変化しています（安藤, 2015）。第一に，気質やパーソナリティは，単一の遺伝子の影響を受けるのではないということです。たとえば，「神経質」という性格は，Aという1つの遺伝子があることによって決定されるのではなく，A, B, Cといった複数の遺伝子の効果が組み合わさったり，互いに影響し合ったりすることで決定されるというイメージです。第二に，一卵性双生児のように，まったく同じ遺伝子を持って生まれてきた者同士であっても，性格は異なりうるということです。なぜなら，同じ遺伝子配列であっても，それぞれの遺伝子

が発現しているかどうか（遺伝情報を伝えるスイッチがオンかオフか）が人によって異なること，そのスイッチのオンかオフかの違いで気質やパーソナリティが異なることがわかったからです。また，遺伝子がオンかオフかは環境の影響を受けること，その一方で，遺伝子がオンかオフかによって，環境が子どもの行動特徴に与える影響が異なることも明らかにされています。すなわち，遺伝子研究が進むなかで，古くから言われてきた遺伝と環境の相互作用も証明されつつあるのです。

　以上のことから，子どもの気質やパーソナリティは，遺伝によって形成された生理的基盤を持ちつつも，環境の影響を受けて変化しうるものであるという捉え方をすべきといえます。さらに，子育て支援においては，環境が子どもの気質やパーソナリティに与える影響だけでなく，子どもの気質やパーソナリティが環境に与える影響についても考える必要があるでしょう。すなわち，子どもが親にとって育てにくい気質やパーソナリティであるがゆえに，親のストレスやネガティブな感情を引き起こし，結果的に虐待など，子どもにとって望ましくない環境を生じさせる可能性もあるのだということです。

▶ 2　乳幼児期の気質の個人差

　乳幼児期の気質の個人差を捉えようとする試みは数多くありますが，ここでは，水野（2017）を参考に，3つの気質的特性を紹介します。

一卵性の双生児、性格はちがってもいつも仲よし。

1つ目が行動的抑制傾向です。2～3歳になると顕著になり，初めて会う人，初めて訪れた場所など，新しいことに対して不安や恐怖を感じ，行動が抑制的になる特性を指します。この特性を持つ人は，新奇場面において脳の扁桃体（主に，感情に関係がある）が活性化しやすく，シュヴァルツら（2003）の研究では，1歳のとき行動的抑制傾向が高かった子どもは，21歳になったときでも画面上で見知らぬ顔が提示されたときの扁桃体の活動レベルが，そうでなかった者と比較して，高くなったことを報告しています。つまり，生後間もないころから少なくとも青年期まで，この傾向は連続して見られるようです。こうした特性は，人との関わりに消極的になりやすいなど，社会的な場面ではネガティブに受け止められがちですが，幼児期においては，抑制的でない子どもと比べて良心の発達が早いことも報告されています（Kochanska, 1997）。

　2つ目が，接近快活性です。行動的抑制傾向の子どもとは対照的に，初めて会う人や見慣れないものに対して，積極的に接近しようとする特性を指します。こうした特性を持つ者は，脳の線条体（主に運動制御と関係がある）が活性化しやすいことがわかっています。彼らは，社交的で少々の冒険は厭わない積極的な行動を見せる一方で，攻撃的な感情や行動が見られやすいことが報告されており，大人にとっては育てにくさを感じることもあるかもしれません。

　以上の2つの特性は，情動的な反応の生じやすさという観点で分類されますが，私たち人間は，情動に従って行動するばかりではなく，情動や行動を制御（コントロール）することができます。この制御における個人差を，ロスバート＆ベイツ（1988）は，「エフォートフル・コントロール」と名づけました。一般的には，「自己制御」と呼ぶこともあります。エフォートフル・コントロールには，注意の焦点化，注意の転換という2種類の注意の制御，および行動の制御という3つの側面があります。たとえば，子どもが母親との散歩中に，向こう側から大きな犬が近づいてきたとしましょう。その子どもが犬に興味・関心を持てば，犬に注意を向け続けること（注意の焦点化）で，愛情，大きさに対する驚きといった感情が高まります。一方，子どもが犬に不安や恐怖を感じた場合は，母親の服に顔をうずめてみずからの注意を逸らすこと（注意の転

換）や，犬がいる方向へ歩くのを拒むこと（行動の制御）をして，これ以上，恐怖が高まらないようにします。このように，エフォートフル・コントロールの高い子どもは，場面に応じて，ある程度は感情や行動を制御することができますが，低い子どもでは，その制御が難しいゆえに，怒りや不安といった感情を社会的な場面で過剰に強く示したり，攻撃や多動といった行動面での問題が現れやすくなったりします。また，先に述べた，行動的抑制傾向もしくは接近快活性の生まれつき高い子どもであっても，エフォートフル・コントロールが発達するにしたがって，抑制・接近の特性が行動に現れにくくなるといえます。

しかし，エフォートフル・コントロールの生理的基盤とされる前部帯状回および前頭皮質は，脳のほかの部位と比べて完成までに時間がかかり，乳幼児期から青年期にかけて発達するということが示されています。したがって，乳幼児期においては，大人と同レベルでの感情や行動の制御はそもそも困難であるという前提で関わる必要があるといえるでしょう。

4節　日本における自己

▶ 1　自己主張と自己抑制

海外の研究では，自己制御というと先述のエフォートフル・コントロールのように，抑制的な側面に注目されることが多いのですが，日本においては，柏木（1988）の研究に代表されるように，自己主張的側面にも注目がなされ，自己主張と自己抑制のバランスについて社会的適応の観点から研究されてきました。しかし，日本とイギリスの幼児で自己主張と自己抑制の発達を比較した佐藤（2001）の研究によれば，自己抑制については両国の間で発達の差は見られませんでしたが，自己主張は日本の子どもよりイギリスの子どもの方が発達していたとのことです。佐藤は，この結果の一因として，日本人には，自己主張は悪いことではないが，そればかりになっても困る，といった考えがあり，子どもが自己主張を育むことについては迷いが多いことを挙げています。

▶ 2　発達期待が与える影響

　親や教師は子どもに対して，こう育ってほしい，という願いや期待を抱いて
接しています。これを「発達期待」と呼びます。発達期待は文化の影響を受け
やすいことが知られており，先述の佐藤の研究のように，国や文化によって異
なる発達期待が自己の発達に及ぼす影響について明らかになっています。たと
えば，柏木と東（1977）の研究では，日本の母親は我慢や従順を，アメリカの
母親は言語による主張と社会的スキルを，より早期に発達させることを期待し
ていたそうです。

　現代の世の中においては，子どももテレビや映画，インターネットなどを通
じて，世界中のさまざまな価値観に触れる機会を持ち得ます。これからは，自
己の在り方も国や文化を問わずより多様化していく可能性もあるでしょう。し
かし，乳幼児期は親子の関わる時間も長いので，子どもをどのような環境に置
き，どのような情報に触れさせるかも含め，親が子どもの自己の形成に与える
影響が大きいことはこれからも変わらないと思われます。また，子どもには生
まれつきの気質的特徴があることを理解し，その子どもの気質を無視した過度
な発達期待を抱かないように気をつけることも大切です。

スキンシップと自己の発達

　乳児期の子どもが自己を知覚するにあたって，二重接触が意味を持つことは本文にある通りです。これ以外にも皮膚感覚が子どもの脳に及ぼす影響の大きさはさまざまな研究で示されており，山口（2004）は，「子どもの脳は肌にある」と表現し，傳田（2013）は，「皮膚は自己意識を作っていると言っても過言ではない」と述べています。

　自己と他者の区別が未発達の赤ちゃんは，他者からくすぐられてもくすぐったがりません。なぜならば，くすぐったいという感覚は，他者からくすぐられた場合のみ感じるものであり，自分で自分をくすぐっても生じにくいものであるからです。よって，自分を触っているのは他者だ，という認識ができなければ，くすぐったくならないのです。根ケ山・山口（2005）によれば，生後7か月ごろにはくすぐったいという反応をはっきり示すようになるとのことです。

　現代においては，ベビーマッサージやカンガルーケアのように，親子で肌を触れ合うことが子どもの心身の発達に良い影響を及ぼすことが知られていますが，1900年代前半，欧米や日本では，わがままで自立しない子どもにしないために，必要以上に抱っこをしないことが重要であると信じられていた時代もありました。もちろんいまでは，この考え方は否定されていますが，現代においてもそれを信じている人はいるように思われます。

　日本では，昔から抱っこ，おんぶ，添い寝，くすぐり遊びが育児のなかで当たり前のように行われてきました。受容的で温かい養育態度の母親ほど，頻繁に子どもとくすぐり遊びをしていることもわかっています。自己の発達の側面からもあらためて子育てにおけるスキンシップの重要性が見直されることを願います。

読書案内 -- *Book Guide*

- 池谷裕二　2017　『パパは脳研究者──子どもを育てる脳科学』クレヨンハウス
  ⇒著者の長女の 0 〜 4 歳までの成長エピソードについて，脳科学・心理学の研究にもとづいて説明がなされており，自己の発達について楽しく追うことができる。
- 松井　豊・櫻井茂男（編）　2015　『スタンダード自己心理学・パーソナリティ心理学』（ライブラリースタンダード心理学 9）サイエンス社
  ⇒乳幼児期だけでなく，生涯を通じた自己の発達について幅広く学ぶことができる。
- 森口祐介　2012　『わたしを律するわたし──子どもの抑制機能の発達』京都大学学術出版会
  ⇒自己の抑制機能に興味を持った人にお薦めしたい。

演習問題 -- *Exercise*

A 群の問いに対するもっとも適切な解答を，B 群から 1 つ選びなさい。

【A 群】

1. 自分で自分の身体を触ったときに得られる身体の感覚を（　　）という。
2. 他者が見ているものにみずからも視線を向ける（　　）という行動や，不確かな状況に出くわしたとき，他者の表情を読み取って状況を判断しようとする（　　）という行動が現れる時期の変化を，トマセロは（　　）と呼んだ。
3. 子どもの（　　）は、「やさしい」「いい子」など肯定的である。
4. 気質的特徴として，（　　）の高い子どもは，新しい場面で不安を感じやすい。（　　）の高い子どもは，新しい場面でも積極的に行動する。こうした気質によって生じた感情や欲求を場面や状況に応じて制御する能力を（　　）という。
5. 日本では，自己制御の能力として（　　）と（　　）という 2 つの側面が注目されてきた。
6. 親が子どもの発達に対してこうあって欲しいという願いを（　　）という。

【B 群】

行動的抑制傾向　共同注意　二重接触　ハンド・リガード　ルージュ・テスト　気質　自己抑制
発達期待　自己主張　社会的参照　自己調整　環境　接近快活性　エフォートフル・コントロール
自己評価　2 か月革命　9 か月革命　遺伝

11章 向社会性と道徳性

エピソード

　親戚が一堂に会していたある夏の日のこと。

　3歳のCくんが祖父母の家や一緒に遊んでいたいとこの中学生（Sちゃん）と小学生（Mちゃん）に慣れてきたと判断したCくんの両親は，彼に「ちょっと出かけてくるから，Cくんはみんなと待っていてね」と告げ，買い物に向かった。最初は中学生のSちゃんと機嫌よく遊んでいたCくんだが，しばらくすると両親がいないことにあらためて気がつき，泣き出してしまった。Cくんは慌ててやってきた祖母に抱っこされ，なんとか泣き止んだが不安そうな顔をしていた。そこにそれまであまりCくんに関わっていなかった小学生のMちゃんが近づいてきた。MちゃんはCくんの顔をのぞき込み，それまでCくんが遊んでいたおもちゃを何も言わずCくんに差し出した。Cくんも何も言わずにそのおもちゃを受け取った。2人はしばらくの間，特に話もせずに隣りあって座っていた。

　Cくんが泣き出したときから少し離れたところでオロオロとしていたMちゃん。きっと「どうにかしてあげたい」と思っていたのだろう。一生懸命考えた彼女の答えがおもちゃを渡すことと，一緒にいることだった。その後，気持ちを切り替えたCくんはまた遊び始めた。あとからMちゃんに「優しいね」と声をかけると，満足そうににっこり笑った。

　誰かを助けたり，誰かに何かを分け与えたりするような他者のためにする行動は，人間以外の動物でも見られます。しかし，人間ほど他者のために行動する動物はいません。一人で生きていくことが難しい社会ではお互い助け合うことはとても大切なことなのです。

　では，私たちは，どのようにして人を助けられるようになるのでしょうか。この章では，他者のためになる行動である向社会的行動とその発達，そして向社会的行動を行う際に基準となる道徳性の発達について概観していきます。

1節　向社会的行動の発達

▶ 1　向社会的行動とは何か

　集団のなかで生きている私たちにとって，困っている人に手を差し伸べることは，その集団を維持していく，という意味でもとても大切なことです。誰かのために行う社会的行動には，たとえば，困っている人を助けたり（援助），悲しんでいる人をなぐさめたり（なぐさめ），自分が持っているものを他者に分け与えたり（分与），他者のために自分のお金や時間を寄付，提供したり（寄付）することなどがあります。心理学ではこれらの行動をまとめて「向社会的行動」と呼びます。アイゼンバーグら（2015）は，向社会的行動を「他者のためになることをしようとする自発的な行動」と定義しています。つまり，誰かに強要されて行われる社会的な行動は向社会的行動とはいえないということになります。また，誰かのためになる行動をする場合，その相手には利益がもたらされますが，行った本人は反対に時間や労力，金銭などの損失を被ることがあります。損失を被るかもしれないことを承知の上で，誰かに強要されているわけでもなく行われるのが向社会的行動です。

　人が向社会的に行動するのはなぜなのでしょうか。アイゼンバーグとマッセ

ン（1989）は，その理由として利己的な理由と利他的な理由を挙げています。利己的な向社会的行動とは，向社会的に振る舞うことによって何かしらの報酬を期待し，罰を避けようとする行動です。たとえば，悲しんでいる友だちをなぐさめることによって，先生に「優しいね，偉いね」と褒めてもらう（または悲しんでいる友だちを放っておくことにより怒られることを避ける）ことを期待して生じる行動です。このように，自分のために行った行動であっても，結果的に相手に利益をもたらす行動であれば，向社会的な行動ということができます。一方で利他的な向社会的行動とは，外的な報酬や罰の回避を期待せずに内発的な動機（他人への気遣い，自分の満足など）から生じる行動です。このような利他的な向社会的行動は特に「愛他行動」と呼ばれます。

　利他的，利己的いずれの理由にせよ，人間は誰かのために行動する動物なのです。

▶2　向社会的行動の発達

　私たちはいつから向社会的な行動を行うことができるようになるのでしょうか。山本（2010）はチンパンジーもヒトと同様にほかの個体に対して援助を行うこと，そしてそれはほかの個体が援助を要求したときに限られることを報告しています。しかし，相手からの要求に応える援助行動は向社会的行動とはいえません。相手の状況を察して相手を助ける向社会的行動はヒトが進化のなかで獲得したものであると考えられます。

　トマセロら（2006）は，人間は乳児期から利他的な向社会的行動が見られることを報告しています。たとえば，14 か月から 18 か月の乳児であっても，初対面の大人に対して，相手の手がふさがっているときに扉を開けてあげたり，洗濯物を干しているときに落とした洗濯バサミを拾ってあげたりするとのことです。さらに，こうした行動は，外的な報酬を与えることによって頻度が減ることもわかっており（Warneken et al., 2007），内発的な動機にもとづく行動であったことがうかがえます。

　幼児期から児童期にかけて向社会的行動はさらに増加します。単純に誰かを

助ける頻度が高くなるというよりは，年齢が高い子どもの方がその場に適した方法で相手を助けることがより多くなるようです。これは発達が進むなかで認知能力が発達し，その状況を適切に理解し，その理解にもとづいて適切なスキルで向社会的行動を行うことができるようになるためです。

▶ 3　共感と向社会的行動

　アイゼンバーグら（2015）は，向社会的行動を行うには，他者が困っていることに気がつくだけではなく，相手が困っている状況に置かれているときの気持ちを理解し，その気持ちに「共感」することが必要であるとしています。そして，泣いている人を見て自分も悲しい気持ちになったり，がんばって成果をあげた人を見て自分も嬉しい気持ちになったりするように，相手とほぼ同じ感情をもつことを共感といいます。

　そのなかでも，ホフマン（2000）は，つらそうな誰かを見ることで自分もつらい気持ちになること（共感的苦痛）が，発達初期には向社会的行動を動機づけるとしています。このような共感のはじまりともいえる共感的反応は，乳児にはまだ自分と他者の区別がついていないため，他者に起きたことを自分に起こったことのように混同してしまうために起こるものだと考えられています。しかし，つらい嫌な気持ちを低減することだけが目的であれば，その場から逃げてしまってもよいはずです。向社会的行動を生み出す動機は，単に相手と同じ気持ちになる共感よりも，相手の気持ちを理解することにより感じる，気の毒に思う感情（共感的配慮あるいは同情）であることが指摘されています。そしてこの共感的配慮が生じるためには，役割取得能力が必要です。

▶ 4　役割取得能力の発達と向社会的行動

　「役割取得能力」とは，他者の感情，思考，観点，動機，意図などを推論し，それを理解する能力のことです。視点取得能力ということもあります（10章参照）。アイゼンバーグとマッセン（1989）は，役割取得能力が他者への配慮に動機づけられた向社会的行動を促進すると述べています。つまり，助けられる

側がどのような状況で，どのような気持ちか，何をして欲しいのかを推論する力があれば，相手に対してより適切な向社会的行動を行うことができるようになるということです。

　幼児期以降の子どもの援助行動を検討しているウォックスラーら（1983）の研究では，泣いている赤ちゃんを抱いた母親がミルクの入った哺乳瓶を探している場面を見たときに，幼児に比べ児童の方が向社会的行動を行いやすいこと，そして小学校高学年になると複数の方法で向社会的行動を行うことを明らかにしました。役割取得能力の発達にともない，援助が求められる場で「こんな時に何をしたらいいのか」ということを相手の気持ちになって考え，実行できるようになるのでしょう。

　しかし，向社会的行動を行う割合は年齢が上がるごとに単純に上がり続けるものではないようです。村上・西村・櫻井（2016）は，小学生が向社会的行動を行う程度は，中学生よりも高いことを示しています。ミドラスキーとハナー（1985）も，援助行動の発生は児童期中期まで増加するものの，児童期後期に一度減少し，その後また増加するとしています。向社会的行動を行わなかった理由として，児童期初期の子どもは自分の力不足により助けることが「できない」と感じたこと，児童期後期以降の子どもは助けられることで助けられた相手が恥ずかしさを感じる可能性があると考えたことを挙げています。発達していくなかで相手の立場や状況がわかるからこそ，その人のために「援助をしない」という選択もできるようになってくるということなのでしょう。

2 節　道徳性の発達

　私たちは社会のなかで自分が持つ規則や慣習，善悪の基準にもとづいてどのように行動するのかを決めています。どのような行動を正しいものと判断するかについての信念や価値のことを「道徳性」といい，どのような道徳性を備えているかは向社会的行動を行う上でとても重要です。

▶ 1　ピアジェによる道徳性の発達

どのような行いを「よい」と捉え，どのような行いを「悪い」と捉えるのかの判断の基準は発達のなかで変化すると考えられています。

ピアジェは3歳から13歳の子どもとの面接で「扉の向こうにトレイに置かれたコップがあることを知らずに扉をあけ，15個のコップをすべて割ってしまった子」と「お母さんの留守中に戸棚からジャムを取ろうとして，そばにあったコップを1個割ってしまった子」のどちらが「より悪い子」かについて聞いています。その結果，年齢が低い子どもの方が「たくさんのコップを割ったほうが悪い」と判断し，年齢が上がると「留守中にジャムを取ろうとした方が悪い」と判断するようになり，悪いと考える理由が変化することを発見しました。これはつまり，善悪判断の基準が「行為の結果（どのような結果になったのか）」から「行為の動機（なぜそうなったのか）」へと変化することを意味しています。

また幼児から大人を対象として道徳判断と作為・不作為の認識の関係について検討したハヤシ（2007, 2010）においても，年齢が低いと，たとえ相手の心の状態は理解できていたとしても，その行為の動機の情報を道徳判断に加味しにくいことが示されています。実際，幼稚園でも誰かが泣いていれば，まわりの子は「その子が泣いている」という結果だけで，一緒にいた子を「悪い子」と判断してしまうことがあります。しかし，本人たちに話をよく聞いてみると，まわりから「悪い子」と判断された子が「自分が作ったものを（いま泣いている子が）勝手に取ろうとしたから，やめてって言って取り返した」結果として，相手が泣いてしまったという状況であったりするのです。

▶ 2　コールバーグによる道徳性の発達

コールバーグ（1980）は道徳性の発達段階について表 11-1 に示すような3水準6段階の過程を示しています。コールバーグは道徳的葛藤が生じるハインツのジレンマ課題への回答から道徳的な成熟の度合いを評定しました。

表 11-1　コールバーグ による道徳性の発達段階
(Kohelberg, 1980, 山岸, 1976 をもとに作成)

水準	道徳判断の基礎	段階	
1. 前慣習的水準	道徳的価値は外的，準物理的出来事や行為にある。	段階 1：服従と罰への志向	罰や制裁を回避し，権威に対し自己中心的に服従する。
		段階 2：素朴な自己中心的志向	報酬，利益を求め，素朴な利己主義的志向。
2. 慣習的水準	道徳的価値は，よい又は正しい役割を遂行し，紋切り型の秩序や他者の期待を維持することにある。	段階 3：よい子志向	他者からの是認を求め，他者に同調する。
		段階 4：権威と社会秩序の維持への志向	義務を果たし，与えられた社会秩序を維持する志向。
3. 脱慣習的水準	道徳的価値は，共有されたあるいは共有されうる規範，権利，義務に個人が従うことにある。	段階 5：契約的尊法的志向	平等の維持，契約（自由で平等な個人同士の一致）への志向。
		段階 6：良心または原理への志向	相互の信頼と尊敬への志向。

ハインツのジレンマ：ある女性が特殊な病気で死にかかっていました。彼女を救える薬が 1 つだけありましたが，その薬を作るのには大変なお金がかかったこともあり，薬剤師はその薬に高い値段をつけていました。その女性の夫であるハインツは知り合いをまわり，お金を貸してもらえるよう頼みましたが，薬の値段の半分にもなりませんでした。薬剤師に妻の状況を伝え，もっと安く薬を売ってもらうか，後払いにしてもらえないかと頼みましたが，「薬を売って儲けたい」と言われ，断られてしまいました。結局ハインツは薬剤師の店に押し入り，薬を盗みました。ハインツはこうするべきだったと思いますか？彼がしたことは悪いことでしょうか？　正しいことでしょうか？　（要約）

　コールバーグは，この段階の順番が崩れることはなく，社会的経験や認知的発達に伴い段階 1 から段階 6 へと変化していくものであるとしています。しかし，一方で大人になったからといって全ての人が段階 5 や段階 6 に到達するというものでもないようです。櫻井（2011）がコールバーグの道徳性の発達段階を用いて小学 5 年生から大学生までの道徳判断について検証した結果，年齢に伴い道徳判断の発達段階が高くなることが確認されています。小学校高学年で

表 11-2　ギリガンによる道徳判断の発達段階 (山岸, 1987 をもとに作成)

	道徳性の発達段階	内容
レベル 1	個人的生存への志向	自分の生存のために自分自身に配慮する
移行期 1	利己主義から責任性へ	自己の欲求と他者とのつながり－責任への志向との葛藤が現れる
レベル 2	自己犠牲としての善良さ	ステレオタイプの女性的な善良さで世界を構成化し，自己犠牲によって葛藤を解決する
移行期 2	善良さから真実へ	他者に対してと同様自己に対しても責任を追うようになり，自分が持っている現実の欲求に正直に直面する
レベル 3	非暴力の道徳性	配慮と責任は自己と他者の両者に向けられ，傷つけないことが道徳的選択の普遍的なガイドとなる

は 7 割以上が「慣習的水準」に達し，特に「段階 4」については中学 2 年生まではその割合が上昇し，その後低下する傾向が見られています。

　また，コールバーグの発達段階が「正義と公平」についての道徳性の発達に偏っていることを指摘したギリガン (1982) は「ケア (配慮) と責任」の道徳性の発達段階を自分自身への配慮のみを意識する「個人的生存への志向」から自己も他者も傷つけないことをめざす「非暴力の道徳性」への 3 つのレベルで示しています (表 11-2)。

▶ 3　道徳的な理由づけと向社会的行動

　アイゼンバーグら (1992) は向社会的行動を行うかどうかという判断 (向社会的道徳判断という) に，道徳的推論の発達も影響していることを示しています。アイゼンバーグとマッセン (1989) は，「いじめられている子を助けると自分がいじめられてしまうかもしれないときどうするか？」「自分はパーティに行かなければならないのにケガをした子と会ったときにどうするか？」などの自分と他者の欲求が対立するような道徳的な判断のジレンマ課題に対し「なぜ，その人は助けたのか」「なぜその人は助けなかったのか」の理由づけを問いました。その結果，向社会的行動についての道徳的推論には 6 つの段階が存在すること (表 11-3)，この段階は年齢と認知的成熟により変化することを明らかにしました。

表 11-3　アイゼンバーグによる道徳的推論の発達水準

(Eisenberg & Massen, 1989/1991, 宗方・二宮, 1985 をもとに作成)

	レベル	内容	おおよその年齢
1	快楽主義的・実際的志向	道徳的な配慮よりも自分に向けられた結果に関心を持っている。他人を助けるか助けないかの理由は，自分に直接得るものがあるかどうか，将来お返しがあるかどうか，自分が必要としたり好きだったりする相手かどうかといった考慮である。	小学校入学前，および小学校低学年で優勢
2	他者の要求志向	他人の欲求が自分の欲求と相対立するものでも，他人の身体的，物質的，心理的欲求に関心を示す。この関心は自分でよく考えた役割取得，同情の言語的表現や罪責感のような内面化された感情への言及といった事実ははっきりとは見られず，ごく単純な言葉で表明される。	小学校入学前，および多くの小学生で優勢
3	承認および対人的志向（紋切り型の志向）	良い人・悪い人，良い行動・悪い行動についての紋切り型のイメージ，他人からの承認や受容を考慮することが向社会的行動をするかどうかの理由として用いられる。	小学生の一部と中・高校生で優勢
4a	共感的志向	判断は自己反省的な同情的反応や役割取得，他人の人間性への配慮，人の行為の結果についての罪悪感やポジティブな感情などを含んでいる。	小学校高学年の少数と多くの中・高校生で優勢
4b	移行段階	助けたり助けなかったりする理由は内面化された価値や規範，義務および責任を含んでおり，より大きな社会の条件，あるいは他人の権利や尊厳を守る必要性への言及を含んでいる。しかし，これらの考えは明確に強く述べられるわけではない。	中・高校生の少数，以上の年齢の者で優勢
5	強く内在化された段階	助けたり助けなかったりする理由は，内面化された価値や規範，責任性，個人的および社会的に契約した義務を守ったり，社会の条件を良くしたりする願望，すべての個人の尊厳，権利および平等についての信念にもとづいている。	中・高校生の少数だけで優勢 小学生には見られない

　たとえば，幼児であれば快楽主義的で自己焦点的な反応（「パーティに行かなくちゃいけない。だって遅れたくないから」など）がよく見られます（レベル1）。その後，発達に伴って，他者の要求に焦点を当てたもの（レベル2），さらにレベル5では人々の平等などへと焦点が移っていきます。また，共感的で他者に目を向けているような道徳的推論の水準が高い幼児や小・中学生は，水準の低い子どもに比べて，他者に高価なものを分けてあげたり，寄付したりといった向社会的行動が多く見られることもわかっています。

　宗方・二宮（1985）はアイゼンバーグの課題を参考に類似したジレンマ課題

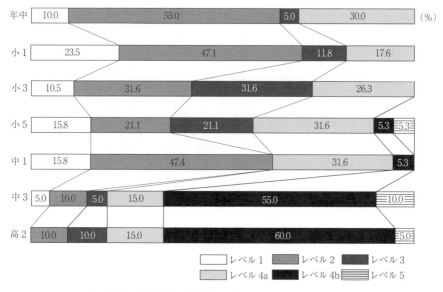

図 11-1　道徳判断の発達（宗方・二宮, 1985 の結果から作成）

を作成し，その回答から年中児から高校生までの道徳判断の発達段階を評定しています（図 11-1）。その結果，日本においては幼児・小学 1 年生ならびに中学 1 年生に「他者の要求志向（レベル 2)」の回答が多いこと，小学 3, 5 年生では「承認および対人的志向（レベル 3)」と「共感的志向（レベル 4a)」が比較的多いことが示されています。小学校中学年でレベル 3 や 4 に進みながら中学生でまたレベル 2 に戻ってしまうことから向社会的行動を行う際の道徳判断は必ずしも単純に年齢とともに段階を上げていくものではないことがわかります。

3 節　向社会性と道徳性を育む

　これまで示してきたように向社会的行動の発達には，共感性や役割取得能力そして道徳性の発達など，自身の内的な変化が大きく関わっています。しかし，

それだけでなくどのような環境に育ったのかも，向社会性そして道徳性に影響すると考えられています。

▶ 1 　向社会性を育む養育者との関係

　これまで多くの研究から，親が子どもとどのように関わるのかということが，子から親への愛着や他者への向社会的行動に影響することが示されてきました。ウォータースら（1979）によると，1 歳半の時点で養育者との間に安定した愛着が形成されていた子どもは，そうでない子どもに比べて 3 歳半の時点で仲間の要求や感情に敏感で他者の苦しみに対して同情を示しやすいことがわかっています。また，アイゼンバーグ（2015）は，子どもがもつ養育者との間の安定した愛着が，子どもの感情調整能力や感情表出そして感情理解の高さにも影響し，その結果として社会的行動が多くなるとしています。子どもが養育者との間に安定した愛着を築くためには，養育者から子どもへの高い肯定的な応答性（たとえば，子どもが泣いているときに，泣いている気持ちごと子どもを受け止めるなど）が求められます。養育者との温かな関わりのなかで，自分が受け入れられていると感じることが向社会的行動の基盤になっているのかもしれません。

　養育行動については，養育者が応答的で敏感で子ども中心の養育を行うことが，子どもの共感性そして向社会的行動に影響することがわかっています（Eisenberg, 2015）。応答的な養育を受けて育つなかで，自分について話す機会に加え相手の立場について考える機会も増えることで役割取得能力が獲得され，結果的に向社会的行動が促進されるようです（Farrant et al., 2012）。たとえば，何か悪いことをした子どもに対して養育者がただ「だめ」と叱り罰を与えるのではなく，「どうしてそうしてしまったのか」「相手はどう思うか」など，子どもが自分の気持ちや他者の気持ちに注意を向けることができる言葉かけを行うことによって，子どもの向社会的行動は促されます。

　また，養育者が子どもにとって向社会的行動を行うモデルとなることも，子どもの向社会的行動を促す要因となります。これは向社会的行動を行う価値の面からも向社会的行動の内容という面からも考えられることです（Eisenberg

& Massen, 1989)。子どもにとって大人，特に信頼する養育者が行うことは「価値あること」と判断されます。そのため，養育者が向社会的行動を行っている場面を頻繁に目撃する子どもは，その行動を「よいこと」であると考え，自分でもそのように行動することが動機づけられます。さらに，行動の内容面でも「誰かを助けたい」と思い，その上で何をすればよいのかを考えるようなとき，養育者が頻繁に適切な向社会的行動を行っていれば，「何をすればよいのか」の手段を子どももたくさん知っていることになります。このことも向社会的行動がスムーズに行われるためには重要でしょう。

▶2　友だちとの関わりのなかで育つ向社会的行動

　幼稚園や保育園などで，自分と対等な同年代の友だちと出会うこともまた，幼児の向社会的行動の発達を後押しします。幼稚園や保育園のなかで同じ年代の子どもと時間を共有し一緒に遊ぶなかで，お互いにうまくいかないことを経験し，そのなかで誰かを助け，誰かに助けられる経験を重ねていきます。複数の仲間が存在するなかで助けられる経験や，誰かが助けているところを見る経験もまた，幼児にとってはよいモデルを参照する機会になります。

　そして，その向社会的行動は仲間関係を規定する要因にもなっていきます。たとえば，児童期や青年期の仲間内地位の高さ（ほかの友だちからどの程度好かれているか）には共感性の高さや向社会的な行動を多く行うかが影響しており，小学生の男児については向社会的行動の高さが2年後の仲間内地位を予測することもわかっています（Kuppens et al., 2009）。

幼児は，同じ年代の子どもと遊ぶなかで，誰かを助け，誰かに助けられる経験を重ねていきます。

▶ 3　道徳性を育む道徳教育

　幼児教育の場もまた，向社会的行動やその行動を支える道徳性を育む場として注目されています。幼稚園教育要領などで示される「幼児期の終わりまでに育って欲しい姿」のなかにも「道徳性や規範意識の芽生え」が記され（文部科学省，2018），幼児教育のなかでは幼児同士の関わりや彼らの気持ちを十分に支える教師の援助によって道徳性や規範意識の芽生えが育まれることが示されています。

　また小学校以上の教育においては 2017 年，「自己の生き方を考え，主体的な判断の下に行動し，自立した人間として他者と共によりよく生きるための基盤となる道徳性を養う」ことを目標とする「特別の教科　道徳」が告示され，義務教育学校では道徳が教科として学ぶものになりました。この教科のなかでは道徳的判断力，道徳的心情，道徳的実践意欲と態度を養うことが求められています（文部科学省，2017）。

　しかし，道徳性は教科のなかでしか養われないのでしょうか。「特別の教科　道徳」の学習指導要領においても，他教科との横断的なつながりのなかで学習されるべきものであることが示されています。その上で大切となるのはその授業が行われるクラスの風土のようにも思います。教師は子どもにとって向社会的行動のモデルの役割を果たします（Eisenberg, 1992）。家庭と同様，教師が子どもを理解することを心がけ，向社会的に行動することが，長期的に見ても子ども自身の向社会的行動に影響を与えるのです。義務教育では「特別の教科　道徳」が実践されるなか，教師には教室のなかで道徳的判断力，道徳的心情をもとに道徳的実践をしている姿を見せることが求められます。もちろん，幼児教育の世界でも同様のことがいえるでしょう。

助けられる存在としての幼児

　幼児を見ていると，子どもは「助けられる存在だな」と思うことがあります。とある幼稚園で自分が座った椅子を片づけようとしていた年中の男の子。すでに片づけられていた椅子が雑然としていて，自分の椅子をどこに置いていいのかわからず困っていました。見ていた私がなんとなくほかの椅子を整理すると，男の子はできた隙間に自分の椅子をさっと入れて，ちらっと私の方を見てから，何事もなかったかのようにその場を離れてしまいました。

　日常の生活のなかでは子どもと大人はその力の差から「大人（助ける）－子ども（助けられる）」と「援助－被援助」の構造は決まっており，幼児が受ける援助のほとんどが身近な大人からのものです。そのため幼児は，特に大人から助けてもらうことを当然と受け止めていることが多いように思います。

　これまでの研究からも，幼児期の子どもは助けられたことに対して感謝の気持ちを感じてはいるものの，お返しが行えないことに嫌な気持ちにはならない可能性が示されています（泉井, 2008）。大人の場合は，助けてもらった段階で助けてくれた人に借りがあるような気持ちになり，そのことが「相手にお返しをしよう」という気持ちを強くしています。しかし，助けられることが日常である幼児にとっては，日々受けた援助すべてに対してお返しすることは不可能です。そのため幼児にとっては援助を受けることが，助けてくれた人に対する借りとはならないことが毎日気持ちよく助けてもらうために重要なのかもしれません。

　そう考えると，幼児教育の場は幼児にとって初めて「大人（助ける）－子ども（助けられる）」とは違い「援助－被援助」の関係が固定していない場となります。彼らは困っている時には友だちから手を差し伸べられ，困っている友だちには自分の手を貸します。この場所をスタートに対等な相手から助けたり，助けられたりする経験を通じて，子どもは「助けられるだけの存在」ではなくなっていくのです。

Book Guide

読書案内

- アイゼンバーグ, N.（著）　二宮克美・首藤敏元・宗方比佐子（訳）　1995　『思いやりのある子どもたち──向社会的行動の発達心理』北大路書房
  ⇒今も向社会的行動研究の最先端で活躍するアイゼンバーグによる「思いやり」の発達についての入門書。
- トマセロ, M.（著）　橋彌和秀（訳）　2013　『ヒトはなぜ協力するのか』勁草書房
  ⇒動物としてのヒトが協力や援助という側面がほかの動物とどう違うのかを進化の観点から捉えている。
- 長谷川真里　2018　『子どもは善悪をどのように理解するか──道徳性発達の探求』ちとせプレス
  ⇒子どもの道徳性に関わる心理学の研究をとてもわかりやすく紹介している。

Exercise

演習問題

A 群の問いに対するもっとも適切な解答を，B 群から 1 つ選びなさい。

【A 群】

1. 他者のためになることをしようとする自発的な行動を（　　）という。
2. 向社会的行動のなかでも利他的な理由から行われるものを（　　）という。
3. 他者の状態や条件に伴ってその人に起こる代理的な感情のあり方を（　　）という。
4. （　　）とは，他人の感情や情動的反応，思考，観点，動機，意図を推論しそれを理解する能力のことをいう。
5. ピアジェは善悪判断の基準は（　　）から（　　）へ変化すると述べた。
6. （　　）の道徳性は「正義と公平」の道徳性と呼ばれる。
7. （　　）は「ケア（配慮）と責任」の道徳性の発達について説いた。
8. アイゼンバーグによる道徳的推論における（　　）段階は，道徳的な配慮よりも自分に向けられた結果から行動を決める段階である。
9. 「特別の教科　道徳」のなかでは（　　），道徳的心情，道徳的実践意欲と態度を養うことが求められている。

【B 群】

他者　前慣習的水準　ケーガン　愛他行動　快楽主義的・実際的志向　共感　ギリガン　結果
役割取得能力　道徳的判断力　ヴィゴツキー　向社会的行動　利己主義　道徳性　コールバーグ
動機

12章 父親と母親

エピソード

e p i s o d e

　息子は4歳になる年の4月（1993年），T幼稚園に入園し，はじめての集団生活を過ごした。その幼稚園では入園式はもちろんのこと，参観やスポーツデー，夏祭りに運動会，制作展や発表会など，すべての行事にできるだけ家族で参加することを奨励していた。祖父母にも「おじいちゃま，おばあちゃまもどうぞ」と，家族全員の参加を呼びかけていた。そんなわけで，私も夫といっしょに幼稚園の行事に参加した。お友だちとのびのび遊ぶわが子の姿や家庭ではみられないわが子のおにいさんぶりに，夫も私も本当にこころ温まる思いだった。周囲を見まわしてみると，どの親御さんもみんな目を細めて子どもの遊ぶ様子をじっと見ているようだった。

　わが子に「パパも幼稚園に見にきてね」と言われ，休日に予定していた趣味の計画をしぶしぶ変更して幼稚園に来ていた父親も多かったように記憶している。子どもの様子を母親から聞くだけでなく，「自分の目で見ることができて本当によかった」と，ほとんどの父親は感じていたようだ。

家庭内の役割において，「子育て」は母親の役割であると考えられてきました。父親は家族を経済的に養うために働きに出かけ，母親は家のなかで家事一般をこなし子育てをする，というのが平均的な家庭でありました。働く女性が増え，家事も夫婦共同作業になってきたとはいえ，「子育て」に関しては，わが国ではまだ「母親に一任」という父親も多いのではないでしょうか。

そこで，本章では「子育て」を夫婦共同で行うものという考えのもとに，1節では父親の子育て，2節では母親の子育てを新しい視点から捉え，3節では養育環境が親子関係にどのように関わるのかについて考えます。4節では子育て支援について現在施行されている制度を概観します。

1節　父親の子育て

▶ 1　父親観

　父親は一家の中心であり，家族から尊敬される人格の持ち主でなければならない，というのが昔ながらの父親観でした。しかしながら，少子化が進み3人家族や4人家族が増えるにつれ，「家族の象徴的存在」であった父親も子育てに参加することが求められるようになってきました。また，1970年代ごろから，父親も母親と同じように，乳幼児の発達に大きな影響力をもつことが明らかになってきました。櫻井（2016, 2017, 2018）は将来どのような親になりたいのかについて，いずれ家庭をもって父親，母親になると考えられる男女594名の大学生を対象に調査をしました。その結果，「子育てと仕事を両立させたい」「子どもを包み込んであげたい」「子どもと何でも話せる関係でありたい」と思う一方，依然として「あくまで子育ての中心は母親である」と考える男子大学生が多かったのです。また，個人の内的要因としての完全主義傾向が強い男子大学生は「子どもにはよい親と思われたい」「子どもから尊敬され，目標にされたい」「子どもが自慢したくなるような親でありたい」という思いが強いとい

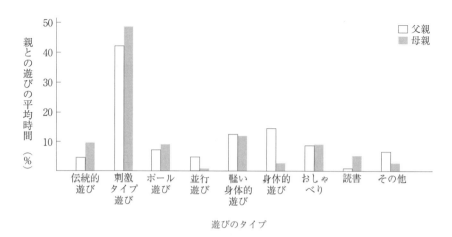

図 12-1　月齢 12 か月，13 か月の幼児で観察された親子遊びのタイプ (Lamb, 1977)

うことが示唆されました。

　ラム（1977）は図 12-1 に示すように，遊びの相互作用を分析しました。その
結果，父親と母親では子どもとの遊び方が異なっていることが明らかにされま
した。母親では「いないいないばあ」などの伝統的遊びやおもちゃを使っての
遊びが多かったのですが，父親は身体的遊びや子どもが特に喜ぶような独自の
遊びをすることが多かったのです。このような遊びのタイプの違いは子どもの
親和行動が父親に対して向けられやすいことをある程度説明していると考えら
れます。きょうだい関係や友人関係がまだ形成されていない乳児にとって，父
親は子どもの最も親しい友だちなのです。父親は遊びのなかで，ルールを教え，
創造的思考や知的好奇心がめばえるような環境をつくり出すことが望ましいと
いえます。

▶ 2　父性のめばえ

　母親は妊娠すると，体型が変化してきたり，胎動を感じたりして母親になる
ことを実感し徐々に母性がめばえてくると考えられますが，父親の父性はいつ
ごろから，どのようにしてめばえてくるのでしょうか。

　妻から妊娠を知らされると「おれも父親になるのかあ」と，何となく複雑な

思いを経験します。「複雑な思い」のなかには父性と家父長的な責任感が含まれています。父親の場合は，子どもが生まれた初期のころ「おとうさんに目元がそっくりですね」とか，職場で「お子さんが生まれたのだから早く帰らなくちゃいけませんね」などと言われることによって，自発的というよりは外発的に父性をめばえさせられることが多いようです。お風呂に入れたり，ミルクをあげたりして子育てに関わっていくうちに父性は徐々に強くなっていきます。そして，子どもが少し大きくなり，自分が仕事に出かけるときに「パパ，いってらっしゃい」と手を振って見送ってくれたり，仕事から帰ったときに「パパおかえりなさい」と玄関まで走ってきて笑顔で迎えられたりすると，疲れていても「ただいま」とわが子を抱き上げるサービスまでするようになります。このような父子相互作用を通じて父性は確固たるものになっていきます。

▶ 3　父親不在

　単身赴任，遠距離通勤，死別，別居，離婚などのように，父親が物理的に家族といっしょにいない場合を「父親不在」と考えるのが一般的ですが，近ごろの家庭では，父親は家にいるけれども家族との会話もなく，もちろん一家団らんもないというケースが見られます。

　このようなケースでは父親は仕事しか頭になく，家でも明日の会議のために書類を作成し，夜遅くまでパソコンに向かってデータ処理をしています。あるいは，会社で全精力を使い果たしてきたかのように，家ではボーッとして新聞をパラパラめくっています。いっしょに遊んでもらおうと父親の帰りを首を長くして待っていた子どもは，そんな父親の様子を見ても「パパ，遊んで」と駄々をこね，母親に「パパ疲れているからあっちへいってようね」と言われ泣き出してしまう，といった具合です。当然，子どもをなだめる母親も1日の子育ての疲れがピークに達し，楽しいはずの一家団らんが家族の疲労のたまり場に変わってしまうのです。

　このようなケースでは乳幼児の人格形成や情緒面の発達によい影響をもたらすわけがなく，青年期を迎え，社会的に不適応を起こすこともあります。特に，

男児の場合は父親から受ける影響は大きく，父親の姿をみて学ぶべき男性の役割を子どものときにうまく習得できなかったことが，大人になってマイナス面となってあらわれやすいのです。

また，「子どもとどのように関わればよいのかわからない」という父親の声を耳にすることもあり，時間的にゆとりがあるにも関わらず子どもと接することを避ける父親もいます。保育園，幼稚園，小学校などでは「父親の会」が設けられ，「子どもとこんな会話を交わした」とか，「学校での様子を子どもが生き生きと話してくれた」など，父親が子どもとどのように関わっているのかについて情報交換の機会が増えているので，このような会に積極的に参加する姿勢が求められます。

2節　母親の子育て

▶ 1　母親観

昔も今も母親が家族のなかで果たす役割は非常に大きい，というのが現状のようです。母親が病気をして寝込んだり，用事で家を留守にしたりすると父親や子どもはオロオロするばかりです。コンビニやインスタント食品のおかげで食べることに関してはどうにかしのぐことができても，そのほかの家事一切や子どもの世話に至っては，もうお手上げ状態という家庭もあるでしょう。

1節で男子大学生がどのような親になりたいと思っているのかについての調査結果を述べましたが，女子大学生は男子大学生よりも「親の言うことを素直に聞く子どもに育てたい」「子どもの生活を親として管理したい」「子どもの心を大切にしたい」「子どもの考えをきちんと聞いてあげたい」という思いが強いことが示されました。女子大学生のほうが子育てに対する思いが強く，従来のように家庭の役割分担として「子育て」は母親が担うものであると認識しているのです。また、個人の内的要因として共感的関心が高く，相手の気持ちを想像しやすいほど，「子どもから尊敬され，目標にされたい」「子どものこころ

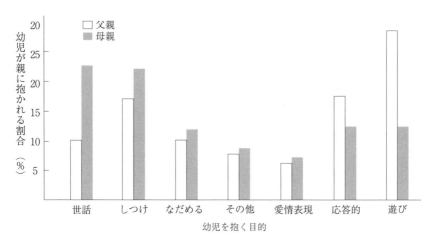

図12-2　月齢12か月, 13か月の幼児の幼児を抱く理由の両親間の違い (Lamb, 1977)

を大切にして考えをきちんと聞いてあげたい」「自分の時間を削ってでも子ど
もにつくしたい」「子どもと何でも話せる関係でありたい」と思うことが示唆
されています。しかし，「仕事も子育ても両立したい」「子育てだけに専念せず，
自分の時間も大切にしたい」というように，母親になってもワークライフバラ
ンスを大切にしたいという思いは女子大学生も男子大学生と同じようです（櫻
井, 2017）。

　父親と母親では子どもとの遊び方が異なっていたように，子どもが特に好む
「抱っこ」という行動に関しても，父親と母親では意味が違います。ラム
（1977）は両親が子どもを抱くという行動の分析を行いました。その結果，図
12-2に示すように，母親は世話をしたり，しつけたりするために抱くことが
多く，父親は遊ぶために抱くことが多かったのです。このように，母親はいつ
も「子どもの親」であり「養育者」なのです。子どもも母親を「自分を守って
くれる人」と認識し，母子のあいだの結びつきは強くなります。ボウルビィ
（1969）は，このような結びつきを「アタッチメント（愛着）」と呼び（8章参
照），乳児のさまざまな行動（母親を目で追う，泣く，笑う，声を発する，母親を
探す）が，母親の養育行動を引き起こし，強い母子関係が生じることを明らか

にしました。

　また，母親は家のなかに閉じこもってばかりいるのではなく，天気のよい日などは子どもを公園に連れていって遊ばせることが多いです。いわゆる「公園デビュー」をさせるわけですが，「公園デビュー」は子どもだけではなく母親にとっても，自分と同じように子育てをしている母親たちと子育てに関する情報を交換するのによい機会です。「公園デビュー」については，すでにグループができていてなかなか仲間に入れてくれないとか，遊具を順番に使わない，などの問題もあるかもしれませんが，「育児ノイローゼ」にならないようにするためにも「公園デビュー」をして子育て仲間をつくることが望ましいでしょう。

　日々同じような経験をしている母親たちと育児について話しあうことで母親の子育ての輪ができていきます。成功談や失敗談にはじまり，「父親はこんなふうに子育てに参加している」とか「離乳食にこんなものを食べさせてみた」「子どもが少し歩けるようになった」など，母親同士で日ごろのことを話すだけで，子どもといっしょに部屋にこもっているより子育てが楽しく感じられます。子どもも，自分と同じような子どもがたくさんいて，何となく友だちらしき感情がめばえてきます。公園にはブランコ，すべり台，砂場などの遊具もあり，子どもの知的好奇心をめばえさせるためには絶好の場所です。また，地域のイベントでは保育園や幼稚園などの保育者が中心となって手遊びやリズム遊びなどを行い，日ごろなかなかできないような親子でふれあう遊びを経験することが多いのです。母親も子どもも，ともに新しい経験をすることで母子関係は良好なものになっていきます。

▶ 2　母性のめばえ

　子どもに対する母性はいつごろめばえるのでしょうか。一般的には，母親の母性感情は妊娠期間に胎児のために栄養を考えて食事をするようになったり，情緒が安定するような音楽を聞いたり，胎動が感じられたりして妊娠が進み，出産のための準備をするうちに生まれてくると考えられています。そして，出

産することにより、「自分はこの子の母親なのだ」と母親としての意識が高まります。母親は、食事や排泄など子どもの世話をし、お昼寝をさせたり絵本を読んであげたりして1日中子どもと生活をともにします。

　母親は子どもにミルクをあげるときなどには、子どもの顔を見つめ、子どもに話しかけます。子どもも母親の顔をじっと見つめ、時折にっこり微笑みます。母親は子どもの笑顔にいとおしさを感じるようになり、このような母子相互作用を通じて母性はいっそう強いものになっていきます。子育てに対して夫の援助を得ることによって、夫を「子どもの父親」であると認識し、夫から「ママ」とか「おかあさん」と呼ばれるようになるのと同じように自分もまた夫のことを「パパ」とか「おとうさん」と呼ぶようになり、新しい家族関係が生まれることもあるようです。

▶ 3　母親不在

　母親不在には、母親の長期入院、母親と死別した場合、また、子ども自身の生後まもない入院、何らかの理由で子どもが施設入所した場合などのように物理的に母親がいない場合と、母親といっしょに暮らしていても母親から十分な養育を受けていない場合が考えられます。母親不在の環境にあり、一般的に“ホスピタリズム”と呼ばれている場合、長期入院をしている子どもや施設に預けられている子どもでは、基本的生活習慣などは早く身につきますが、情緒面や知的な面、対人関係面に問題の見られることが多いようです。このことは母性的養育の欠如によるものであると考えられています。

　共働きの夫婦が増加し、乳幼児でも祖父母に預けられたり、保育園に預けられたりすることが多くなってきています。祖父母に預けられた場合には、家族的雰囲気が保たれていますが、子どもの世話をする人が少ない施設では、1人の保育士が多数の乳幼児を養育しなくてはならず、どうしても家庭的な環境は得られません。できるだけ少人数のグループに分けて、同一の保育士が食事や排泄、遊びなどの全般的な養育を行うことが望ましいのです。

　また、母親といっしょに暮らしているのに母親が育児ストレスのため母性が

欠如し，本来得られるはずの「母親の
やさしさや温かさ」を感じることもな
く，母親とのあいだに安定した愛着が
形成されない場合があります。母親は
妊娠してから出産するまでのあいだに
すでに母性がめばえているはずですが，
今までに経験したことのない出来事の
連続で子どもの泣き声を聞いただけで

幼稚園で遊ぶ親子

ストレスを感じ，結果として虐待におよんでしまう場合もあります。核家族化
が進む現代社会において，母親は育児について相談できる人がいないために，
育児不安や育児ストレスで心身ともに疲れてしまうことも多いようです。子ど
もの発達について十分な知識がないため，母親が自分の子どもとほかの子ども
とを比べて「歩くのが遅い」「ことばが遅い」などと不安がふくらみ，育児ス
トレスに陥る場合があります。そうならないために，保育園，幼稚園の保育者
から発達についての助言を得たり，地域の子育て支援ネットワークに参加した
りして，心理学的な知識を身につけることも必要です。

3節　養育環境と親子関係

▶ 1　親子の相互作用

　親子の相互作用は，父子相互作用，母子相互作用のように二者間の相互作用
として捉えるのではなく，父，母，子どもの三者間の相互作用として捉えるべ
きものです。父親も母親も子どもが生まれてからミルクをあげたり，おむつを
替えたり，お風呂に入れたりというように子どもの世話を昼夜問わず行うよう
になります。「かわいいわが子のために」という気持ちで子どもの育児を行っ
ているうちに，子どものほうも「自分のためにいつもそばにいて，世話をして
くれる人」という認知がなされ，父親や母親が微笑むとこころのやすらぎを覚

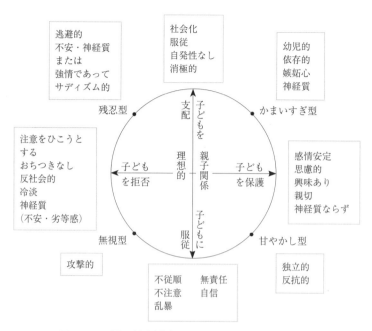

図 12-3　親の養育態度と子どもの性格 （宮城, 1985）

え，子どももにっこりするようになります。

　このような子どもの表情は父親の父性，母親の母性をより強いものにすると同時に，良好な親子関係を形成していきます。母親も１人で育児を行うのではなく，父親が育児に参加することで共同の養育者という新しい関係が生まれ，夫婦間の結束もいっそう強いものになります。従来の親子関係は母子関係が中心でしたが，親子関係はペダーセンら（1979）の研究にみられるように父−母−子どもの三者関係に広がり，さらに親子関係に夫婦関係も関与することが示唆されています。

▶ 2　親の養育態度と子どもの性格

　子どもの性格は，生まれた瞬間に形成されるものではなく父親や母親などの家族との生活のなかで形成されていくと考えられます（10章参照）。

　サイモンズ（宮城, 1985）は，親の養育態度と子どもの性格について研究し，

198

図 12-3 に示すように，親の養育態度について，保護―拒否，支配―服従という 2 つの次元から捉え，2 つの次元軸が直交する原点を最も望ましい養育態度としました。サイモンズらはこのような親の養育態度によって以下のような子どもの性格が形成されると考えました。

(1) 民主型　　素直，親切，独立的，協力的，社交的
(2) かまいすぎ型　　幼児的，依存的，忍耐力や責任感の欠如，集団生活への不適応
(3) 甘やかし型　　甘えん坊，わがまま，内弁慶，忍耐力や責任感の欠如
(4) 無視型　　人の注意を引こうとする，愛情を求める，攻撃的，反社会的
(5) 残忍型　　神経質，従順，子どもらしさの欠如，逃避的
(6) 矛盾型　　落ち着きがない，疑い深い，ひねくれ，判断力の欠如

　このような親の養育態度と子どもの性格の関係は平均的なものであり，必ずしも特定の養育態度が特定の性格形成に結びつくものではありません。
　バウムリンド（1967）は，養育上の統制，親子間のコミュニケーションの明快さ，成熟の要求，養育の思いの 4 次元で捉え，それぞれの次元の強弱から，権威主義的，信頼的，寛容的という 3 つの養育態度を特定しています。4 次元がすべて強い信頼的養育をする親は，愛情が深く応答的で，コミュニケーションを十分にとり，子どもに分別のある行動や家庭内で責任ある役割を果たすよう求める傾向があります。幼児期に信頼的養育を受けた子どもは，友だちと良好な関係を築いて，協調性も高くなります。
　「親の背中を見て子は育つ」というように，父親と母親の日常生活場面での態度や行動を見て子どもは成長していきます。幼い子どもでも「あれ，おとうさんとおかあさん，いつもぼくに○○しちゃいけないって言っているのに変だなあ」と子どもに疑問をもたせてしまうような行動は，親へ不信感を抱かせるだけではなく，子どもの社会生活に対する自信をも薄れさせてしまいます。子どもは父親や母親との生活のなかからさまざまなことを学んでいきます。そし

て，社会で生活していく上での規律や人との接し方などを自然に身につけ，社会にうまく適応できるようになっていきます。したがって，父親と母親は理想的な養育態度を追い求めるだけではなく，みずからが子どものモデルとなるような行動を常日ごろからこころがけることが望ましいのです。家族は子どもがはじめて接する社会集団です。その家族が温かく，やすらぎがあり，落ち着きのある安定したものであれば，子どもは家族以外の新たな社会集団に自信をもって入っていくことができるのです。

4節　子育て支援

▶ 1　子ども・子育て支援新制度

「すべての子どもたちが，笑顔で成長していくために。すべての家庭が安心して子育てでき，育てる喜びを感じられるために」という考え方のもと，2012年8月に成立した「子ども・子育て支援法」が改正され，2015年4月に「子ども・子育て支援新制度」が制定されました。この制度ではすべての家庭を対象とした子育て支援，認定こども園の普及，子育て不安の解消を図っています。

認定こども園では0～5歳の子どもの教育と保育を一体化しており，親の就労の変化によらず継続して通園することができます。

子育て不安を解消するために，子育て支援センターや子育て広場の設置，一時預かりや放課後児童クラブの増加が自治体に義務づけられました。子育て支援情報などを発信する独自のスマートフォンアプリを運営している自治体もあり，安心して子どもを連れていける公園さがしができたり，予防接種の予定などを記録できたりと，子育てが「孤育て」にならないような工夫がされています。

▶ 2　育児休業制度

育児休業法では，子どもが1歳6か月に達する日において労働者本人または

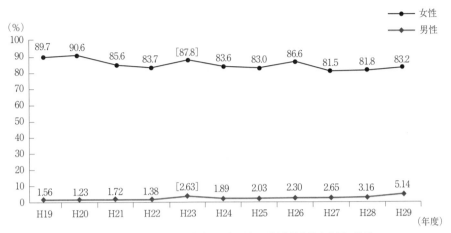

注：平成 23 年度の [　] 内の割合は、岩手県、宮城県及び福島県を除く全国の結果

$$育児休業取得率 = \frac{\begin{array}{c}出産者のうち、調査時点までに育児休業を開始した者\\（開始予定の申出をしている者を含む）の数\end{array}}{\begin{array}{c}調査前年度 1 年間 ^{（※）} の出産者\\（男性の場合は配偶者が出産した者）の数\end{array}}$$

注：平成 23 年度以降調査においては、調査前々年 10 月 1 日から前年 9 月 30 日までの 1 年間

図 12-4　育児休業取得率の推移（厚生労働省, 2017）

　配偶者が育児休業をしていて，保育所に入れないなど 1 歳 6 か月を過ぎても休業が特に必要と認められる場合，子どもが 2 歳になるまで育児休業を取得することができます。また，小学校就学始期に達する子どもを養育する労働者に育児目的で利用できる休暇制度の導入を促進することが事業主に求められています。しかし，育児休業取得率は男女差が大きく，女性は 80% 以上が取得しているのに対し，男性は 5% 程度しか取得していません（図 12-4）。

　「日本再興戦略 2015」では，2020 年の男性の育児休業取得率を 13% とすることが掲げられました。ベネッセ教育総合研究所が 2014 年，0 〜 6 歳の子どもがいる父親にアンケートを実施した「乳幼児の父親についての調査」によると，「家事や育児に，今以上に関わりたい」と回答した人は 58.2% で 2005 年の調査から 10.3 ポイント増えています。家庭と仕事の両立に悩む男性も増えており，

表 12-1　虐待リスクのチェックリスト（文部科学省, 2019）

虐待の発生予防のために、保護者への養育支援の必要性が考えられる児童等（「要支援児童等」）の様子や状況例【乳幼児期】

〇このシートは、要支援児童等かどうか判定するものではなく、あくまでも目安の一つとしてご利用ください。
〇様子や状況が複数該当し、その状況が継続する場合には「要支援児童等」に該当する可能性があります。
〇支援の必要性や心配なことがある場合には、子どもの居住地である市町村に連絡をしてください。

		☑欄	様子や状況例
子どもの様子	健康状態		不定愁訴、反復する腹痛、便通などの体調不良を訴える。
			夜驚、悪夢、不眠がある。
	精神的に不安定		警戒心が強く、音や振動に過敏に反応し、手を挙げただけで顔や頭をかばう。
			過度に緊張し、担任教諭、保育士等と視線が合わせられない。
			大人の顔色を伺ったり、接触をさけようとしたりする。
	無関心、無反応		表情が乏しく、受け答えが少ない。
			ボーっとしている、急に気力がなくなる。
	攻撃性が強い		落ち着きがなく、過度に乱暴だったり、弱い者に対して暴力をふるったりする。
			他者とうまく関われず、ささいなことでもすぐにカッとなるなど乱暴な言動が見られる。
			激しいかんしゃくをおこしたり、かみついたりするなど攻撃的である。
	孤立		友達と一緒に遊べなかったり、孤立しがちである。
	気になる行動		担任教諭、保育士等を独占したがる、用事がなくてもそばに近づいてこようとするなど、過度のスキンシップを求める。
			不自然に子どもが保護者と密着している。
			必要以上に丁寧な言葉遣いやあいさつをする。
			繰り返し嘘をつく、空想的な言動が増える。
			自暴自棄な言動がある。
	保護者への態度		保護者の顔色を窺う、意図を察知した行動をする。
			保護者といるとおどおどし、落ち着きがない。
			保護者がいると必要以上に気を遣い緊張しているが、保護者が離れると安心して表情が明るくなる。
	身なりや衛生状態		からだや衣服の不潔感、髪を洗っていないなどの汚れ、におい、垢の付着、爪が伸びている等がある。
			季節にそぐわない服装をしている。
			衣服が破れたり、汚れている。
			虫歯の治療が行われていない。
	食事の状況		食べ物への執着が強く、過度に食べる。
			極端な食欲不振が見られる。
			友達に食べ物をねだることがよくある。
	登園状況等		理由がはっきりしない欠席・遅刻・早退が多い。
			連絡がない欠席を繰り返す。

「仕事と育児の両立」を支援するために，育児休業を取得しやすい環境整備が求められます。

▶ 3　児童虐待防止対応

　児童虐待の背景として子育ての孤立感，子どもの発達に対する不安感，保護者間での支配関係や家庭内暴力（DV），子育てに関する経済的問題，ワークライフバランスの問題等が考えられます。児童虐待は年々増えており，児童相談所が対応した虐待件数は 2018 年度で約 16 万件で，2017 年度から 2 万件余り増えており，調査を始めた 1990 年度から 28 年連続で増えています。2018 年度は心理的虐待が最も多く 55.3% で，身体的虐待が 25.2%，ネグレクト（育児放棄）

が 18.4％，性的虐待が 1.1％ となっています。厚生労働省は虐待そのものが増えているほか，虐待に対する社会的関心が高まっている，という見解を示しています。

児童虐待が繰り返されないように，児童相談所が警察，管轄の市町村と連携を深めることが重要です。警察は児童相談所と人事交流を行い，虐待に対する合同研修を実施しています。児童虐待が疑われるという情報には敏速に対処し，児童相談所に通告するだけではなく，現場に臨場することもあります。また，虐待が疑われる家庭に対してどのように対応するのかについて，児童相談所と研修を行ったり，虐待を防ぐために産後だけではなく妊娠中から継続して家族を支援したりしている自治体もあります。このような取り組みによって，子育てに不安を抱えていた家族が安心して赤ちゃんに向き合えるようなった，という事例も報告されています。

文部科学省（2019）は，「学校・教育委員会等向け虐待対応の手引き」を作成しました。日ごろから子どもを観察し，虐待を受けている子どもの早期発見・対応について示しています。手引きには子どもの様子，保護者の様子，家族家庭の状況という観点からなる「虐待リスクのチェックリスト」が含まれています（表 12-1 に，子どもの様子についてのチェックリストが示されています）。

虐待の疑いがあれば児童相談所に通告すること，通告後の対応，子ども・保護者との関わり方が記されています。チェックリストを有効に活用することも虐待防止につながります。

こども食堂

　こども食堂は，2012年大田区の「気まぐれ八百屋だんだん」の一角に設置された食堂から始まったと考えられています。こども食堂は，子どもが1人でも安心して利用できる無料のあるいは低額の食堂としてスタートし，貧困家庭で満足に食事ができない子どもや，家庭の事情から孤食する子どもに対して，食事を提供するだけの場所にとどまらず，子どもが安心して過ごせる場所に変わっていきました。こども食堂の活動はマスメディアでも紹介されるようになり，2015年にはこども食堂同士でのつながりが形成され，食材や情報を連携することを目的として「こども食堂ネットワーク」が発足しています。民間団体「全国こども食堂支援センター・むすびえ」の2019年の調査によると，現在，全国に3,718か所のこども食堂があるということです。こども食堂の運営には活動資金や場所，食材の調達，活動の周知などの面で課題が多く，行政の支援が不可欠です。小学校区に対するこども食堂の充足率（こども食堂の数÷小学校数×100）が高い上位5つの都府県は，沖縄県（60.5％），滋賀県（52.5％），東京都（36.6％），鳥取県（35.2％），大阪府（33.5％）となっています。また，2018年度から2019年度にかけての増加率が高かったのは，長崎県（3.28倍），茨城県（3.26倍），福島県（3.15倍），山口県（2.57倍），広島県（2.46倍）の5県でした。

　当初，こども食堂を利用する対象として想定されていたのは貧困家庭や孤食の子どもたちでしたが，現在では，地域のすべての子どもや親，地域住民にまで対象者をひろげている食堂も増えています。また，子どもとの交流や家族的な雰囲気を求める来店者もいます。母子で食堂を利用する例も多く，核家族化が進み，特に日中家庭内で孤立して，育児ストレスに陥りがちな母親が同世代と交流可能な唯一の場所として来店しているケースもあります。こども食堂は，育児についての情報交換や，気持ちのリフレッシュができる場となり，子どもだけではなく母親にとっても安らぎの場となっています。このように，こども食堂は子育て支援の一環としても機能しているのです。

12 章●父親と母親

読書案内 - ●

Book Guide

●原田曜平　2016　『ママっ子男子とバブルママ ── 新しい親子関係が経済の起爆剤となる』
（PHP 新書 1046）　PHP 研究所
⇒母親と仲の良い男子はマザコンと呼ばれていたが，近年では友だちのような母親と息子との
関係が当たり前と思われている。新たな親子関係を，さまざまな観点から述べている。

●櫻井茂男・濱口佳和・向井隆代　2014　『子どものこころ──児童心理学入門　新版』（有斐閣
アルマ Specialized）　有斐閣
⇒現代に生きる子どもの姿が生き生きと描かれている。子どもを取り巻く環境の変化や発達状
況の変化に配慮しつつ，子どもの心理治療とこころの問題についても述べている。

●櫻井茂男　2019　『完璧を求める心理』　金子書房
⇒完璧主義に困っている自分や他者との上手なつきあい方と，学習や仕事に好成績をもたらす
方策を提案している。子育てと完璧主義との関連について，発達的観点から言及している。

演習問題 - ●

Exercise

A 群の問いに対するもっとも適切な解答を，B 群から 1 つ選びなさい。

【A 群】

1. 父親は遊びのなかで，ルールを教え，創造的思考や（　　　）がめばえるような環境をつくり
出すことが望ましい。

2. （　　　）は子どもだけではなく母親にとっても，自分と同じように子育てをしている母親た
ちと子育てに関する情報を交換するのに良い機会である。

3. 長期入院をしている子どもや施設に入所している子どもは基本的生活習慣は速く身につくが，
情緒面や対人関係面に障がいが見られるケースがあり，この現象を（　　　）という。

4. 核家族化が進む現代社会において，母親は育児不安や（　　　）で心身ともに疲れている。

5. バウムリンドは幼児期に（　　　）を受けた子どもは，友だちと良好な関係を築き，協調性も
高いことを示した。

6. 児童虐待は身体的虐待，性的虐待，（　　　），ネグレクト（育児放棄）の 4 つに分類される。

7. 「子ども・子育て支援新制度」ではすべての家庭を対象とした子育て支援，（　　　）の普及，
子育て不安の解消を図っている。

8. （　　　）は男女差が大きく，2017 年度（平成 29 年度）は女性は 80% 以上が取得しているの
に対し，男性は 5% 程度しか取得していない。

9. 「子ども・子育て支援新制度」では，（　　　）や子育て広場の設置，一時預かりや放課後児童

クラブの増加が自治体に義務づけられた。

10. 児童虐待の背景として子育ての孤立感，子どもの発達に対する不安感，保護者間での支配関係や（　　），子育てに関する経済的問題，ワークライフバランスの問題等が考えられる。

【B 群】

育児休業取得率　認定こども園　心理的虐待　子育てクラブ　信頼的養育　公園デビュー
知的好奇心　家庭内暴力（DV）　子育て支援センター　ホスピタリズム　育児ストレス
相互交流　権威的養育

13章 現代社会とメディア

e p i s o d e

エピソード

　外食のとき，3歳の娘はよく「ポチポチやってもいい？」と聞いてくる。ポチポチとは，スマートフォン上の幼児向けのゲームアプリのことである。子どもにお店でおとなしくしておいてもらいたいとき，おもちゃや絵本を渡して遊ばせることは昔からよくあると思うが，最近ではスマートフォンを渡して遊ばせておくという光景をよく目にする。子どもが楽しそうに遊んでいるという点ではどれも一緒なのだが，なんとなくスマートフォンを渡したときだけ，「子育てに手を抜いている」「子どもに悪影響を与える」といったことを考え，少しばかりの罪悪感をもつこともある。

　そして，子どものスマートフォン利用を心配する反面，親である自分自身は気にせずスマートフォンを使っている。親自身がスマートフォンを利用し過ぎることもよくないことではないかと思い，自省することもある。

　「ポチポチやってもいい？」という言葉を聞くたびに，いつもこのようなことを考え，思い悩んでいる。

1 節　乳幼児のメディア接触の実態

▶ 1　乳幼児の親子のメディア活用調査

　ベネッセ教育総合研究所（2018）では，0 歳 6 か月から 6 歳までの乳幼児をもつ母親を対象に，「乳幼児の親子のメディア活用調査」を 2013 年（3,234 名），2017 年（3,400 名）に実施しています。ここでは，この調査結果を基に，テレビ，ゲーム機（据え置き型のみ），スマートフォン，タブレット端末の利用実態についてみていきます（図 13-1，表 13-1）。

▶ 2　テレビ，ゲームへの接触

　2017 年時点でテレビを所有する家庭の割合は 98.3% であり，2013 年時点ともさほど変わりません。また，1 週間の利用状況をみると，1 歳以上の子ども

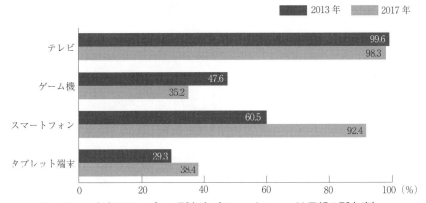

図 13-1　家庭でのメディア所有率（スマートフォンは母親の所有率）
（ベネッセ教育総合研究所, 2018 をもとに作成）

表 13-1　子どもの 1 週間のメディア活用状況（2017 年調査）（%）
（ベネッセ教育総合研究所, 2018 をもとに作成）

		0 歳後半	1 歳	2 歳	3 歳	4 歳	5 歳	6 歳
テレビ番組 （録画を含む）	ほとんど毎日	67.9	83.0	81.1	79.4	80.3	83.8	82.2
	週に 3 ～ 4 日	4.2	3.7	5.5	7.7	7.4	5.5	6.6
	週に 1 ～ 2 日	2.9	3.9	5.7	4.2	4.9	5.3	5.7
	ごくたまに	9.2	4.7	5.5	6.1	5.1	4.1	3.3
	まったく使わない	15.8	4.7	2.2	2.6	2.3	1.3	2.2
ゲーム機	ほとんど毎日	0.7	0.5	2.2	1.8	3.4	5.2	4.5
	週に 3 ～ 4 日	1.4	0.5	1.7	1.8	3.4	7.7	5.2
	週に 1 ～ 2 日	0.0	2.7	3.4	1.8	7.3	8.8	14.2
	ごくたまに	9.9	6.6	4.5	13.2	15.1	24.2	31.6
	まったく使わない	88.0	89.7	88.2	81.4	70.8	54.1	44.5
スマートフォン	ほとんど毎日	20.0	24.4	25.9	23.2	20.0	15.6	18.4
	週に 3 ～ 4 日	3.7	8.3	12.7	9.8	7.9	9.4	8.1
	週に 1 ～ 2 日	3.2	7.1	12.9	15.0	13.3	14.8	17.0
	ごくたまに	17.1	24.8	28.9	29.9	36.6	33.4	32.5
	まったく使わない	56.0	35.4	19.6	22.1	22.2	26.8	24.0
タブレット端末	ほとんど毎日	7.1	14.5	20.3	19.4	27.1	22.4	28.5
	週に 3 ～ 4 日	7.1	7.8	7.7	9.7	7.9	8.3	12.7
	週に 1 ～ 2 日	5.2	7.3	16.5	13.4	14.3	12.2	15.8
	ごくたまに	16.2	23.5	29.1	28.0	28.6	32.2	23.6
	まったく使わない	64.4	46.9	26.4	29.5	22.1	24.9	19.4

※テレビ以外については，家族がそのメディアを所有している場合の利用率

のおよそ 8 割が「ほとんど毎日」テレビと接触しており，0 歳後半でもおよそ 7 割にのぼります。今も昔もテレビは子どもにとって毎日触れる最も身近なメディアといえるでしょう。

　一方，ゲーム機を所有する家庭の割合は，2013 年時点から 2017 年時点にかけて，10% 以上減少しています。また，1 週間の利用状況では，3 歳ごろから接触頻度が増え始め，5 歳以上ではほぼ半数が少なからずゲーム機に接触しています。携帯型ゲーム機と合わせて，年齢が高くなるにつれて接触する頻度が増えるといえるでしょう。とはいえ，ゲーム機の所有率については，全体として減少傾向にあるといえます。これは高価なゲーム機を購入するよりも，スマートフォンやタブレット端末において無料で使えるゲームアプリを利用するようになったことが原因かもしれません。

▶ 3　スマートフォン，タブレット端末への接触

　2017 年時点で，母親がスマートフォンを所有する割合は 92.4% であり，2013 年時点から 30% 以上増加しています。現在では，ほとんどの家庭がスマートフォンを所有しているといってもよいでしょう。ただし，子どもが自分専用のスマートフォン（養育者のおさがりを含む）を持つ割合は 3.4% と多くはありません。また，1 週間の利用状況をみると，「ほとんど毎日」スマートフォンに接触するという子どもは，0 歳後半の段階から 2 割を超えています。同調査によると，いずれの年齢でも 2013 年時点と比較して接触頻度が増加しており，特に，0 歳では 30 ポイント以上，1 歳では 20 ポイント以上増加しています。スマートフォンが育児に広く使われるようになったといえるでしょう。

　タブレット端末については，2017 年時点で所有する家庭の割合は 38.4% であり，スマートフォンに比べると少ないものの，2013 年時点から 10% 程度増加しています。1 週間の利用状況をみると，タブレット端末にわずかでも接触する子どもは 2 歳以降で 7 割を超えており，タブレット端末を所有する家庭自体は多くないものの，所有する家庭では積極的に利用していることがうかがえます。

　このように，子どものスマートフォンやタブレット端末への接触は増加しており，どちらも子どもたちの生活に深く浸透しているといえるでしょう。

2節　メディア接触と乳幼児の発達

▶1　乳幼児のメディア理解

　乳幼児は，テレビの画面をじっと注視したり，テレビから流れる音に反応して画面を注視したりすることがあります。これは，（特に乳児に関しては）テレビを「見る」という表現よりも，テレビに「反応している」という表現の方が適切です。新しい刺激に遭遇したときに，それを探索し，見極めようとする反応のことを「定位反応（orienting response）（Sokolov, 1963）」といいますが，子どもはテレビに含まれるさまざまな刺激に対して定位反応を示しているのです。乳幼児向け番組では，アニメや人形，明るい原色系の色調，リズミカルな歌・踊りといった定位反応を起こさせるような刺激が多く含まれており，それらの刺激に対して注意を向け続けています。

　画面の注視は，テレビの内容理解とも関連します。3歳児や4歳児では画面への注視時間が長いほど内容の理解度が高いのに対して，5歳児になると必ずしも画面への注視時間と理解度は強く結びつきません（内田, 2008）。5歳児ぐらいになると，それまでのテレビの視聴経験をもとに，テレビ番組に含まれるさまざまな特徴から内容を理解できるようになると考えられています。

　ただし，幼児期は，テレビの世界と現実の世界の区別が十分にできていない可能性も考えられます。ピアジェは，幼児期の子どもの思考の特徴として，自分自身の視点を中心にして周囲の世界を見るという「自己中心性」を挙げています（5章参照）。実際に，幼児はテレビに映っている人物とやりとりができると認識している可能性も報告されており（村野井, 2002），自分がテレビを通して見た世界が，現実世界に広がっていると考えてしまうことがあるようです。一方で，生後4～6か月の乳児が，ビデオの人よりも現実の人に対してより多

く微笑むという報告（Hains et al., 1996）をはじめ，テレビの世界と現実の世界を区別できていることを示す研究もあります。乳幼児はテレビと現実をまったく区別ができないわけではないといえます。

▶2　テレビ，ゲームへの接触と乳幼児の発達

　テレビやゲーム機への接触と，乳幼児の発達との関連はとても複雑です。テレビ接触と乳幼児の発達の関連についてのレビュー（Kastyrka-Allchorne et al., 2017）によると，幼児における教育番組の視聴は，子どもの認知能力（読み書き，計算，問題解決能力など）を向上させ，さらに，就学後の学業成績に対してもよい影響があるとされています。このような教育番組のよい影響は，海外では以前より繰り返し報告されており，テレビへの接触は，視聴内容によってはよい影響があるといえるでしょう。一方で，同研究では，1，2歳児におけるテレビへの接触の多さは，親子間のコミュニケーションを阻害すると共に，子どもの問題行動，実行機能の低さ，ことばの遅れなどと（短期的な影響ではあるものの）関連することが指摘されています。乳児期においては，番組内容に関わらずテレビに長時間接触することが子どもの発達に対して悪い影響を与えるといえるでしょう。

　また，テレビ番組やゲームの種類によっては，暴力的な表現・映像が含まれる場合がありますが，このような暴力的な表現・映像が子どもの攻撃性を高めることが報告されています。有名なバンデューラ（1961）の実験では，大人が人形に対して攻撃行動を行うシーンを含む映像を3～5歳の子どもたちに見せ，その後，1人ずつ子どもをおもちゃの部屋で自由に遊ばせました。その結果，大人が人形に対して攻撃行動を行うシーンを含む映像をみた子どもたちは，そのシーンを見ていない子どもたちに比べて，多くの攻撃的な遊びを行っていました。バンデューラは，モデルとなる大人の行動の観察・模倣を通して自身の行動を獲得することがあるとし，「社会的学習理論」を提唱しました。暴力的な表現・映像の影響については，まったく関連がみられないという報告も一部あるものの，短期的にも長期的にも子どもの攻撃性を高めるということが多く

の研究で報告されています。テレビやゲームへの接触については、接触時間の問題だけではなく、接触内容についても注意が必要であるといえます。

▶3 スマートフォン、タブレット端末への接触と乳幼児の発達

ベネッセ教育総合研究所（2018）の調査によると、子どもがスマートフォンやタブレット端末に接触することに対して抵抗感をもつ母親の割合は7割を超えます（スマートフォン：76.4%、タブレット端末：70.4%）。そして、具体的な気がかりの内容として、「目や健康に悪い」といった身体的な内容の他、「夢中になりすぎる」「長時間の視聴や使用が続く」といった行動の抑制がきかなくなる点が多く挙げられていました。

スマートフォンやタブレット端末への接触と乳幼児の発達との関連を検討する研究は、主に行動の抑制に関わる「抑制制御（inhibitory control）」の観点から行われています。リーラ（2018）は、4～6歳の子どもを対象に、スマートフォンやタブレット端末の利用が子どもの抑制制御に与える短期的効果について実験的に検討しています。「Dr. Panda、宇宙へ行く！」というファンタジーゲームアプリを題材とし、iPad上で動画を受動的に視聴する条件と、ゲームを能動的にプレイする条件を設定しました。その結果、受動的に動画を視聴する条件では抑制制御を悪化させる効果がみられたのに対し、能動的にゲームをプレイする条件ではそのような効果はみられませんでした。すなわち、スマートフォンやタブレット端末を受動的に見続けることが、子どもの抑制制御に対して一時的・短期的に悪影響をもたらすことが示されました。スマートフォンやタブレット端末は「いつでもどこでも見せられる」という特徴があるため、毎日長時間にわたっての動画の受動的な視聴には注意が必要です。

国内においては、浅野ら（2019）は、2～6歳の長子をもつ夫婦455組を対象とするウェブ調査を行い、スマートフォンやタブレット端末の利用と子どもの抑制制御（ここでは、行動を制御する能力であるエフォートフル・コントロールを用いている；10章参照）との関連を検証しました（図13-2）。その結果、子どものスマートフォンやタブレット端末の利用頻度・利用用途と、エフォートフ

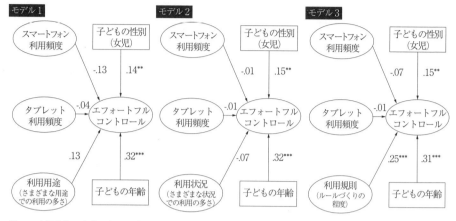

注：＊は統計的に意味のある関連がみられることを示す

**図 13-2　スマートフォン，タブレット端末の利用がエフォートフル・コントロールに
与える影響**（浅野ら，2019）

ル・コントロールとの間には関連がみられず，必ずしもスマートフォンやタブ
レット端末の利用が子どもの抑制制御に悪影響とはいえない可能性が示唆され
ました。一方で，スマートフォンやタブレット端末の利用規則とエフォートフ
ル・コントロールの間には弱い正の関連がみられ，家庭においてルール作りを
するほど子どもの抑制機能も高いことが示されました。養育者が子どものメ
ディア接触に関与することが重要であるといえるでしょう。

　また，ホソカワら（2018）は，小学 1 年生 1, 642 名を対象に，スマートフォ
ンやタブレット端末への接触と子どもの問題行動との関連を検証しました。そ
の結果，モバイルデバイスへの接触時間が 1 日に 1 時間を超える子どもは，1
時間未満の子どもと比較して，行為面での問題行動（けんかをする，嘘をつく
など）が多いことが示されました。このように，1 日 1 時間を超える常用は，
問題行動につながる可能性が指摘されています。

　以上の研究をみると，スマートフォンやタブレット端末の利用が一概に悪い
影響を与えるとは言い切れません。この分野はいまだ研究が少なく，因果関係
についても十分に吟味されているとはいえません。スマートフォンやタブレッ

ト端末への接触が子どもの発達に与える影響について，今後さらなる研究の積み重ねが必要でしょう。

3節　養育者の関わり

▶1　子どものメディア接触に対するルールづくり

　ベネッセ教育総合研究所（2018）は，メディア接触に関する家庭でのルールづくりの実態について調べています。2013 年時点と比較すると，2017 年時点では，ルールを決めていると回答する割合が減少しており，「特にルールを定めていない」という回答が全体的に増加しています。特に，スマートフォンについては 22.5% が「特にルールを定めていない」と回答しており，2013 年時点と比較して 10% 程度増加しています。

　さらに，未成年者が出会い系サイトやアダルト情報サイトなどの有害サイトを見ることができないようにする「フィルタリング機能」を利用している割合は，スマートフォンで 6.2%，タブレット端末で 6.2%，ゲーム機で 2.7% と，すべて 1 割を切っています。フィルタリング機能を利用する割合の低さの背景には，養育者が利用方法を知らないという理由があるのかもしれません。「青少年が安全に安心してインターネットを利用できる環境の整備等に関する法律（2017 年改正）」では，フィルタリングソフト等によって子どものインターネット利用を管理することが保護者の責務とされています。フィルタリング機能はインターネット上でのさまざまなトラブルを未然に防ぐためのセキュリティ対策であり，今後一層の啓蒙が必要だといえるでしょう。

▶2　養育者の関わり方とその影響

　子どものメディア接触に対して，養育者がどのような関わり方をするかということも，子どもの発達に対して影響を与えるといわれています。

　子どものメディア接触に対する養育者の関わり方には，「制限的

（restrictive）」「積極的（active）」「共同視聴（coviewing）」の３つのタイプがあるといわれています（Collier et al., 2016）。制限的な関わり方とは，子どものメディアへの接触時間，視聴内容などについてルールを設定するような方法です。たとえば，ゲームは１日１時間までに制限するといったものが挙げられます。積極的な関わり方とは，メディアの使い方や内容について話し合うことを通して，子どもにメディアに対する批判的思考を促すような方法です。たとえば，テレビのキャラクターの行動がどんな結果をもたらすのかを子どもに尋ねるといったものが挙げられます。そして，共同視聴とは，養育者が子どもと一緒にメディアに接触するという方法です。子どもと一緒にテレビを視聴する，一緒にゲームをするといったものです。

　クーリエら（2016）は，子どものメディア接触に対する養育者の関わり方が，子どもの発達に及ぼす効果について，これまでの研究成果のメタ分析をもとにまとめています。その結果，全体として，制限的な関わり方では，子どもに対するポジティブな効果（性的行動の減少など），共同視聴では，子どもに対するネガティブな効果（攻撃性の増加など）がみられること，積極的な関わり方では，全体としての効果はみられないものの一部の側面でポジティブな効果（攻撃性の減少など）がみられることを明らかにしました。

　また，ナサンソンとヤン（2003）は，養育者による積極的な関わり方が子ども（５～12歳）の暴力映像を含む番組への評価に及ぼす影響について検証しています。積極的な関わり方を，番組視聴中に子どもに「登場人物はただの俳優であり，カメラのトリックが含まれる」といった事実を説明する形式（説明形式）と，同様のことを番組視聴中に子どもに質問する形式（質問形式）にわけ，それぞれの効果を検証しました（図13-3）。その結果，５～８歳の子どもでは，質問形式の場合，番組に対して肯定的態度をとるようになったのに対して，説明形式の場合，番組に対して否定的な態度をとるようになりました。５～８歳の子どもには質問形式は難しく，シンプルな形式で暴力映像の問題点について教える方が効果的であるといえます。一方，９～12歳の子どもでは逆のパターンがみられ，質問形式の場合に否定的な態度，説明形式の場合に肯定的な態度

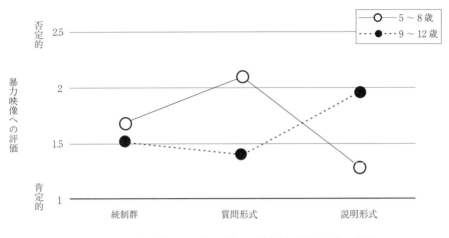

図 13-3　暴力映像への評価に対する養育者の関わり方の効果
(Nathanson & Yang, 2003 をもとに作成)

を示しました。9 〜 12 歳の子どもでは質問形式によって暴力映像に対して批判的に考えることができるようになった結果，否定的な態度をとるようになったと考えられます。しかし，説明形式による一方的な指導は，子どもからの反発を招いてしまい，説明内容とは逆の方向へと態度を変えてしまったと考えられます。このように子どもの年齢に応じて関わり方を変える必要があるかもしれません。

　ただし，養育者の関わり方に関する研究は，テレビへの接触を扱うものがほとんどであり，スマートフォンやタブレット端末への接触についてはあまり扱われていません。今後の研究が期待されます。

▶ 3　養育者自身のメディア接触の影響

　ベネッセ教育総合研究所（2018）の調査によると，2017 年時点での母親の平日におけるメディア接触時間は，テレビ番組で「1 時間〜 3 時間」が 50.4%，「4 時間以上」が 19.1%，スマートフォン・携帯電話で「1 時間〜 3 時間」が 46.2%，「4 時間以上」が 8.6% となっています。スマートフォンについては，現段階では長時間利用者の割合は少ないものの，2013 年時点から使用が長時間

化しており，今後さらに増加する可能性もあるでしょう。では，このような養育者自身のメディアの長時間利用は，子どもの発達に影響を及ぼすのでしょうか。

　マクダニエルら（2018）は，スマートフォンやタブレット端末の利用によって他者とのコミュニケーションや一緒にいる時間が妨げられることを「テクノフェレンス（technoference）」とよびました。そして，マクダニエルらは，5歳以下の子どもをもつ父親・母親を対象に，親の過度のスマートフォン利用が，親子間テクノフェレンスや子どもの問題行動の発生と関連するのかを検証しました。その結果，父親においても母親においても，過度のスマートフォン利用は，親子間のテクノフェレンスの認知を高めていました。すなわち，自身がスマートフォンを使い過ぎていると感じている人は，それによって親子間のコミュニケーションが阻害されていると感じていました。また，子どもの問題行動との関連をみると，母親においてのみ，親子間テクノフェレンスの認知との関連がみられました。すなわち，母親がスマートフォンによって子どもとのコミュニケーションが阻害されていると感じているほど，子どもの精神面（過度な不安や恐怖，抑鬱）や行為面（けんかをする，嘘をつくなど）での問題行動が多いことが示されました。父親においてこのような傾向がみられなかった背景には，比較的母親の方が子どもとの接触が多いことが原因と考えられます。このように，養育者のメディアの長時間利用は，子どもの発達を阻害すると考えられます。

　ただし，前述の通り，スマートフォンやタブレット端末に着目した研究はいまだ少ないのが現状です。今後の研究によって，子ども（および養育者）のメディア接触の影響に関する結論が変わっていくこともあるかもしれません。乳幼児の発達に関して，今後のさらなる研究が期待される分野といえるでしょう。

SNS晒（さら）されチルドレンとは？

Facebook や Instagram などの SNS（ソーシャルネットワーキングサービス）では，子どもの写真がよく投稿されています。子どもの成長記録を残すために母親が自身の SNS に子どもの写真を投稿するということはよくあることでしょう。しかし，SNS で写真を親に晒（さら）されてしまった子ども，すなわち「SNS 晒されチルドレン」が大人になったとき，親子トラブルの火種になるのではないかと懸念されています。

実際に，海外では親が投稿した写真に対して子どもが訴訟を起こしたケースもあり，また，フランスでは本人の同意なしに子どものプライベートな写真を SNS に投稿すると，懲役や罰金が課される法律も定められています。

親が子どものプライベートな写真を投稿する背景には，「プライバシーパラドックス」という現象があります。プライバシーパラドックスとは，ふだん自分自身のプライバシーを守ろうとする人であっても，実際の投稿ではあまり人のプライバシーを気にしなくなってしまうといった矛盾した行動のことを指します（Barth et al., 2017）。公開範囲を制限するなど，プライバシー設定に気をつけていたとしても，その場の感情にまかせて自分自身や家族，他者のプライベートな情報を一般に公開してしまうということがあります。

メディアリテラシーの獲得は子どもの教育上の重要な課題に挙げられますが，それは子ども世代に限ったことではありません。「SNS 晒されチルドレン」の問題をみるに，子どもだけでなく親の世代も，メディアとのうまいつきあい方を考えていく必要があるといえるでしょう。

読書案内

● 李　光鎬・渋谷明子（編著）　2017　『メディア・オーディエンスの社会心理学』新曜社
⇒メディアコミュニケーションに関する研究を幅広く扱っており，初学者でも理解できるようわかりやすく説明している。
● 坂元　章（編）　2003　『メディアと人間の発達』学文社
⇒インターネットが現代のように普及する前に発売された本であるが，テレビ，ゲーム，インターネットが人間の発達に与える影響を体系的にまとめた一冊である。

演習問題

A群の問いに対するもっとも適切な解答を，B群から1つ選びなさい。

【A群】

1. 1歳以上の子どものおよそ8割がほとんど毎日（　　）と接触しており，今も昔も子どもにとって最も身近なメディアである。

2. 2010年以降，我々を取り巻くメディア環境は大きく変容しており，特に子どもの（　　）への接触が増加している。

3. 乳児は，テレビを見るというよりも，テレビ番組に含まれる歌や踊り，明るい色調といったさまざまな刺激に対して，（　　）を示す。

4. 幼児は，（　　）という思考の特徴から，テレビの世界と現実の世界の区別が完全にはできていない。

5. バンデューラの（　　）によると，子どもは暴力的な映像に含まれる攻撃行動の観察・模倣を通して，攻撃行動を学習してしまう。

6. 子どもがスマートフォンに接触することに抵抗感をもつ親は多く，特に「夢中になりすぎる」といった（　　）に対する悪影響を心配している。

7. 未成年者がアダルトサイトなどの有害サイトを見ることができないようにする機能を（　　）という。

8. 子どものメディアへの接触時間，視聴内容についてルールを設定するような関わり方を，（　　）という。

9. 子どもとメディアの使い方や内容について話し合うことを通して，子どもにメディアに対する批判的思考を促すような関わり方を，（　　）という。

10. スマートフォンの利用によって他者とのコミュニケーションや一緒にいる時間が妨げられることを（　　）という。

【B 群】

スマートフォン　テレビ　テクノフェレンス　自己中心性　制限的関わり　積極的関わり
フィルタリング　抑制制御　定位反応　社会的学習理論　接近反応　モニタリング
プライバシーパラドックス

14章 発達のつまずき

e p i s o d e

　大学生になり1年目から子どもたちと関わるボランティア活動をはじめた。2週間に1回その地域の公民館に集まる子どもたちは，発達につまずきがあるとされる子どもたちであった。活動を始めたころ，参加している子どもの多くは小学生であったが，話ができない子などはおらず，何が発達のつまずきなのか正直なところわからなかった。とりあえず先輩の真似をして子どもたちと楽しく遊べるよう努力したところ，子どもたちから寄ってきてくれるようになった。そして普通に楽しく遊べていると思っていた。

　しかし，小学生が大学生と普通に遊ぶというのはどういうことだろう，小学生同士が普通に遊ぶとはどういうことだろう，ということを考えていなかった。つまり普通の小学生を知らなかったのである。そこで関わっている子どもが通う小学校の運動会を見学に行った。よく見てみるとほかの子どもとは違うような気がした。でもまだその理由がはっきりとはわからなかった。普通の小学生が何かもわからなかったのである。

　おそらくそのころの私は普通の乳幼児についてもわからなかったはずである。まずは普通とは何かについて考えなければいけない，と思った。

本章の概要

　1節では，子どもの発達の過程でどのような点が発達障害への気づきにつなが
るのかについて述べた上で，自閉スペクトラム症と注意欠如・多動症の特徴につ
いて説明します。2節ではことばの問題（吃音と選択性緘黙），3節では適応の問
題（登園しぶり）について取り上げます。これらのつまずきについて，望ましい
大人の関わりや環境についても述べます。

1節　発達障害

▶ 1　発達障害への気づき

　乳児期はまだことばを用いて十分に気持ちを表現することができません。し
かし大人は子どもが快適に感じているのか，不快に感じているのか，何かを要
求しているのかをある程度は理解することができます。子どもの表情や泣き，
指差しなどさまざまなサインから読み取ることができるのです。それから大人
は子どもの心を推測して，適切な関わりをしようとします。それによって子ど
もは大人とのやりとりを楽しむようになり，今度は大人の表情や視線から子ど
もが大人の心を推測するようになっていきます。このように大人と子どもの関
わりは深まっていきますが，大人が初めて子どもの発達のつまずきに気がつく
のは，このような点がどうもうまくいかないということからが多いようです。

　子どもたちのなかには大人をあまり見ることがなく，大人を求めるような行
動が少ない子がいます。初めて乳児と関わる大人は気がつかないこともあるか
もしれません。小さい子はみんなそうであると思うのでしょう。泣くので抱っ
こをしてもおさまらなかったり，なかには抱っこを嫌がったりする子どももい
ます。こちらも，その子の特性とは考えずに，抱っこの仕方が下手なのかなと
考えるかもしれません。なかには自分が嫌われているのかもしれないと考える
大人もいるかもしれません。

　1 歳くらいになると，初めてのことば（初語：7 章参照）が発せられます。マ
マ（お母さん）やマンマ（ごはん）などの単語が一般的です。やがて初語は単
なる 1 つの単語ではなくなります。たとえば「ママ」であれば，「ママ（き
て）」のように一語で要求を表す文となります。また「ワンワン」も「犬がい
るよ」という意味で，近くの大人と一緒にそれを見ようという気持ちが込めら
れることもあります。このようになると初語ではなく一語文と呼ばれます（7
章参照）。

　初語や一語文がなかなか出てこないと，大人は子どもの発達について心配し
ます。ことばが出てきても独り言のように呟いていたり，大人を意識していな
かったりするように見えることもあります。テレビなどのメディアの影響を受
け，まわりの大人が使わないようなことばを話すこともあります。

　また 1 歳くらいになると歩き始める子も出てきます。最初はおぼつかない足
取りですが，しっかりと歩けるようになると別の問題もでてきます。じっとし
ていられないという問題です。多くの子は大人の指示や表情で今はここにじっ
としていなくてはならないということを理解しはじめます。しかし，なかには
興味があるものに夢中になってしまい，いつのまにかその場からいなくなって
しまうという子どももいます。大人の目の届かないところに行ってしまったり，
いくら大人が言い聞かせても聞いてくれなかったりするような場合は，もっと
厳しくしつけるべきなのだろうかと悩んだり，追いかけるのに疲れ切ったりし
てしまうこともあります。

　このように周囲の大人はほかの子どもとの比較をしながら日々関わっていく
なかで，ことばを含めたコミュニケーションや，落ち着きや集中などの自己制
御という 2 つの面でほかの子どもとの違いを感じ，発達のつまずきを意識する
ようになるようです。

　これらは発達障害の特徴の一側面ではありますが，それのみで発達障害と診
断されるわけではありません。発達障害という言葉は身近になってきたためか，
言葉だけは知っているという人も多いでしょう。他者とコミュニケーションを
とることが苦手な人のことを指して「〇〇さんは発達障害かも」と話している

のを聞いたという経験はないでしょうか。しかし，ここで注意しなくてはならないことは，大人になってから急に発達障害になることはないということです。特定の場面だけで発達障害のように見える場合は，人や場面に対して不慣れであるなど，単に適応の問題であることが少なくありません。一方で発達障害は乳幼児期からその特徴があり，加えて適応の問題が生じている場合にはじめて医師によって診断されます。なかには周囲の適切な関わりにより，適応の問題が目立たない子どももいます。周囲の大人が病院に行く必要性を感じなかったため診断にいたらないこともあります。しかし，そのような場合でも乳幼児期を過ぎ，成長とともに環境が変化して特徴がめだつようになり受診するということもあります。

　では，発達障害はどのように診断されるのでしょうか。医師の診断と聞くと血液検査や脳の画像検査などを想像する方も多いと思います。しかし発達障害は現時点ではそのような方法により診断をすることはできません。あくまでも今，外に現れている行動や乳幼児期からのエピソードを診断基準と照らし合わせて診断します。

▶2　発達障害とは

　発達障害はいくつかに分類されます。ここからは「自閉スペクトラム症（ASD：Autism Spectrum Disorder）」と「注意欠如・多動症（ADHD：Attention-Deficit/Hyperactivity Disorder）」という2つの発達障害の特徴を説明します。一般的な診断基準（「精神障害の診断と統計マニュアル第5版（DSM-5)」）については表14-1，表14-2に示しますので参照してください。

(1) 自閉スペクトラム症

　自閉スペクトラム症は，言葉を含めた「コミュニケーション」の問題（表14-1のA）と「こだわり」の問題（表14-1のB）が特徴です。

　コミュニケーションの問題については，生後6か月くらいから他者の顔への視線や笑顔が減少すること（Ozonoff et al., 2010)，他者の目への注視行動が減少すること（Jones & Klin, 2013）などが報告されています。そのために大人か

表 14-1　自閉スペクトラム症の診断基準 (DSM-5)

A. 複数の状況で社会的コミュニケーションおよび対人的相互反応における持続的な欠陥があり，現時点または病歴によって，以下により明らかになる（以下に例を示すが，網羅はしていない）

(1) 相互の対人的 – 情緒的関係の欠落
　　・対人的に異常な近づき方をする
　　・通常の会話のやりとりが困難
　　・興味，情動，感情の共有の少なさ
　　・社会的相互反応の開始や対応が困難
(2) 対人的相互反応で非言語的コミュニケーション行動を用いることの欠陥
　　・まとまりの悪い言語的，非言語的コミュニケーションアイコンタクトと身振りの異常
　　・身振りの理解やその使用の欠陥
　　・顔の表情や非言語的コミュニケーションの完全な欠陥
(3) 人間関係を発展させ，維持し，それを理解することの欠陥
　　・さまざまな社会的状況に合った行動に調整することが困難
　　・想像上の遊びを他者と一緒にしたり友人を作ることが困難
　　・仲間に対する興味の欠如

B. 行動，興味，または活動の限定された反復的な様式で，現在または病歴によって，以下の少なくとも2つにより明らかになる（以下に例を示すが，網羅はしていない）

(1) 常同的または反復的な身体の運動，ものの使用，または会話
　　・おもちゃを一列に並べたりものを叩いたりするなどの単調な常同運動
　　・反響言語
　　・独特な言い回し
(2) 同一性への固執，習慣への頑なこだわり，または言語的，非言語的な儀式的行動様式
　　・小さな変化に対する極度の苦痛
　　・移行することの困難さ
　　・柔軟性に欠ける思考様式
　　・儀式のようなあいさつの習慣
　　・毎日同じ道をたどったり，同じ食物ばかりを要求する
(3) 強度または対象において異常なほど，きわめて限定され執着する興味
　　・一般的ではない対象への強い愛着または没頭
　　・過度に限局した，または固執した興味
(4) 感覚刺激に対する過敏さまたは鈍感さ，または環境の感覚的側面に対する並外れた興味
　　・痛みや体温に無関心のように見える
　　・特定の音または触感に逆の反応をする
　　・対象を過度に嗅いだり触れたりする
　　・光または動きを見ることに熱中する

（APA, 2013, 高橋・大野監訳, 2014 より作成）

ら得る情報によって安心する機会が少なく，人との関わりが苦手になりやすいことも指摘されています。

　もうひとつの「こだわり」の問題とは，物や手順などに執着し，変化を嫌がる傾向があることです。自閉スペクトラム症児の立場に立って考えると，決ま

表 14-2　注意欠如・多動症の診断基準 (DSM-5)

A. 不注意（以下の9症状のうち6つ以上が，6か月以上持続すれば診断される）

①学業やその他の活動においてしばしば綿密に注意できない，または不注意な過ちをおかす
②課題または遊びに際して注意の持続がしばしば困難である
③直接話しかけられたときにしばしば聞いていないように見える
④しばしば指示に従えず，学業や用事をやり遂げられない
⑤課題や活動を順序立てることがしばしば困難である
⑥学業や宿題など精神的努力の持続を要する課題をしばしば避ける，嫌う，いやいや行う
⑦学校教材，鉛筆，本，道具，財布，鍵など課題や活動に必要なものをしばしばなくす
⑧外からの刺激によって容易に注意をそらされることがしばしばある
⑨日々のするべき活動や約束などをしばしば忘れてしまう

B. 多動性－衝動性（以下の9症状のうち6つ以上が，6か月以上持続すれば診断される）

①しばしば手足をそわそわ動かし，座っていてももじもじする
②教室など座っていることを要求される状況でしばしば席を離れる
③しばしば不適切な状況で走り回ったり，高い所へ上がる
④静かに遊んだり，余暇活動につくことがしばしばできない
⑤しばしば「じっとしていない」，または「まるでエンジンで動かされるように」行動する
⑥しばしばしゃべりすぎる
⑦しばしば質問が終わる前に出し抜けに答え始める
⑧列に並んでいるときなどに，順番を待つことがしばしば困難である
⑨会話やゲームなどでしばしば他人を妨害し，邪魔をする
（①～⑥が多動性の症状で，⑦～⑨が衝動性の症状である）

（APA, 2013　高橋・大野監訳, 2014 より作成）

りきった物や手順により同じ結果が得られることで安心感が得られるためと考えることができます。

　また，感覚の問題も見られます（表14-1のB（4））。感覚が過敏なため抱っこなど大人と接することで安心感を得ることが少ないことや，大きな音などに敏感なため不安になりやすいことがあります。反対に，痛みや温度変化に反応しにくいといった感覚が鈍感な場合もあります。

　以上のような特徴を持っていて，同じ自閉スペクトラム症と診断される子どもであっても，知的能力が高い者もいれば低い者もいます。現在は使われなくなってきましたが，かつては知的能力が高い自閉スペクトラム症に対しては，「アスペルガー症候群」という診断名が使われていました。同じ自閉スペクトラム症でも知的能力の高低によって異なる診断名で呼ばれていたことが意味するように，異なる種類の発達障害のように見える可能性もあるのです。

　ことばの遅れに関しても，知的障害がある自閉スペクトラム症の子どもの場合には顕著であり，使えるようになることばも限られることがあります。一方で，知的障害を伴わない自閉スペクトラム症の子どもの場合には，ことばの発達が遅れたり，もしくはほとんど発しない時期があったりするものの，ある時点から急激に伸びることがあります。これは，ことばを使うと便利であることに気がついたためであると考えられます。

（2）注意欠如・多動症（ADHD）

　注意欠如・多動症（ADHD）には，不注意の問題（表 14-2 の A）や多動・衝動性の問題（表 14-2 の B）が見られます。なかには多動・衝動性の問題は小さく，注意の問題が大きい子どももいます。その原因については実行機能（5 章参照）と呼ばれる抑制や注意の切り替えを含めた能力の問題が指摘されています（Barkley et al.,1992）。薬物療法が有効であり，そのような点から中枢神経系（脳と脊髄）に何らかの機能不全があると推定されています。

　自閉スペクトラム症の子どもでも落ち着きのない子どもと，そうではない子どもがいます。ADHD の特徴も持っている場合は，自閉スペクトラム症とともに ADHD の診断名がつく子どももいます。知的能力の高低と ADHD の特徴があるかどうかによって，自閉スペクトラム症の子どもの状態像が大きく異なって見えることがわかります。

▶３　社会的環境が発達障害の子どもに与える影響

　大人の求めるように落ち着いていられない子どもも，衝動的に動きまわってしまう子どもも，集中して話を聞くことが難しい子どもも，わざと大人を困らせようとしているわけではありません。子ども自身もどうしてそうなってしまうのかがわからないのです。しかし，何度言っても聞いてくれない，ほかの子は落ち着いているのにどうしてなのか，という考えが大人の心のなかに浮かぶと，ついつい叱ってしまいがちです。叱られることが続くと，子どもは自分が悪い子だとか，ダメな子だなどと自分のイメージを固めてしまう危険性があります。いいかえると，自分は「これでよい（good enough）」という自己に対す

る肯定感（自尊感情）が発達しにくいのです。

このような問題は「二次障害」と呼ばれます。ADHD の特徴である多動性・衝動性は脳の発達に伴い 10 歳くらいにめだたなくなる子も多いとされていますが，乳幼児期からの自尊感情の問題は，親や教師の関わり方が変わらない限りはその後も変化することはほぼありません。

自尊感情の問題はさまざまな活動に積極的に取り組むことができなくなるだけではなく，攻撃行動や問題行動などの増加にもつながると考えられています。児童期におこなわれる薬物療法は ADHD の特徴を根本からなくすものではなく，一時的に抑えることで子どもが成功体験を得やすくすることを大きな目的としています。

自閉スペクトラム症を持つ子どもたちも，育ってきた環境に影響を受けています。最近では自閉スペクトラム症の大人が，子どものころからの自分を振り返って，その困難を記述した研究も多くなっており，これはほかの障害に関する研究も含めて「当事者研究」と呼ばれています（綾屋・熊谷, 2008）。それらによると自閉スペクトラム症を持つ子どもは大人や同年齢の子どもたちを見て，自分がどのような状況に置かれているのかという情報を得ることに困難があるようです。

親や保育者・教師が自閉スペクトラム症の子どもが抱える不安を理解しようとし，その場で必要としている情報を提供することがある程度できれば，その子どもたちのなかに大人を含めた他者についての肯定的なイメージが作られていきます。反対に，理解しようとする大人が少ない状況で生活をしていくと，他者との関わりを単純につらいものと捉えてしまう危険性があります。

専門家が親に乳児期からの情報を聴取したり，子どもに心理検査を行ったりすることによって，見えにくかった自閉スペクトラム症の特徴がわかる場合があります。そうした情報は周囲の大人が子どもの特徴を理解するのに役立ちます。

仮にほかの子どもとの関わりがうまく持てない乳幼児期を過ごしたとしても，自分を理解しようとする大人が複数いるような安心で安全な環境で過ごした経験は児童期の発達によい影響を与えます。

2節　ことばの問題

　ことばの発達の問題については発達障害のところで触れたように，自閉スペクトラム症によることもありますが，知的障害のみに関連すること，あるいは難聴など身体的問題が背景にあることもあります。

　ことばの問題といわれると，ことばを発することに関わる問題のみを考えるかもしれませんが，他者のことばを理解しているかどうかという問題にも注目する必要があります。あまり喋らないけれど，大人の言っていることは理解していて，注意を引くなど積極的に大人に関わる子どももいます。このような子どもの場合は，たとえことばを発する時期が遅くても，のちに遅れが目立たなくなることも多いようです。

　こうした問題のほかに，ことばを発する身体的な機能に問題がなく，家では流暢に話せるようになった幼児が，いつからかある場面では流暢に話せなくなる，もしくはまったく話さなくなるという問題も起こります。

▶ 1　吃音

　話をしようとすると最初の音を繰り返してしまいスムーズにことばが出てこないことがあります。一般的には「どもる」と呼ばれる現象であり，専門的には「吃音」と呼ばれます。幼児期だけではなく成人になっても起こる現象ですが，国立リハビリテーションセンター研究所の聴覚言語機能障害研究室がまとめた資料によると，幼児期には子どもの 8% 前後が発症し，多くは自然に治るとされます。しかし，治るといっても，よい対処法を身につけたために，吃音が現れにくくなっているという見方もあります（伊藤, 2018）。

　治るかどうかということと同様に原因もはっきりしていません。かつては周囲の大人が吃音に気づき，治そうとして言い直しをさせることで，子どもが話し方を意識しすぎて流暢に話せなくなるのではないかという心理的要因が指摘

されていました。しかし親が気づいていなくても発症することもあり，現在では心理的要因のみでは説明できないとされています。脳科学などさまざまな観点から研究がされていますが，はっきりとした原因はまだわかっていません。

吃音のある人のセルフヘルプグループである言友会を中心に，治るか治らないかはっきりしないものを無理に治そうとせずに，「吃音とともに生きる」「吃音があっても，豊かに生きる」ほうがよいという考えが広まりつつあります。こうした考えにもとづくと，周囲の大人そして幼稚園や保育園で一緒に過ごす子どもたちが，時に吃音が出る子どもをそのままに受け入れることが必要になります。そのような環境を整えていくには保育者や保護者の役割が重要になります。スムーズに話ができないことを指摘されているだけではなく，笑われて恥ずかしい思いをした結果として話をしなくなることは避けなければいけません。

▶ 2　選択性緘黙（場面緘黙）

流暢に話せる子どもがある時から話をしなくなった場合には，「選択性緘黙」の可能性があります。選択性緘黙は場面緘黙と呼ばれることもあります。これは，ある特定の場面において話ができなくなる状態と考えられます。家庭では話をするのに幼稚園や保育園，買い物に行ったスーパーなどでは話をしない，あるいはできないというような例があげられます。

ことばの発達に大きな遅れがなく家庭では普通に話をしているため，そのうち治るだろうと楽観的に捉えられ，気にされずに時間が経過することもあります。小学校入学後に初めて相談に来る子どもたちのなかには小学校入学と同時に話さなくなった子どものほかに，幼児期から同様の状態であった子どもも多く含まれているようです。また，幼児の症例のなかには，何らかの言語発達の遅れがあった例や，自閉スペクトラム症を持っている例もあります。

選択性緘黙は大きなまとまりで考えると不安が強い子どもとして捉えることができます。過去にことばを発することで否定的な経験をしたことがきっかけとなり，同様の結果が起こることを予測して話をしなくなったという典型例が

あります。さらに緘黙が持続する要因としては，話ができない状態が続いた結果，急に話をするとまわりが過剰に反応するのではないかという心配が生じることが考えられます。

　選択性緘黙の子どもに無理に喋らせようとするのは効果的ではありません。まずは家庭の外でも安心できる環境があることを体験させ，他者と関わりたいという意欲を育てることから始めるとよいでしょう。子ども同士の関わりも大切ですが，家族以外の安心できる大人と関わる経験も大切です。家にいるのに近い状況でリラックスして他者との関わりを楽しむことができ，思わず笑い声を発したことが再び話し始めるきっかけとなる場合もあります。このときに大切なのは声を出したことを大人が大袈裟に取り上げないことです。今までも話をしていたかのように受けいれ，その後も大人が無理に喋らせようとせずに，他者との関わりを楽しめるように配慮していく必要があります。

3節　適応の問題

▶ 1　登園しぶり

　周囲の環境に合わせて生活できない状況を不適応と呼びます。乳幼児期では「登園しぶり」が多いのではないのでしょうか。

　きっかけは環境の変化である場合が多いとされます。代表的なものとして幼稚園や保育園への入園や引っ越しに伴う転園があげられます。新しい環境に自分が慣れることができるだろうか，そしてまわりは自分を受け入れてくれるだろうかという子どもの不安が背景にあると思われます。年齢が低い場合は自分の気持ちをうまく表現できませんから，もっと混乱した状態になることもあると考えられます。

　幼稚園や保育園に登園する際には，園に近づくことへの不安だけでなく，家庭から離れることへの不安から登園しぶりが起こることもあります。「分離不安」とも呼ばれ，特に母親と離れることに強い不安を感じる状態を指します。

生まれつき不安になりやすいという気質の影響と同時に，これまでの経験から母親と離れることに不安を感じやすくなったという経験の影響も考えられます。同じような経験をしても，分離不安が強くならない子どももいることから，気質と経験が相互に影響しあうことによると考えるとよいでしょう。

さらに人の死を身近に感じた体験が複数回続くと，自分が家にいない間に母親などほかの大切な大人がいなくなってしまうのではないかと不安になることも原因となりえます。同じように大きな地震など自然災害を経験したあとにも，家から離れにくくなることがあります。登園に関わる問題には，この先に何か悪いことが起こるのではないかという不安が関わっている場合がほとんどです。

対応については，どの場合も本人の不安を軽減することが重要です。無理に幼稚園に連れて行ったらうまくいった，というような例も稀にはあるかもしれませんが，不安が軽減される前に連れて行かれることによって，悪化し長期化するという例も少なくありません。基本は親や養育者がていねいに本人の気持ちを確認し，どうしたら子どもが安心できるかを一緒に考え対応していくことが必要です。

適応の問題の背景には発達障害が関係している場合も少なくありません。また吃音や選択性緘黙などのことばの問題の背景に，特定の集団のなかで話すことの不安や恥ずかしさなどの適応の問題があることもあります。

不適応には登園しぶりという極端な状態だけでなく，登園しながらもそこに居ることにつらさを感じている状態も含まれます。保育者が日ごろから子どもの様子をていねいに観察し，その変化に敏感になることが適応の問題の予防となります。子どもが安心して楽しめる状態にあるかどうかに配慮しましょう。今日も子どもの安心した笑顔を見ることができただろうか，と日ごろから気をつけて関わることも大人の大切な役割です。

オープン・ダイアローグ

「対話」という言葉を臨床心理学や精神医学の世界で最近目にする機会が増えてきました。これはオープン・ダイアローグというフィンランド発祥の支援方法が注目されていることによるものです。統合失調症という精神疾患への支援方法として注目され始めたこの方法は，さまざまな心配事への支援方法としても注目されています。

「開かれた対話」と日本語で表現されるこの方法は，方法というよりも考え方，哲学と表現した方がよいという人もいます。その特徴は，心配事がある人と専門家ひとりではなくチームでの対話を速やかに開始すること，その際に家族など大切な人も対話の場に招くこと，唯一の解決方法を探そうとするのではなく，対話を続けることを目的とするということにあります。

心配事というものは，身体疾患などと比べても複雑であり，解決のために唯一の方法があるわけではありません。しかし，相談者のなかには専門家が方法を知っていて，相談するとアドバイスとして教えてもらえるものだと思っている方もいるのではないでしょうか。またはそのように思わせてしまう専門家と呼ばれる人がいるのかもしれません。

発達のつまずきには不確実なことが多いのですが，この不確実性に耐えるということが，実は専門家にも求められることなのです。もちろん保育者・教師には，この教科書に載っているような知識は必要です。しかし同時にその知識の量の多寡により，相談をする側とされる側に上下関係が生まれることがないようにすべきです。双方が対等な関係であることを忘れてはいけません。

このように考えると幼稚園や保育園などの日常の営みの中でも「オープン・ダイアローグ」を実践することはできるのではないでしょうか。心配事を抱えた保護者や関係者との対話をできる限り早く，担当職員だけではなく他の職員も交えてチームで開始してみるのです。保護者を変化させることが目的ではありません。解決というものがあるとすれば，それは対話を目的とし続けた結果として現れるはずです。

もしかすると多くの保育者・教師が謙虚に一生懸命に実践していることと共通している点も多いかもしれませんね。

読書案内 ·· Book Guide

- 滝川一廣　2017　『子どものための精神医学』　医学書院
  ⇒発達障害などを含む子どもの精神障害への「基本的な考え方」や「基本的な関わりの姿勢」をていねいに説明している。
- セイックラ, J. アーンキル, T.（著）斎藤　環（監訳）　2019　『開かれた対話と未来——今のこの瞬間に他者を思いやる』医学書院
  ⇒発達につまずきをもつ乳幼児を支援していく上で重要である親と支援者の対話について，その本質がていねいに説明されている。
- 青木省三　2012　『ぼくらの中の発達障害』（ちくまプリマー新書169）筑摩書房
  ⇒主に自閉スペクトラム症について平易な言葉でていねいに説明されている。児童期以降の内容が多いが，コンパクトであり入門書に適している。

演習問題 ·· Exercise

A群の問いに対するもっとも適切な解答を，B群から1つ選びなさい。

【A群】
1. （　　）とこだわりの問題が主な特徴である発達障害は（　　）である。
2. 知的障害がない自閉症の1つとして以前は（　　）という診断名があった。
3. 多動性・衝動性や（　　）の問題を持つ発達障害として（　　）がある。
4. 薬物療法は自尊感情の低下など（　　）を予防するために用いられることがある。
5. ことばの問題の1つであり，「どもる」と言われる現象は専門的には（　　）と呼ばれる。
6. 幼稚園や保育園などで家族以外の人と話せなくなることを（　　）という。
7. 登園しぶりは乳幼児期にみられる（　　）の問題の1つである。
8. 適応の問題への対応の基本は（　　）を軽減することである。

【B群】
自閉スペクトラム症　不安　ADHD　二次障害　吃音　アスペルガー症候群　注意　失語症
選択性緘黙　適応　コミュニケーション　構音障害　LD　一次障害

演習問題解答

1章

1. 幼児 2. ヴント 3. 生理的早産 4. 原始反射 5. ボウルビィ 6. 応答する環境 7. 成熟 8. 統合 9. 発達課題 10. 相互作用説

2章

1. 胎芽期 胎児期 2. 卵体期 3. 80 4. 聴覚 5. 出生前診断 6. 胎動 7. 触覚 8. 正期産 9. 低下

3章

1. 離巣性，就巣性 2. 生理的早産 3. 中枢神経，末梢神経 4. 臨界期 5. 反射，原始反射 6. ジェネラルムーブメント 7. 頭，足 8. さまざまな

4章

1. 0.2 2. 2 3. 対象の永続性 4. 選好注視 5. 視覚的断崖 6. 経験 7. 縞画像 8. 馴化法 9. 弱まった 10. ファンツ

5章

1. ①同化 ②調節 2. 感覚運動，具体的操作，形式的操作，自己中心性 3. ワーキングメモリ，長期記憶 4. 実行機能，適応

6章

1. 主観的な経験 2. 情動 3. 満足 4. 2歳 5. 生理的微笑 6. 情緒伝染 7. 社会的参照 8. 目的-手段の関係 9. 3,4歳 10. 好奇心

7章

1. クーイング 2. 規準喃語 3. 共同注意 4. 象徴機能 5. 育児語 6. 足場かけ 7. 語彙爆発 8. 過剰拡張 9. 一語文 10. 内言

8章

1. 顔 2. 高い 3. 共同注意 4. 誤信念 5. 愛着 6. 内的作業モデル 7. 社会的ネットワーク理論 8. コンボイ 9. 愛情 10. 遊び

9章

1. 足場かけ 2. 学習での積極的な参加者 3. ふり遊び 4. からかい行動 5. 枠組み構成発言 6. 発達の最近接領域 7. 並行遊び 8. パーテン 9. ひとり遊びオプション説 10. 遊び環境

10章

1. 二重接触 2. 共同注意，社会的参照，9か月革命 3. 自己評価 4. 行動的抑制傾向，接近快活性，エフォートフル・コントロール 5. 自己主張，自己抑制 6. 発達期待

11章

1. 向社会的行動　2. 愛他行動　3. 共感　4. 役割取得能力　5. 結果，動機　6. コールバーグ　7. ギリガン　8. 快楽主義的・実際的志向　9. 道徳的判断力

12章

1. 知的好奇心　2. 公園デビュー　3. ホスピタリズム　4. 育児ストレス　5. 信頼的養育　6. 心理的虐待　7. 認定こども園　8. 育児休業取得率　9. 子育て支援センター　10. 家庭内暴力（DV）

13章

1. テレビ　2. スマートフォン　3. 定位反応　4. 自己中心性　5. 社会的学習理論　6. 抑制制御　7. フィルタリング　8. 制限的関わり　9. 積極的関わり　10. テクノフェレンス

14章

1. コミュニケーション　自閉スペクトラム症　2. アスペルガー症候群　3. 注意，ADHD　4. 二次障害　5. 吃音　6. 選択性緘黙　7. 適応　8. 不安

引用・参考文献

1章

安藤寿康　2018　なぜヒトは学ぶのか──教育を生物学的に考える──　（講談社現代新書2492）
　　講談社

Bowlby, J 1969 *Attachment and loss*. New York, NY: Basic books.
　　（ボウルビィ, J　黒田実郎・大羽　蓁・岡田洋子（訳）1976　母子関係の理論1　愛着行動　岩
　　崎学術出版社）

Erikson.E.H. 1959 *Identity and the life cycle*. New York, NY: International Universities Press, Inc.
　　（エリクソン, E. H. 小此木啓吾（訳）　自我同一性──アイデンティティとライフ・サイクル
　　──（人間科学叢書4）誠信書房）

Havighurst, R.J. 1953 *Human Development and Education*. Oxford: Longmans, Green.
　　（ハヴィガースト, R. J.　荘司雅子ほか（訳）人間の発達課題と教育──幼年期から老年期まで
　　──　牧書店）

正高信男　1995　ヒトはなぜ子育てに悩むのか（講談社現代新書1280）　講談社

夏山英一　1989　胎児の成長と行動　糸魚川直祐・北原　隆（編）　生命科学と心理学（応用心理学
　　講座12）　福村出版

西本　脩 1965 幼児における基本的生活習慣の自立の年齢基準　大阪松蔭女子大学論集, 3, 42-78.

Portmann, A. 1951 *Biologische Fragmente zu einer Lehre vom Menschen*. Basel: Schwabe.
　　（ポルトマン, A. 高木正孝（訳）1961　人間はどこまで動物か──新しい人間像のために──
　　（岩波新書青版433）　岩波書店）

櫻井茂男（編）　2010　たのしく学べる最新発達心理学──乳幼児から中学生までの心と体の育ち
　　──　図書文化社

杉原一昭　1986　人間を育てる──発達と教育──　杉原一昭・海保博之（編著）　事例で学ぶ教育
　　心理学　福村出版

2章

AFPBB News 2019 世界最小, 245グラムで生まれた赤ちゃん元気に退院　米カリフォルニア
　　AFPBB News Retrieved from https://www.afpbb.com/articles/-/3227499（2019年8月27日）

朝日新聞　2018　「命の選別」なのか：新型出生前診断, 開始から5年　朝日新聞　Retrieved from
　　https://www.asahi.com/articles/ASL3D5453L3DULBJ00P.html（2019年8月27日）

朝田有紀子・日潟淳子・齊藤誠一　2010　中年期における死別経験と死生観の関連 神戸大学発達・
　　臨床心理学研究, 9, 1-9.

Barclay, L., Donovan, J., & Genovese, A. 1996 Men's experiences during their partner's first
　　pregnancy: a grounded theory analysis. *Australian Journal of Advanced Nursing, 13*, 12-24.

Cohen, L. J., & Slade, A. 2000 The psychology and psychopathology of pregnancy. In C. H. Zeanah
　　(Ed.), *Handbook of infant mental health*（2nd ed.）New York, NY: Guliford Press.

de Vries, J. L., Visser, G. H., & Prechtl, H. F. 1982 The emergence of fetal behaviour. I. Qualitative
　　aspects. *Early Human Development, 7*, 301-322.

藤原千恵子・日隈ふみ子・石井京子　1997　父親の家事育児行動に関する縦断的研究　小児保健研究,

56, 794-800.

行田智子・生方尚絵・杉原一昭・大原明子・真下由利子・星野ひさ子・阿部トメ子　2001　妊娠各期における妊婦の体験や感じていること　母性衛生, *42*, 599-606.

Hata T., Kanenishi, K., Tanaka, H., Marumo, G., & Sasaki, M. 2010 Four-dimensional ultrasound evaluation of fetal neurobehavioral development. *Donald School of Ultrasound in Obstetrics and Gynecology, 4*, 223-248.

Hooker, D. 1952 The prenatal origin behavior. Lawrence, KS: University of Kansas Press.

小西行朗　2013　第1章　ヒトの行動の始まりを考える　小西行朗（編著）　今なぜ発達行動学なのか――胎児期からの行動メカニズム――　診断と治療社

Johnson, M. P. 2002 The implications of unfulfilled expectations and perceived pressure to attend the birth on men's stress levels following birth attendance: A longitudinal study. *Journal of Psychosomatic Obstetrics & Gynecology, 23*, 173-182.

Jordan, P. L. 1990 Laboring for relevance: Expectant and new fatherhood. *Nursing Research, 39*, 11-16.

Koyanagi, T., Horimoto, N., Takashima, T., Satoh, S., Maeda, H., & Nakano, H. 1993 Ontogenesis of ultradian rhythm in the human fetus, observed through the alternation of eye movement and no eye movement periods. *Journal of Reproductive and Infant Psychology, 11*, 129-134.

Lumley, J. M. 1982 Attitudes to the fetus among primigravidae. *Australian Pediatric Journal, 18*, 106-109.

Marlow, N., Wolke, D., Bracewell, M. A., & Samara, M 2005 Neurologic and developmental disability at six years of age after extremely preterm birth. *New England Journal of Medicine, 352*, 9-19.

Moore, K. L., & Persaud, T. V. N. 2008 *The developing human: Clinically oriented embryology* (8th ed.). Philadelphia: PA: Saunders Elsevier.
（ムーア, K. L., ペルサウド, T. V. N. 瀬口春道・小林俊博・Galcia del Saz E.（訳）　2011　ムーア人体発生学：原著第8版　医歯薬出版）

本島優子　2007　妊娠期における母親の子ども表象とその発達的規定因及び帰結に関する文献展望　京都大学大学院教育学研究科紀要, *53*, 299-311.

森　臨太郎・森　亨子　2018　ほんとうに確かなことから考える妊娠・出産の話――コクランレビューからひもとく――　医学書院

中島通子・牛之濱久代　2007　立会い分娩後の夫の意識に関する研究　母性衛生, *48*, 82-89.

日本産科婦人科学会　2008　流産・切迫流産　公益財団法人日本産科婦人科学会　Retrieved from http://www.jsog.or.jp/public/knowledge/ryuzan.html（2019年8月27日）

日本産科婦人科学会 周産期委員会　2019　報告　日本産科婦人科学会雑誌, *71*, 862-888.

岡本依子　2016　妊娠期から乳幼児期における親への移行――親子のやりとりを通して発達する親――　新曜社

岡本依子・菅野幸恵・根ヶ山光一　2003　胎動に対する語りにみられる妊娠期の主観的な母子関係――胎動日記における胎児の意味づけ――　発達心理学研究, *14*, 64-76.

大石　勉　2015　先天性サイトメガロウイルス感染症　小児感染免疫, *27*, 97-98.

Ohtaka-Maruyama, S., Okamoto, M., Endo, K., Oshima, M., Kaneko, N., Yura, K.,.. & Maeda, N.

2018 Synaptic transmission from subplate neurons controls radial migration of neocortical neurons. *Science, 360*, 313-317.

Oliverio, A., & Ferraris, A. O. 2005 Le età della mente Milan: RCS Libri S.p.A.
（オリヴェリオ, A., フェッラーリス, A, O. 川本英明（訳） 2008 胎児の脳 老人の脳——知能の発達から老化まで—— 創元社）

榮 玲子 2004 妊娠期における母親意識の構造 香川県立保健医療大学紀要, *1*, 49-56.

澤田忠幸 2005 妊娠を契機とした男女の人格発達——夫婦関係，性役割，子どもイメージとの関連—— 家族心理学研究, *19*, 105-115.

Stern, D. N. 1995 *The motherhood constellation: A unified view of parent-infant psychotherapy.* New York, NY: Basic Books.
（スターン, D. N. 馬場禮子・青木紀久代（訳） 2000 親-乳幼児心理療法——母性のコンステレーション—— 岩崎学術出版社）

Stern, D. N., Bruschweiler-Stern, N., & Freeland, A. 1998 *The birth of a mother: How the motherhood experience change you forever.* New York, NY: Basic Books.
（スターン, D. N., B-スターン, N., & フリーランド, A. 北村婦美（訳） 2012 母親になるということ——新しい「私」の誕生—— 創元社）

砂川公美子・田中満由美 2012 10代で妊娠をした女性が自身の妊娠に適応していくプロセス 母性衛生, *53*, 250-258.

田中美帆 2013 成人期女性の生と死に対する態度についての基礎的検討——妊娠・出産経験の観点から—— 神戸大学発達・臨床心理学研究, *12*, 18-22.

田中美帆 2014 成人期の生と死に対する態度の検討——成人期前期に体験されるライフイベントに注目して—— 神戸大学発達・臨床心理学研究, *13*, 27-31.

Tanaka, M. 2017 The influence of mother-infant relationship-building experiences on Japanese mothers' attitudes towards life and death. *Proceeding of 19th European Conference on Developmental Psychology.*

田中美帆・齊藤誠一 2017 妊娠各期における生と死に対する態度の横断的検討 日本発達心理学会 28回大会 CD-ROM

堤 治・定月みゆき・石井邦子・大平光子・大月恵理子 2008 第2章 妊娠期における看護 森 恵美・高橋真理・工藤美子・堤 治・定月みゆき・坂上明子・石井邦子・大平光子・大月恵理子・渡辺 博・亀井良政・豊田長康・香取洋子・新井陽子（著） 系統看護学講座 専門分野 II 母性看護学各論 医学書院

Wilunda, C., Yoshida, S., Tanaka, S., Kanazawa, Y., Kimura, T., & Kawakami, K. 2018 Exposure to tobacco smoke prenatally and during infancy and risk of hearing impairment among children in Japan: A retrospective cohort study. *Paediatric and Perinatal Epidemiology, 32*, 439-441.

3章

Bear, M. F., Connors, B. W., & Paradiso, M. A. 2007 Neuroscience:Exploring the Brain, 3rd edition. Philadelphia, PA: Lippincott Williams & Wilkins.
（ベアー, M. F., コノーズ, B. W., パラディーソ, M. A. 加藤宏司・後藤 薫・藤井 聡・山崎

良彦（監訳）神経科学——脳の探求——　西村書店）

飯田悠佳子　2018　身体の発育と発達　日本アスレティックトレーニング学会誌, 4, 3-10.

勝田茂（編）　1999　運動生理学20講　第2版　朝倉書店

工藤佳久　2013　もっとよくわかる！脳神経科学——やっぱり脳はスゴイのだ！——　羊土社

Lorenz, K 1943 Die angeborenen Formen möglicher Erfahrung. *Zeitschrift für Tierpsychologie, 5*, 235-409.

宮下充正　1980　子どものからだ　東京大学出版会

森岡周　2015　発達を学ぶ——人間発達学レクチャー——　協同医書出版社

文部科学省　2010　平成22年度乳幼児身体発育調査

文部科学省　2012　幼児期運動指針

鍋倉淳一　2009　発達期における脳機能回路の再編成　ベビーサイエンス, 8, 26-32.

Portmann, A. 1951 *Biologische Fragmente zu einer Lehre vom Menschen Basel*: Schwabe.
（ポルトマン, A. 高木正孝（訳）　1961　人間はどこまで動物か——新しい人間像のために——（岩波新書青版433）岩波書店）

Prechtl, F. H. R. 1997 State of the art of a new functional assessment of the young nervous system. *Early Human Development , 50*, 1-11.

佐竹隆　2015　スキャモンの発育曲線とは何か　子どもと発育発達, 12, 222-231.

Scammon, R. E. 1930 The measurement of the body in childhood. In J. A. Harris, C. M. Jackson, D. G. Paterson, & R. E. Scammon（Eds.）. *The measurement of Man*. Minneapolis, MN: University of Minnesota Press.

杉原隆・河邉貴子　2014　幼児期における運動発達と運動遊びの指導——遊びのなかで子どもは育つ——　ミネルヴァ書房

田中越郎　2006　イラストでまなぶ人体のしくみとはたらき　医学書院

4章

Anand, K. J., & Hickey P. R. 1987 Pain and its effects in the human neonate and fetus. *New England Journal of Medicine, 317*, 1321-1329.

Atkinson, J. 2000 *The developing visual brain*. Oxford:Oxford University Press.
（アトキンソン, J. 金沢創・山口真美（共訳）　2005　視覚脳が生まれる——乳児の視覚と脳科学——　北大路書房）

Baillargeon, R., & Graber, M. 1988 Evidence of location memory in 8-month-old infants in a nonsearch AB task. *Developmental Psychology, 24*, 502-511.

Beauchamp, G. K., Cowart, B. J., Mennella, J. A., & Marsh, R. R. 1994 Infant salt taste: developmentalm, methodological, and contextual factors. *Developmental Psychobiology, 27* , 353-65.

Bertin, E., & Bhatt, R. S. 2006 Three-month-olds' sensitivity to orientation cues in the three-dimensional depth plane. *Journal of Experimental Child Psychology, 93*, 45-62.

Crook, C. K. 1978 Taste perception in the newborn infant. *Infant Behavior and Development, 1*, 52-69.

DeCasper, A. J., & Fifer, W. P. 1980 Of human bonding: newborns prefer their mothers' voices.

Science, 208 , 1174-6.

DeCasper, A. J., & Spence, M. J. 1986 Prenatal maternal speech influences newborns' perception of speech sounds. *Infant Behavior & Development, 9*, 133-150.

Fantz, R. L. 1961 The origin of form perception. *Scientific American, 204*, 66-72.

Fantz, R. L. 1964 Visual experience in infants: decreased attention to familiar patterns relative to novel ones. *Science 146*, 668- 670.

Gibson, E. J., & Walk, R. D. 1960 The "visual cliff." *Scientific American, 202*, 64-71.

Hepper, P. G., & Shahidullah, B. S. 1994 Development of fetal hearing. *Archives of Disease in Childhood, 71*, F81-87.

Hernandez-Reif., M., Field, T., Diego, M., & Largie, S. 2003 Haptic Habituation to Temperature Is Slower in Newborns of Depressed Mothers. *Infancy, 1*, 17-63.

Hernandez-Reif, M., Field, T. Del Pino, N., & Diego, M. 2000 Less exploring by mouth occurs in newborns of depressed mothers. *Infant Mental Health Journal, 21*, 204-210.

Held, R., Birch, E., & Gwiazda, J. 1980 Stereoacuity of human infants. Proceedings of the National *Academy of Sciences of the United States of America, 77*, 5574.

Hofsten, C. von, & Rosander, K. 1997 Development of smooth pursuit tracking in young infants. *Vision Research, 37* , 1799-1810.

Hooker, D. 1952 *The prenatal origin of behavior.* Lawrence, KS: University of Kansas Press.

Imura, T., Yamaguchi, M. K., Kanazawa, S., Shirai, N., Otsuka, Y., Tomonaga, M., & Yagi, A. 2006 Perception of motion trajectory of object from the moving cast shadow in infants. *Vision Research, 46*, 652-657.

Kanizsa, G. 1979 *Organization in Vision: Essays on Gestalt Perception.* Praeger Pub Text.

Kelly, D. J., Liu S., Ge., L., Quinn P. C., Slater A. M., Lee K., Liu Q., & Pascalis O. 2007 Cross-Race preferences for same-race faces extend beyond the african versus caucasian contrast in 3-month-old infants. *Infancy. 11*, 87-95.

Kuhl, P. K., Stevens E., Hayashi A., Deguchi T., Kiritani S., & Iverson P. 2006 Infants show a facilitation effect for native language phonetic perception between 6 and 12 months. *Developmental Science, 9*, F13-F21.

Macchi Cassia, V., Bulf, H., Quadrelli, E., & Proietti, V. 2014 Age-related face processing bias in infancy: evidence of perceptual narrowing for adult faces. *Developmental Psychobiology, 56*, 238-48.

Milewski, A. E. 1976 Infants' discrimination of internal and external pattern elements. *Journal of Experimental Child Psychology, 22*, 229-246.

Molina, M., & Jouen, F. 1998 Modulation of the palmar grasp behavior in neonates according to texture property. *Infant Behavior and Development, 21*, 659-666.

Moon, C., Cooper, R. P., & Fifer, W. P. 1993 Two-day-olds prefer their native language. *Infant Behavior and Development, 16* , 495-500.

Otsuka, Y., Kanazawa, S., & Yamaguchi, M.K. 2004 The effect of support ratio on infants' perception of illusory contours. *Perception, 33*, 807-816.

Pascalis, O., de Haan. M., Nelson, C. A. 2002 Is face processing species-specific during the first year of life? *Science, 296*, 1321-1323.

Phillips, J. O., Finocchio, D. V., Ong, L., Fuchs, A. F. 1997 Smooth pursuit in 1-to 4-month-old human infants. *Vision Research, 37*, 3009-3020.

Piaget, J. 1954 *The construction of reality in the child*（M. Cook, Trans.）. New York, NY, Basic Books.

Quinn, P. C., & Burke, S., & Rush, A. 1993 Part-whole perception in early infancy: Evidence for perceptual grouping produced by lightness similarity, *Infant Behavior and Development, 16*, 19-42.

Rosenstein, D., & Oster, H. 1988 Differential facial responses to four basic tastes in newborns. *Child Development, 59*, 1555-1568.

Salapatek, P. 1975 Pattern perception in early infancy. In L.B. Cohen & P. Salapatek（Eds.）, *Infant Perception: From sensation to cognition*, I. Cambridge, MA: Academic Press.

Schwartz, C., Issanchou, S., & Nicklaus, S. 2009 Developmental changes in the acceptance of the five basic tastes in the first year of life. *British Journal of Nutrition, 102*, 1375-1385.

Soussignan, R., Schaal, B., Marlier, L., & Jiang, T. 1997 Facial and autonomic responses to biological and artificial olfactory stimuli in human neonates: re-examining early hedonic discrimination of odors. *Physiology & Behavior, 62*, 745-758.

Steiner, J. E., Glaser, D., Hawilo, M. E., & Berridge, K. C. 2001 Comparative expression of hedonic impact: affective reactions to taste by human infants and other primates. *Neuroscience and Biobehavioral Reviews, 25*, 53-74.

Streri, A., Lhote, M., & Dutilleul, S. 2000 Haptic perception in newborns. *Developmental Science, 3*, 319-327.

Teller, D. Y., 1997 First glances: the vision of infants. the Friedenwald lecture. *Investigative Ophthalmology & Visual Science, 38*, 2183-2203.

Teller, D. Y., Brooks, T. E., & Palmer, J. 1997 Infant color vision: moving tritan stimuli do not elicit directionally appropriate eye movements in 2-and 4-month-olds. *Vision Research, 37*（7）, 899-911.

Teller, D. Y., & Palmer, J. 1996 Infant color vision: motion nulls for red/green vs luminance-modulated stimuli in infants and adults. *Vision Research, 36*, 955-974.

Tsuruhara, A., Sawada, T., Kanazawa, S., Yamaguchi, M. K., & Yonas, A. 2009 Infant's ability to form a common representation of an object's shape from different pictorial depth cues: a transfer-across-cues study. *Infant Behavior and Development, 32*, 468-475.

Werker, J. F., & Tees, R .C. 1984 Cross-language speech perception: Evidence for perceptual reorganization during the first year of life. *Infant Behavior and Development, 7*, 49-63.

Yang, J., Kanazawa, S., & Yamaguchi, M. K. 2013 Can Infants tell the difference between gold and yellow? *PLoS ONE, 8*, e67535.

5 章

赤木和重　2016　「心の理論」と教示行為――子どもに教えるのではなく子どもが教える――　子安増生（編著）　「心の理論」から学ぶ発達の基礎――教育・保育・自閉症理解への道――　ミネルヴァ書房

Ariely, D. 2008 *Predictably irrational: The hidden forces that shape our decisions.* New York, NY: Harper Perennial.

（アリエリー，D. 熊谷淳子（訳） 2008　予想どおりに不合理——行動経済学が明かす「あなたがそれを選ぶわけ」——　早川書房）

Atkinson, R. C., & Shiffrin, R. M. 1971 The control of short-memory. *Scientific American, 225,* 82-90.

Carlson, S. M., Moses, L. J., & Breton, C. 2002 How specific is the relation between executive function and theory of mind? Contributions of inhibitory control and working memory. *Infant and Child Development, 110,* 73-92.

Chi, M. T. H. 1978 Knowledge structures and memory development. In R. S. Siegler (Ed.), *Children's thinking: What develops?* Hillsdale, NJ: Lawrence Erlbaum Associates pp. 73-96

Corriveau, K. H., Ronfard, S., & Cui, Y. K. 2018 Cognitive mechanisms associated with children's selective teaching. *Review of Philosophy and Psychology, 9,* 831-848.

Davis-Unger, A., & Carlson, S. M. 2008 Development of teaching skills and relations to theory of mind in preschoolers. *Journal of Cognition and Development, 9,* 26-45.

Diamond, A. 2012 Activities and programs that improve children's executive functions. *Current Directions in Psychological Science, 21,* 335-341.

Diamond, A., & Lee, K. 2011 Interventions shown to aid executive function development in children 4 to 12 years old. *Science, 333,* 959-964.

Flavell, J. H., Friedrichs, A. G., & Hoyt, J. D. 1970 Developmental changes in memorization processes. *Cognitive Psychology, 1,* 324-340.

Gweon, H., & Schulz, L. 2019 From exploration to instruction: Children learn from exploration and tailor their demonstrations to observers' goals and competence. *Child Development, 90,* 148-164.

Heckman, J. J. 2013 *Giving kids a fair chance.* Cambridge, MA: The MIT Press.

（ヘックマン，J. J. 古草秀子（訳） 2015　幼児教育の経済学　東洋経済新報社）

Inagaki, K., & Hatano, G. 2002 *Young children's naïve thinking about the biological world.* New York, NY: Psychology Press.

（稲垣佳世子・波多野誼余夫　2005　子どもの概念発達と変化——素朴生物学をめぐって——　共立出版）

Karpov, Y. V. 2005 *The neo-vygotskian approach to child development.* New York, NY: Cambridge University Press.

Lillard, A. S., Lerner, M. D., Hopkins, E. J., Dore, R. A., Smith, E. D., & Palmquist, C. M. 2013 The impact of pretend play on children's development: A review of the evidence. *Psychological Bulletin, 139,* 1-34.

Mischel, W. 2014 *The marshmallow test: Understanding self-control and how to master it.* New York, NY: Little, Brown.

（ミシェル，W. 柴田裕之（訳） 2015　マシュマロ・テスト——成功する子・しない子——　早川書房）

中道圭人　2006　幼児の条件推論にふりの設定が及ぼす影響　発達心理学研究, *17,* 103-114.

中道圭人　2009　幼児の演繹推論とその発達的変化　風間書房

Nakamichi, K. 2017 Differences in young children's peer preference by inhibitory control and emotion regulation. *Psychological Reports, 120,* 805-823.

Nakamichi, K., Nakamichi, N., & Nakazawa, J. 2019 Preschool social-emotional competencies predict school adjustment in Grade 1. *Early Child Development and Care.*

Nakamichi, N., Nakamichi, K., & Nakazawa, J. 2020 *The contributions of 'hot' and 'cool' executive functions to children's academic achievements in elementary school.* Manuscript submitted for publication.

OECD 2015 *Skills for social progress: The power of social and emotional skills.* Paris: OECD Publishing.

Piaget, J. 1970 *L'Épistémologie Génétique.* Paris:Presses universitaires de France.
（ピアジェ，J. 滝沢武久（訳） 1972 発生的認識論（文庫クセジュ 519） 白水社）

Piaget, J. 1948 *La naissance de l'intelligence chez l'enfant*（2nd ed.）. Neuchâtel: Delachaux et Niestlé.
（ピアジェ，J. 谷村 覚・浜田寿美男（訳） 1978 知能の誕生 ミネルヴァ書房）

Piaget, J. 1970 Piaget's theory. In P. H. Mussen（Ed.）, *Carmichael's manual of child psychology*（3rd ed.）: Vol. 1. New York, NY: John Wiley & Sons.
（ピアジェ，J. 中垣 啓（訳） 2007 ピアジェに学ぶ認知発達の科学 北大路書房）

Piaget, J., & Inhelder, B. 1956 *The children's conception of space.* New York, NY: W. W. Norton & Company.

Piaget, J., & Inhelder, B. 1966 *La Psychologie de l'Enfant.* Paris: Presses universitaires de France.
（ピアジェ，J. & イネルデ，B. 波多野完治・須賀哲夫・周郷 博（訳） 1969 新しい児童心理学（文庫クセジュ 461） 白水社）

Rovee-Collier, C. 1997 Dissociations in infant memory: Rethinking the development of implicit and explicit memory. *Psychological Review, 104,* 467-498.

Siegler, R. S., & Alibali, M. W. 2005 *Children's thinking*（4th ed.）. Upper Saddle River, NJ: Pearson Prentice Hall.

杉本直子 2004 幼児の心の理解におけるふり遊びの役割——物の見立てに注目して—— 乳幼児教育学研究, *13,* 61-68.

Tomasello, M. 2009 *Why We Cooperate.* Cambridge, MA: MIT Press.
（トマセロ，M. 橋彌和秀（訳） 2013 ヒトはなぜ協力するのか 勁草書房）

Wellman, H. M., & Gelman, S. A. 1992 Cognitive development: Foundational theories of core domains. *Annual Review of Psychology, 43,* 337-375.

Yussen, S. R., & Levy, V. M. 1975 Developmental changes in predicting one's own span of short-term memory. *Journal of Experimental Child Psychology, 19,* 502-508.

6章

Calkins, S. & Hill, A. 2007 Caregiver influences on emerging emotion regulation: biological and environmental transactions in early development. In: J. J. Gross,（Ed.）, *Handbook of Emotion Regulation,* New York, NY: Guilford Press.

Cole, P. M. 1986 Children's spontaneous control of facial expression. *Child Development, 57,* 1309-

1321.

Dunn, J., 2004 The development of individual differences in understanding emotion and mind: antecedents and sequelae. In A. S. R., Manstead, N. Frijda, & A. Fischer, (Eds.), *Feelings and emotions: The Amsterdam Symposium*. New York, NY: Cambridge University Press.

Dunn, J., Bretherton, I., & Munn, P. 1987 Conversations about feeling states between mothers and their young children. *Developmental Psychology, 23*, 132-139.

Dunn, J., Brown, J., & Beardsall, L. 1991 Family talk about feeling states and children's later understanding of others' emotions. *Developmental Psychology, 27*, 448-455.

遠藤利彦　2002　発達早期における情動の役割――その"両刃の剣"的特性――　教育と医学, *50*, 29-37.

Field, T. M., Woodson, R., Greenberg, R., & Cohen, D. 1982 Discrimination and imitation of facial expressions by neonates. *Science, 218*, 179-181.

Haviland, J. M., & Lelwica, M. 1987 The induced affect response: 10-week-old infants' responses to three emotion expressions. *Developmental Psychology, 23*, 97-104.

菊池哲平　2006　幼児における状況手がかりからの自己情動と他者情動の理解　教育心理学研究, *54*, 90-99.

久保ゆかり　2004　自分の気持ちを抑えられる　無藤　隆・岡本祐子・大坪治彦（編）　よくわかる発達心理学　ミネルヴァ書房

Lewis, M. 1993 The emergence of human emotions. In Lewis, M. & J. Haviland, M. (Eds.), *Handbook of emotions* (pp. 223-235). New York, NY: Guilford Press.

Maslow, A. H. 1954　Motivation and Personality. New York, NY: Harper & Row, Publishers, Inc. （マズロー, A. H. 小口忠彦（訳）1987　人間性の心理学――モチベーションとパーソナリティ――　産業能率大学出版部）

桜井茂男　2001　心理学ワールド入門　福村出版

櫻井茂男　2017　自律的な学習意欲の心理学――自ら学ぶことは，こんなに素晴らしい――　誠信書房

Stein, N., & Levine, L. 1989　The causal organisation of emotional knowledge: A developmental Study. *Cognition and Emotion, 3*, 343-378.

山本良子　2014　情動の発達における役割　遠藤利彦・石井佑可子・佐久間路子（編）よくわかる情動発達　ミネルヴァ書房

7章

Bates, E., Dale, P. & Thal, D. 1995 Individual Differences and their implications for theories of language develpment. In P. Fletcher, & B. MacWhinney, (Eds.), *Handbook of child language* (pp. 96-151). Oxford: Basil Blackwell.

ブックスタート　2019　〈http://www.bookstart.net/fr_news.html〉

Charman, T., Baron-Cohen, S., Swettenham, J., Baird, G., Cox, A., & Drew, A. 2000 Testing joint attention, imitation, and play as infancy precursors to language and theory of mind. *Cognitive Development, 15*, 481-498.

DeCasper, A. J., & Fifer, W. P. 1980 Of human bonding: Newborns prefer their mothers' voices.

Science, 28, 1174-1176.

Fletcher, K. L., & Reese, E. 2005 Picture book reading with young children: A conceptual framework. *Developmental Review 25*, 64-103.

Holowka, S., & Petitto, L. A. 2002 Left hemisphere cerebral specialization for babies while babbling. *Science, 297*, 1515.

Kirkorian, H. L., Pempek, T. A., Murphy, L. A., Schmidt, M. E., & Anderson, K. R. 2009 The impact of background television on parent-child interaction. *Child Development, 80*, 1350-1359.

Kisilevsky, B. S., Hains, S. M. J., Lee, K., Xie, X., Huang, H., Ye, H. H., Zhang, K. & Wang, Z. 2003 Effects of experimental fetal voice recognition. *Psychological Science, 14*, 220-224.

小林哲生・奥村優子・服部正嗣 2015 幼児における育児語と成人語の学習しやすさの違いを探る NTT技術ジャーナル, *27*, 26-29.

Kuhl, P. K., Stevens, E., Hayashi, A., Deguchi, T., Kiritani, S., & Iverson, P. 2006 Infants show a facilitation effect for native language phonetic perception between 6 and 12 months. *Developmental Science, 9*, F13-F21.

Morales, M., Mundy, P., Delgado, C. E. F., Yale, M., Messinger, D., Neal, R., & Schwartz, H. K. (2000). Responding to joint attention across the 6- through 24-month age period and early language acquisition. *Journal of Applied Developmental Psychology, 21*, 283-298.

仲真紀子 1997 助数詞の獲得における認知発達，言語環境，そして文化の影響 千葉大学教育学部研究紀要, *45*, 1-6.

Nelson, K. 1973 Structure and strategy in learning to talk. *Monographs of the Society for Research in Child Development, 38*.

Nelson, K. 1993 The psychological and social origins of autobilgraphical memory. *Psychological Science, 4*, 7-14.

Ninio, A. 1983 Joint book-reading as a multiple vocabulary acquisition device. *Developmental Psychology, 19*, 445-451.

小椋たみこ 2007 日本の子供の初期の語彙発達 言語研究, *132*, 29-53

小椋たみこ・綿貫徹 2004 日本語マッカーサー乳幼児言語発達質問紙「語と身振り」手引 京都国際社会福祉センター

大神田麻子 2010 就学前児における反応バイアスの発達的変化 心理学評論, *53*, 545-561.

Payne, A. C., Whitehurst, G. J., & Angell, A. L. 1994 The role of home literacy environment in the development of language ability in preschool children from low-income families. *Early Childhood Research Quarterly, 9*, 427-440.

Talwar, V., & Lee, K. (2008). Social and Cognitive Correlates of Children's Lying Behavior. *Child Development, 79*, 866-881.

谷村雅子・高橋香代・片岡直樹・富田和巳・田辺功・安田正・杉原茂孝・清野佳紀 2004 乳幼児のテレビ・ビデオ長時間視聴は危険です 日本小児科学会雑誌, *108*, 709-712.

Vygotsky, L. S. 1935 Umstvennoe razvitie rebenka v processe obuchenija （ヴィゴツキー，L. S. 土井捷三・神谷栄司（訳） 2003 「発達の最近接領域」の理論――教授学習過程における子どもの発達―― 三学出版）

綿巻徹・小椋たみ子 2004 日本語マッカーサー乳幼児言語発達質問紙「語と文法」手引 京都国

際社会福祉センター

Wade, B., & Moore, M. 1998 An early start with books: Literacy and mathematical evidence from a longitudinal study. *Educational Review 50*, 135-145.

Werker, J. F., & Tees, R. C. 1984 Cross-language speech perception: Evidence for perceptual reorganization during the first year of life. *Infant Behavior and Development, 7*, 49-63.

Wood D. Bruner, J., S, & Ross, G. 1976 the role of tutoring in problem solving *journal of child Psycology and Psychiatics, 17*, 69-100.

8章

Ainsworth, M. D. S., Blehar, M. C., Waters, E., & Wall, S. 1978 *Patterns of attachment: A psychological study of the strange situation.* Oxford : Lawrence Erlbaum.

Baron-Cohen, S., Leslie, A, M., & Frith,U. 1985 Does the autistic child have a "theory of mind"? *Cognition, 21*, 37-46.

Biringen, Z. 2004 *Raising a secure child: Creating emotional availability between you and your child.* Perigee/Penguin Group.

Bowlby, J. 1988 *A secure base: Parent-child attachment and healthy human development.* New York, NY: Basic Books.

Fantz, R. L. 1961 The origin of form perception. *Scientific American, 204*, 66-72.

Frith,U. 2003 *Autism: Explaining the Enigma.* 2nd Edition.

Hoboken, NJ: Blackwell Publishing.
　（フリス，U．冨田真紀・清水康夫・鈴木玲子（訳）　2009　新訂 自閉症の謎を解き明かす　東京書籍）

Harlow, H. F. 1958 The nature of love. *American Psychologist, 13*, 673-685. https://doi.org/10.1037/h0047884

平井美佳　2017　幼児における自己と他者の調整とその発達　教育心理学研究, *65*, 211-224.

平井美佳・高橋惠子　2003　友だち関係における文化――ジレンマ課題と友情概念の検討――　心理学研究, *74*, 327-335.

Jayaraman S., Fausey C. M., & Smith L. B., 2015 The Faces in Infant-Perspective Scenes Change over the First Year of Life. *PLoS ONE, 10*, e0123780.

Kahn, R. L., & Antonucci, T. C. 1980 Convoys over the Life Course: Attachment, Roles, and Social Support. In: P. B. Baltes, & O. G. Grim, (Eds.) *Life Span Development and Behavior*, Vol. 3, New York, NY: Academic Press, 253-286.

Lewis, M. 1982 The social network systems model: Toward a theory of social development. In: T. M. Field, A. Huston, H. C. Quay, L. Troll, & G. E. Finely (Eds.), *Review of human development.* (pp. 180-216). New York, NY: Wiley.

Lewis M. 2005 The Child and Its Family: The Social Network Model. *Human Development, 48*, 8-27.
　（子どもと家族――ソーシャル・ネットワーク・モデル――　高橋惠子（監訳）　2007　愛着からソーシャルネットワークへ――発達心理学の新展開――(pp.7-38)　新曜社

Lorenz, K. 1988 *Heir bin ich: Wo bist du? Ethologie der Graugans.* München: Piper.

（ローレンツ, K. 大川けいこ（訳） 1996 ハイイロガンの動物行動学 平凡社）

Meltzoff, A. N., & Moore, M. K. 1977 Imitation of facial and manual gestures by human neonates. *Science, 198*, 75-78.

中川愛・松村京子 2006 乳児との接触未経験学生のあやし行動——音声・行動分析学的研究—— 発達心理学研究, *17*, 138-147.

Nelson, C. A., Fox, N. A., Zeanah, C. H. 2014 *Romania's Abandoned Children Deprivation, Brain Development, and the Struggle for Recovery.* Cambridge, MA: Harvard University Press.
（ネルソン, C. A., フォックス, N. A., ジーナー, C. H.（著） 上鹿渡和宏・青木 豊・稲葉雄二・本田秀夫・高橋恵里子・御園生直美（監訳） 門脇陽子・森田由美（訳） 2018 ルーマニアの遺棄された子どもたちの発達への影響と回復への取り組み——施設養育児への里親養育による早期介入研究（BEIP）からの警鐘—— 福村出版）

日本財団 2015 日本財団報告書 乳幼児期の施設養育がもたらす子どもの発達への影響について "チャウセスクの子どもたち"——ブカレスト早期介入プロジェクト（BEIP）からの教訓——

Powell, B., Cooper, G., Hoffman, K., & Marvin, R. S. 2009 The circle of security. In C. H. Zeanah, Jr. (Ed.), *Handbook of infant mental health* (pp. 450-467). New York, NY: Guilford Press.

Schachner, A., & Hannon, E. E. 2011 Infant-dsirected speech drives social preferences in 5-month-old Infants. *Developmental Psychology, 47*, 19-25.

Sherman, L. J., Rice, K., & Cassidy, J. 2015 Infant capacities related to building internal working models of attachment figures: A theoretical and empirical review. *Developmental Review, 37*, 109-141.

高橋恵子 1999 発達研究の現在 橋口英俊・稲垣佳世子・佐々木正人・高橋恵子・内田伸子・湯川隆子（編） 児童心理学の進歩 1999年版 金子書房

高橋恵子 2010 人間関係の心理学——愛情のネットワークの生涯発達—— 東京大学出版会

高橋恵子 2019a 子育ての知恵——幼児のための心理学 ——（岩波新書新赤版 1760） 岩波書店

高橋恵子 2019b 新しい人間関係の理論 児童心理学の進歩 2019年版 金子書房

Tomasello, M. 2019 Becoming human: A theory of ontogeny. cambridge, MA: Belknap Press of Harvard University Press.

Trevarthen, C. 2015 Infant semiosis: The psycho-biology of action and shared experience from birth. *Cognitive Development, 36*, 130-141.

Wellman, H. M., & Liu, D. 2004 Scaling of theory-of-mind tasks. *Child Development, 75*, 523-541.

Wimmer, H., & Perner, J. 1983 Beliefs about beliefs: Representation and constraining function of wrong beliefs in young children's understanding of deception. *Cognition, 13*, 103-128.

9章

麻生 武 1996 ファンタジーと現実 金子書房

Henriot, J. 1986 *Le jeu.* Paris: Presses universitaires de France.
（アンリオ, J. 佐藤信夫（訳） 1986 遊び——遊ぶ主体の現象学へ—— 新装版 白水社）

Bruner, J. 1983 *Child's talk.* Oxford: Oxford University Press.
（ブルーナー, J. 寺田 晃・本郷一夫（訳） 1988 乳幼児の話し言葉——コミュニケーションの学習—— 新曜社）

Garvey, C. 1984 *Children's talk*. London: Fontana.
　（ガーベイ，C.　1984　柏木恵子・日笠摩子（訳）子どもの会話——"おしゃべり"にみるこころの世界——　サイエンス社）

Moll, L. C., & Whitemore, K. F. 1993 Vygotsky in classroom practice: Moving from individual transmission to social transaction. In E.A.Forman., N.Minick, & C.A.Stone（Eds.）, *Contexts for learning*. New York, NY: Oxford University Press.

Moore, N.V., Everton, C. M., & Brophy, J. E. 1974 Solitary play: Some functional reconsiderations. *Developmental Psychology, 10*, 830-834.

Moyles, J. 2014 *The Excellence of Play* 4th ed. London: Open University Press.

明和政子　2006　心が芽ばえるとき コミュニケーションの誕生と進化　NTT出版

Ninio, A. 1983 Joint book reading as a multiple vocabulary acquisition device. *Developmental Psychology, 19*, 445-451.

Parten, M. 1933 Social participation among preschool children. *Journal of Abnormal & Social Psychology, 27*, 243-269.

Vandenberg, B. 1981 Environmental and cognitive factors in social play. *Journal of experimental child psychology, 31*, 169-175.

Vygotsky, L. S. 1933 *Development of social emotions in preschool children: Psychological research* Moscow: Pedagogika.
　（ヴィゴツキー，L. S. 神谷栄司（訳）1989　ごっこ遊びの世界——虚構場面の創造と乳幼児の発達——法政出版）

Vygotsky, L. S. 1934 *Thought and language*.
　（ヴィゴツキー，L. S.　柴田義松（訳）2001　思考と言語　新読書社）

10章

安藤寿康　2013　パーソナリティの遺伝的基礎　二宮克美・浮谷秀一・堀毛一也・安藤寿康・藤田主一・小塩真司・渡邊芳之（編）パーソナリティ心理学ハンドブック　福村出版

Damon, W., & Hart, D. 1988 *Self-understanding in childhood and adolescence*. Cambridge, MA: Cambridge University Press.

傳田光洋　2013　皮膚感覚と人間のこころ　新潮社

de Vries, J., & Fong, B. 2006 Normal fetal motility: An overview. *Ultrasound in Obstetrics and Gynecology, 27*, 701-711.

Gallup, G. G. 1977 Self-recognition in primates. A comparative approach to the bidirectional properties of consciousness. *American Psychologist, 32*, 329-338.

岩田純一　2001　〈わたし〉の発達——乳幼児が語る〈わたし〉の世界——　ミネルヴァ書房

柏木恵子　1988　幼児期における「自己」の発達——行動の自己制御機能を中心に——　東京大学出版会

柏木恵子・東　洋　1977　日米の母親における幼児への発達期待および就学前教育観　教育心理学研究, *25*, 34-45.

Kochanska, G. 1997 Multiple pathways to conscience for children with different temperaments: From toddlerhood to age 5. *Developmental Psychology, 33*, 228-240.

Meltzoff, A. N., & Moore, M. K. 1977 Imitation of facial and manual gestures by human neonates. *Science, 198*, 75-78.

Meltzoff, A. N., & Moore, M. K. 1997 Explaining facial imitation: A theoretical model. *Early Development and Parenting, 6*, 179-192.

水野里恵　2017　子どもの気質・パーソナリティの発達心理学　金子書房

森口祐介　2015　実行機能の初期発達，脳内機構およびその支援　心理学評論，*58*, 77-88.

根ヶ山光一・山口　創　2005　母子におけるくすぐり遊びとくすぐったさの発達　小児保健研究　*64*, 451-460.

大内晶子　2015　幼児期の自己とパーソナリティの発達　松井　豊・櫻井茂男（編）　スタンダード自己心理学・パーソナリティ心理学　サイエンス社

Povinelli, D. J., Landau, K. R., & Perilloux, H. K. 1996 Self-recognition in young children using delayed versus live feedback: Evidence of a developmental asynchrony. *Child Development, 67*, 1540-1554.

Ramenzoni, V. C., & Liszkowski, U. 2016 The social reach: 8-month-olds reach for unobtainable objects in the presence of another person. *Psychological Science, 27*, 1278-1285.

Rochat, P. 2001 *The infant's world.* Cambridge, MA: Harvard University Press.
　（ロシャ，P. 板倉昭二・開　一夫（監訳）2004　乳児の世界　ミネルヴァ書房）

Rochat, P., & Hespos, S. J. 1997 Differential rooting response by neonate: Evidence for an early sense of self. *Early Development and Parenting, 6*, 105-112.

Rochat, P., & Striano, T. 1999 Emerging self-exploration by two-month-old infants. *Developmental Science, 2*, 206-218.

Rothbart M. K., & Bates J. E. 1998 Temperament. In W. Damon (Series Ed.) & N. Eisenberg (Vol. Ed.), *Handbook of child psychology.* Vol. 3. Social, emotional and personality development. (pp. 105-176). New York, NY: Wiley.

佐久間路子　2006　幼児期から青年期にかけての関係的自己の発達　風間書房

佐藤　徳　2018　自己と他者　尾崎康子・森口祐介（編）　発達科学ハンドブック9　社会的認知の発達科学　新曜社

佐藤淑子　2001　イギリスのいい子　日本のいい子──自己主張とがまんの教育学──　中央公論社

Schwartz, C. E., Wright, C. I., Shin, L. M., Kagan, J., & Rauch, S. L. 2003 Inhibited and uninhibited infants "grown up": Adult amygdalar response to novelty. *Science, 300*, 1952-1953.

Tomasello, M. 1995 Joint attention as social cognition. In C. Moore, & P. Dunham (Eds.), Joint *attention: It's origin and role in development.* (pp. 103-130). Mahwah, NJ: Lawrence Erlbaum Associates.

Tomasello, M. 1999 *The cultural origins of human cognition.* Cambridge, MA: Harvard University Press.
　（トマセロ，M. 大堀壽夫・中澤恒子・西村義樹・本多　啓（訳）2006　心とことばの起源を探る──文化と認知──　勁草書房）

植村美民　1979　乳幼児期におけるエゴ（ego）の発達について　心理学評論，*22*, 28-44.

山口　創　2004　子供の「脳」は肌にある　光文社

Zazzo, R. 1993 *Reflets de Miroir et Autres Doubles.* Paris: Presses universitaires de France.

（ザゾ, R. 加藤義信（訳）　1999　鏡の心理学　ミネルヴァ書房）

11章

Eisenberg, N. 1992 *The caring child* Cambridge, MA: Harvard University Press.
　　（アイゼンバーグ, N.　二宮克美・首藤敏元・宗方比佐子（訳）1995　思いやりのある子どもた
　　ち――向社会的行動の発達心理――　北大路書房）
Eisenberg, N. Mussen, P.H. 1989 *The roots of prosocial behavior in children.* New York, NY:
　　Cambridge University Press.
　　（アイゼンバーグ, N. マッセン, P. 菊池章夫・二宮克美（訳）1991. 思いやり行動の発達心理　金
　　了書房）
Eisenberg, N., Spinrad, T., & Knafo-Noazzm, A. 2015 Prosocial development. M. E. Lamb,（Vol
　　Ed）, *Handbook of child psychology and developmental science 7th ed vol.3 Socioemotional
　　Process,*（pp. 610-656）. New York, NY: Wiley.
Farrant, B., Devine, T.A. J., Maybery, M. T., & Flecher, J. 2012 Empathy, perspective taking and
　　prosocial behavior: The importance of parenting practices. *Infant and Child Development, 21,*
　　175-188.
Gilligan, C. 1982 *In a different voice; Psychological theory and women's development.* Cambridge,
　　MA: Harvard University Press.
Hayashi, H. 2007 Children's moral judgements on commission and omission based on their
　　understanding of second-order mental states. *Journal of Psychological Research, 49,* 261-274.
Hayashi, H. 2010 Young children's moral judgements of commission and omission related to the
　　understanding of knowledge or ignorance. *Infant and Child Development, 19,* 187-203.
Hoffman, M. L. 2000 *Empathy and moral development: Implications for caring and justice.* New
　　York, NY: Cambridge University Press.
Kagan, J. 2005 Human morality and temperament. In G. Carlo & C. P. Edwards（Eds.）Moral
　　motivation through the life span, Nebraska Symposium on Motivation: Vol. 51（pp. 1-32）.
　　Lincoln, NE: University of Nebraska Press.
Kohelberg,L. 1980 *Stage and sequence: The cognitive-developmental approach to socialization.*
　　Chicago, IL:Rand McNally.
　　（コールバーグ, L.　永野重史（監訳）1987　道徳性の形成――認知発達的アプローチ――　新
　　曜社）
Kuppens, S., Grietens, H., Onghena, P., & Michiels, D. 2009 Mesureing parenting dimensions in
　　middle childhood: Multitrait-multimethod analysis of child, mother, and father ratings.
　　European journal of Psychology Assessment, 25, 133-140.
Midlarsky, E.. & Hannah, M. E. 1985 Competence, reticence, and helping by children and
　　adolescents. *Developmental Psychology, 21,* 534-541.
宗方比佐子・二宮克美　1985　プロソーシャルな道徳判断の発達．教育心理学研究, *33,* 157-164.
村上達也・西村多久磨・櫻井茂男　2016　家族, 友だち, 見知らぬ人に対する向社会的行動――対象
　　別向社会的行動尺度の作成――　教育心理学研究, *64,* 156-169.
文部科学省　2018　幼稚園教育要領

文部科学省　2017　小学校学習指導要領　特別の教科　道徳編

櫻井育夫　2011　Defining Issues Test を用いた道徳判断の発達分析. 教育心理学研究, *59*, 155-167.

Warneken, F., Hare, B., Melis, A. P., Hanus, D. & Tomasello, M. 2007 Spontaneous altruism by chimpanzees and young children. *PLoS Biology, 5*, e184.

Warneken, F., & Tomasello, M. 2006 Altruistic helping in human infants and young chimpanzees. *Science, 311*, 1301-1303.

Waters, E., Wippman, J. & Sroufe, L. A 1979 Attachment, positive affect, and competence in the peer group: Two studies in construct validation. *Child Development, 50*, 821-829.

山岸明子　1976　道徳判断の発達　教育心理学研究, 24, 97-106.

山岸明子　1987　付論　コールバーグ理論の展開――ギリガンの批判を中心として――　永野重史（監訳）道徳性の形成　認知発達的アプローチ　新曜社, 193-210

山本真也　2010　要求に応えるチンパンジー――利他・語形成の進化的基盤――　心理学評論, *53*, 422-440.

Zahn-Waxler, C., Friedman, S. L. & Cummngs, E. M. 1983 Children's emotions and behaviors in response to infant's cries. *Child Development, 54*, 1522-1528.

12 章

Baumrind, D. 1967 Child care practices anteceding three patterns of preschool Behavior. *Genetic Psychology Monographs, 75*, 43-88.

Bowlby, J. 1969 *Attachment and loss.* New York, NY: Basic Books.
（ボウルビィ, J　黒田実郎・大羽　蓁・岡田洋子（訳）　1976　母子関係の理論 1 ――愛着行動――　岩崎学術出版社）

ベネッセ教育総合研究所　2014　乳幼児の父親についての調査報告書

厚生労働省　2017　雇用均等基本調査

Lamb, M. E. 1977 The development of mother-infant and father-infant attachments in the second year of life. *Developmental Psychology, 13*, 637-648.

Lamb, M. E., Pleck, J. B., Charnov, E. L., & Levine, L. A. 1987 A biosocial perspective on paternal behavior and involvement. In J. B. Lancaster, (Ed) *Parenting across the life span: Biosocial dimensions.* (pp. 111-142). New York, NY: Aldine Publishing.

宮城音弥（編）　1985　岩波心理学小辞典　岩波書店

文部科学省　2019　学校・教育委員会等向け虐待対応の手引き

Pedersen, F., Yarrow, L., Anderson, B. & Cain, R. 1979 Conceptualization of father influences in the infancy period. In M, Lewis & L, Rosenblum (Eds.). *The social network of the developing infant.* New York, NY: Plenum.

櫻井登世子　2016　なりたい親についての研究――性差の観点から――　日本教育心理学会第 58 回総会発表論文集, 136

櫻井登世子　2017　なりたい親についての研究――共感性との関係――　日本教育心理学会第 59 回総会発表論文集, 158

櫻井登世子・櫻井茂男　2018　なりたい親についての研究――完全主義との関係――　日本教育心理学会第 60 回総会発表論文集, 428

13章

浅野良輔・徳田智代・園田直子・浦上　萌　2019　親子のモバイル端末利用に関する研究（1）：モバイル端末利用が幼少期の自己制御に与える影響　日本心理学会第83回大会発表論文〈https://www.micenavi.jp/jpa2019/search/detail_program/id:209〉

Bandura, A., Ross, D. & Ross, S. A. 1961 Transmission of aggression through imitation of aggressive models. *Journal of Abnormal and Social Psychology, 63*, 575-582.

Bartha, S., & de Jong, M. D. T. 2017 The privacy paradox: Investigating discrepancies between expressed privacy concerns and actual online behavior-A systematic literature review. *Telematics and Informatics, 34*, 1038-1058.

ベネッセ教育総合研究所　2018　第2回乳幼児の親子のメディア活用調査レポート〈https://berd.benesse.jp/jisedai/research/detail1.php?id=5268〉

Collier, K. M., Coyne, S. M., Rasmussen, E. E., Hawkins, A. J., Padilla-Walker, L. M., Erickson, S. E., & Memmott-Elison, M. K. 2016 Does parental mediation of media influence child outcomes? A meta-analysis on media time, aggression, substance use, and sexual behavior. *Developmental Psychology, 52*, 798-812.

Hains, S. M. J., & Muir, D. W. 1996 Effects of stimulus contingency in infant–adult interactions. *Infant Behavior & Development, 19*, 49-61.

Hosokawa, R., & Katsura, T. 2018 Association between mobile technology use and child adjustment in early elementary school age. *PLOS ONE, 13*: e0208844. https://doi.org/10.1371/journal.pone.0208844

Kostyrka-Allchorne, K., Cooper, N. R., & Simpson, A. 2017 The relationship between television exposure and children's cognition and behaviour: A systematic review. *Developmental Review, 44*, 19-58.

Li, H., Subrahmanyam, K., Bai, X., Xie, X., & Liu, T. 2018 Viewing fantastical events versus touching fantastical events: Short-term effects on children's inhibitory control. *Child Development, 89*, 48-57.

McDaniel, B. T., & Radesky, J. S. 2018 Technoference: Parent distraction with technology and associations with child behavior problems. *Child Development, 89*, 100-109.

村野井　均　2002　子どもの発達とテレビ　かもがわ出版

Nathanson, A. I., & Yang, M. S. 2003 The effects of mediation content and form on children's responses to violent television. *Human Communication Research, 29*, 111-134.

Sokolov, E. N. 1963 Perception and the conditioned reflex. Oxford: Pergamon Press.

内田伸子　2008　幼児心理学への招待——子どもの世界づくり——［改訂版］　サイエンス社

14章

American Psychiatric Association（APA）. 2013 *Diagnostic and statistical manual of mental disorders*, fifth edition（DSM-5）. Arlington, VA: American Psychiatric Association.（アメリカ精神医学会　高橋三郎・大野裕（監訳）　2014　DSM-5 精神疾患の診断・統計マニュ

アル　医学書院）

綾屋紗月・熊谷晋一郎　2008　発達障害当事者研究　医学書院

Barkley, R.A., Grodzinsky, G., & DuPaul, G. J. 1992 Frontal lobe functions in attention deficit disorder with and without hyperactivity: a review and research report. *Journal of abnormal child psychology, 20* (2), 163-188.

伊藤亜紗　2018　どもる体　医学書院

Jones, W., & Klin, A. 2013 Attention to eyes is present but in decline in 2-6month-olds later diagnosed with autism. *Nature,* doi:10.1038/nature 12715.

大井正巳・鈴木国夫・玉木英雄　1979　児童期の選択緘黙についての一考察　精神神経学雑誌, *81,* 365-389.

Ozonoff, S., Iosif, A. M., Baguio, F., Cook, I. C., Hill, M. M., Hutman, T., Rogers, S. J., Rozga, A., Sangha, S., Sigman, M., Steinfeld, M. B., & Young, G. S. 2010 A prospective study of the emergence of early behavioral signs of autism. *Journal of the American academy of child and adolescent psychiatry, 49,* 256-266.

索引

事項索引

索引

編者

櫻井茂男　　　　　筑波大学名誉教授

大内晶子　　　　　常磐短期大学

執筆者（執筆順，（　　）内は執筆担当箇所）

櫻井茂男（1章）　　　編者

田中美帆（2章）　　　武庫川女子大学

森慎太郎（3章）　　　常磐短期大学

大塚由美子（4章）　　愛媛大学

仲渡江美（4章）　　　愛媛県立医療技術大学

中道圭人（5章）　　　千葉大学

赤沼百合（5章コラム）　　　株式会社ポピンズ

桑原千明（6章）　　　文教大学

佐藤鮎美（7章）　　　島根大学

平井美佳（8章）　　　横浜市立大学

田中浩司（9章）　　　東京都立大学

大内晶子（10章）　　編者

大島みずき（11章）　群馬大学

櫻井登世子（12章）　法政大学

佐藤広英（13章）　　信州大学

新川貴紀（14章）　　北翔大学

たのしく学べる乳幼児のこころと発達

2021 年 1 月 30 日　初版第 1 刷発行

編著者	櫻井茂男・大内晶子
発行者	宮下基幸
発行所	福村出版株式会社
	〒 113-0034　東京都文京区湯島 2-14-11
	電話　03-5812-9702　ＦＡＸ　03-5812-9705
	https://www.fukumura.co.jp
印刷	株式会社文化カラー印刷
製本	協栄製本株式会社